2022年 全国监理工程师（交通运输工程专业）
职业资格考试应试辅导

建设工程监理案例分析

（适用于公路工程方向）

魏道升　丁静声　主　编

李松青　张宝玉　黄显贵　副主编

U0330560

人民交通出版社股份有限公司

北　京

内 容 提 要

本书依托全国监理工程师(交通运输工程专业)职业资格考试《建设工程监理案例分析》科目考试大纲,系统总结了各部分考试内容的知识要点,并给出了典型案例分析例题和参考答案。

本书配有电子题库,读者可刮开封面增值贴,扫描二维码,关注"注考大师"微信公众号兑换使用。

本书可供参加全国监理工程师(交通运输工程专业)职业资格考试公路工程方向的考生复习备考和考前培训使用。

图书在版编目(CIP)数据

2022 年全国监理工程师(交通运输工程专业)职业资格考试应试辅导. 建设工程监理案例分析 / 魏道升,丁静声主编. — 北京:人民交通出版社股份有限公司,2021.12

ISBN 978-7-114-17772-9

Ⅰ.①2… Ⅱ.①魏… ②丁… Ⅲ.①交通工程—交通监理—资格考试—自学参考资料②道路工程—案例—资格考试—自学参考资料 Ⅳ.①U491.1②U41

中国版本图书馆 CIP 数据核字(2021)第 268658 号

2022 Nian Quanguo Jianli Gongchengshi(Jiaotong Yunshu Gongcheng Zhuanye)Zhiye Zige Kaoshi Yingshi Fudao Jianshe Gongcheng Jianli Anli Fenxi

书　　　名 :	**2022 年全国监理工程师**(交通运输工程专业)**职业资格考试应试辅导　建设工程监理案例分析**
著 作 者 :	魏道升　丁静声
责任编辑 :	李　梦
责任校对 :	孙国靖　卢　弦
责任印制 :	张　凯
出版发行 :	人民交通出版社股份有限公司
地　　　址 :	(100011)北京市朝阳区安定门外外馆斜街 3 号
网　　　址 :	http://www.ccpcl.com.cn
销售电话 :	(010)59757973
总 经 销 :	人民交通出版社股份有限公司发行部
经　　　销 :	各地新华书店
印　　　刷 :	北京鑫正大印刷有限公司
开　　　本 :	787×1092　1/16
印　　　张 :	13
字　　　数 :	324 千
版　　　次 :	2021 年 12 月　第 1 版
印　　　次 :	2021 年 12 月　第 1 次印刷
书　　　号 :	ISBN 978-7-114-17772-9
定　　　价 :	60.00 元

(有印刷、装订质量问题的图书由本公司负责调换)

前　言

　　2020 年 2 月,住房和城乡建设部、交通运输部、水利部、人力资源社会保障部联合印发《监理工程师职业资格制度规定》和《监理工程师职业资格考试实施办法》,并规定国家设置监理工程师准入类职业资格,纳入国家职业资格目录。作为交通运输工程专业监理从业人员,要按照交通运输部编制的《建设工程监理案例分析》科目考试大纲要求进行考试。

　　本书编者结合多年从事公路工程施工监理培训和职业资格考试辅导的经验,根据交通运输工程专业《建设工程监理案例分析》科目考试大纲,详细分析了监理案例分析考试的总体情况,并归纳总结了监理案例分析考试的重点知识,包括索赔与进度控制知识相结合、计量支付、经济分析评价、工程变更与估价、合同价格调整、质量控制与公路施工技术、监理组织机构设置等。同时,本书结合典型案例分析例题对重难点知识进行了细致的分析,以帮助考生掌握考题特点和做题技巧,高效复习备考。本书配有电子题库,读者可刮开封面增值贴,扫描二维码,关注"注考大师"微信公众号兑换使用。

　　本书第一、二、三、四、五、六章由重庆交通大学魏道升编写,第七章由重庆交通大学丁静声、李松青、张宝玉编写,第八章由重庆交通大学黄显贵编写。全书由魏道升和丁静声统稿。

　　限于编写时间和编者水平,书中难免存在疏漏和不妥之处,敬请读者批评指正。

编　者

2021 年 10 月

目　　录

第一章 建设工程监理案例分析考试综述

一、《建设工程监理案例分析》(公路工程方向)考试大纲的主要内容

(一)公路工程监理与项目管理理论的综合运用能力

(1)项目的建设程序。

(2)工程费用经济分析及评价方法。

(3)工程监理招标和投标管理及其相关知识。

(4)工程监理单位组织形式及监理人员职责分工。

(5)监理计划、监理细则、监理月报的编制。

(6)工程质量、安全、环保、进度、费用等目标控制的程序、内容、方法和措施。

(7)监理工程师各种工作方式的运用,主要有巡视、旁站、抽检、指令、工地会议、测量、试验检测、现场检查验收(含隐蔽工程检查)、首件工程认可等。

(8)工程施工招投标要求、投标报价。

(9)施工阶段质量控制,直方图、排列图、因果分析图、控制图等工具的应用。

(10)工程安全生产管理,施工安全风险评估。

(11)进度计划管理,计划中关键线路及关键工作的确定,应用网络计划技术审批工程延期。

(12)建筑安装工程费用项目组成与计算,工程量清单,合同价款确定与调整,计量支付。

(13)工程合同管理,工程变更,工程索赔,工程延期,工程分包。

(二)公路工程施工监理专业知识的综合运用能力

(1)路基工程。

(2)路面工程。

(3)桥梁、涵洞工程。

(4)隧道工程。

(5)交通安全设施工程。

(三)与公路工程有关的法律、法规、部门规章、技术标准等在监理工作中的综合运用能力

(1)《公路工程建设项目招标投标管理办法》(交通运输部令2015年第24号)(以下简称《公路招投标管理办法》)的应用。

(2)《公路工程标准施工招标文件》(2018年版)中的合同范本(以下简称《2018版施工合同》)的应用。在本书各章节内容中,凡是提及的合同条款号默认为该施工合同的条款号。

(3)《公路工程标准施工招标文件》(2018年版)中的工程量清单计量规则(以下简称计量

规则)的应用。

(4)《公路工程施工监理规范》(JTG G10—2016)(以下简称《2016版监理规范》)的应用。

(5)公路施工技术相关现行规范、规程和标准的应用。

二、《建设工程监理案例分析》考试的重点内容与各内容之间的关系

1.考试重点内容

管理是重点,尤其广义和狭义的合同管理。质量控制除了按照技术规范之外还要依据合同约定。为此,下面分为八章对这些重点内容详细介绍。工程索赔(包括网络计划和流水施工)是工程各类职业资格案例考试的永恒主体,以往的公路监理案例考试至少占20%,甚至有时高达30%~40%。工程计量支付和工程经济分析以及建筑安装工程费计算也是常见的考试内容,一般占20%左右。质量控制和公路施工技术以及安全监理,桥梁、隧道工程最容易与安全监理组合出题,一般占20%~40%。变更后定价和价格调整10%~20%。监理组织、监理计划、监理细则、工程招投标、工程分包和工程保险一般占0~10%。

2.考试各内容之间的关系(实箭线为重点支撑内容)

考试各内容之间的关系如图1-1所示。

图1-1 考试各内容之间的关系

三、案例分析题答题注意事项

(1)认真审题,对案例分析题背景资料中的关键内容做出标记。例如,时间单位是"s"还是"min",这将涉及套用的公式是否需要换算等。案例背景中提供的数据,除了有意设置为干扰数据之外,一般都有用处。例如,2007年案例综合考试题第三题案例背景中给出"中标价比标底价下浮15%"的条件;一般不熟悉合同管理的考生都无法将这个条件反映在答案中,实际上是要求回答"在变更重新定价时,根据单价分析表确定新单价后要相应下浮15%"。

(2)案例题的考试在大纲范围内,一般是根据考试用书和相应法律、法规、规章和政策性文件以及标准规范等。但是,可能有很少一部分,会根据目前习惯的常规做法和要求出题。例如,上述"中标价比标底价下浮15%"在交通运输部的当年施工合同范本和现行《公路工程标准施工招标文件》(2018年版)合同范本(以下简称《2018版施工合同》)中没有要求变更重新定价做相应下浮,可是目前许多公路施工合同的项目专用条款都有此规定。这种少数的例外情况,毕竟出现概率很低;在考场上如果遇到,请保持良好心态,不要太过于苛求,避免影响考

试的心情。掌握最基本的内容最重要。

(3)案例分析题答题时,一定要答到"得分点",否则答得再多内容也不得分。例如,某公路软基处理案例题,反压护道的作用。如果答案为"平衡地基的隆起"则不得分,因为正确答案是"平衡地基隆起的趋势",没有答出"趋势"这个关键词不得分,在下面的模拟题中可感受到。

(4)答题时要注意全面性。以下列案例分析题进行说明。

【案例】背景资料:

建设单位为了照顾当地农民,在建设单位推荐下,项目部与当地有资质的一家公司签订某专业工程所需要相关民工的聘用合同,在合同中明确约定了使用人员的报酬以及支付方式等。

问题:

(1)项目部与当地有资质的一家公司签订的是何种类型的合同?

(2)人员报酬应如何支付?

(3)该合同的订立是否妥当?为什么?

(4)如果是与包工头签订相关民工的聘用合同,属于什么合同?

参考答案及解析(下划线内容为得分点):

(1)项目部与当地有资质的一家公司签订的合同为<u>劳务分包合同</u>。

(2)人员报酬<u>承包人应支付给劳务公司</u>,并<u>负有监管劳务公司发放给民工的义务</u>。

(3)该合同的订立<u>不妥当</u>(得分点,注意要先作判断回答,然后回答理由或原因,注意答题顺序)。因为就是劳务分包合同,分包人<u>不仅具有劳务资质</u>,而且合同的另一方不能是项目部<u>必须是公司法人(或承包人)</u>。(全面性就是不仅要说出错误原因,还要肯定背景资料中正确内容;建设单位为了照顾当地农民,而推荐是不违法的,是误导考生的干扰内容)。

(4)如果是与包工头签订相关民工的聘用合同,属于<u>违法</u>的<u>劳动合同</u>。

四、案例分析题的出题形式

1.以审查承包人形式的计算题

(1)网络计划计算和应用,包含索赔工期,例如2021年《建设工程监理案例》真题第五题(以下简称2021年案例真题五)。

(2)流水施工的流水参数计算和绘制流水横道图,包含索赔工期。

(3)生产要素(如机械量、材料量的)需要量计算,审查其是否合理或符合要求。

(4)费用的计算,包括索赔费用(例如2021年案例真题五)、预算建筑安装工程费、变更的三种定价形式、价格调整等。

(5)审核运距计算,一种是离散型的土方运距计算,另一种是连续性的路面拌和处理运距计算;土石方松实调配是否合理可行,可通过单位量纲记忆计算公式。

2.分析题

此类题目应注意认真审题与正确答题。

(1)公路工程合同管理:索赔程序和内容、变更管理,分包管理,工程保险。

(2)施工技术、质量和安全监理:包括路基、路面、桥涵、隧道、交通安全设施,桥梁隧道工程与安全监理组合。

3.判断并改正题

对案例背景中,施工方案的内容进行分析,然后判断正误并改正错误或说明理由。

4.填空题的形式

案例背景中给出的内容不完整,请补充完善遗漏的内容,例如2021年案例真题二。

5.简答题的形式

根据背景资料回答提出的有关问题,这种题型回答较难,主要靠记忆,例如2021年案例真题一和二。

五、案例分析考试全真模拟试题和参考答案

参考答案及解析中下划线内容是得分点的关键词,有就能得分,没有则得分概率较低,若要得分是非常复杂的问题或过程。请读者在不看书和资料以及不上网查询的情况下用4小时答题,然后比对参考答案中下划线内容,自己评估得分情况,就能体会案例分析题答题中应注意的问题。

(一)全真模拟试题

【案例 1-1】背景资料:

某高速公路工程里程长度为110km,其中有一座桥梁为(3×100m+1×160m+3×100m)连续刚构桥。2019年3月开工,合同价为54亿元,合同工期3年,划分为五个施工合同段。建设单位通过施工监理招标,将该工程施工监理工作委托给A监理单位。监理合同签订后,A监理单位立即着手组建项目监理机构。A监理单位根据该工程特点,设置了二级监理机构,即总监理工程师办公室(以下简称总监办)和驻地监理工程师办公室(以下简称驻地办)。

总监办和驻地办的主要职责如下:

总监办的主要职责有:①确定监理机构岗位职责及人员,建立工地试验室;②主持召开监理交底会;③审批施工组织设计;④签发合同工程开工令、支付证书、单位或合同工程的暂停令和复工令;⑤审核工程变更以及延期和费用索赔;⑥组织监理工作报告,编制监理竣工资料;⑦审查交工验收申请,评定工程质量,参加交工、竣工验收;⑧参与或配合工程质量、安全事故的调查和处理。

驻地办的主要职责有:①主持编制监理计划;②主持召开工地会议;③审批总体进度计划、审验主要原材料和混合料;④审批分项工程开工申请,签发分项分部工程暂停令和复工令;⑤日常巡视、旁站、抽检和验收,以检查施工质量、安全和环保等情况,并做好记录;⑥核算工程量清单,对已完工程进行计量;⑦组织并进行分项工程中间验收和质量评定,签发中间交工证书;⑧审查交工验收申请,评定工程质量;⑨组织编制监理月报。

该项目公路工程施工监理招标按照《公路工程标准施工监理招标文件》(2018年版)进行,采用资格后审。A监理单位拟委派的张三担任总监理工程师,张三当时仍在其他的K项目上任职。

问题:

(1)监理单位设置二级监理机构是否可以?为什么?

(2)根据规定现场监理机构宜配备多少名监理工程师?最少和最多可以是几人?列出计算过程。

(3)指出本题所述的二级监理机构中总监办和驻地办的职责有何不妥之处,并补充完善或改正总监办和驻地办的职责。

(4)根据背景资料,A监理单位的投标文件中除了提交投标文件格式中张三作为拟委任

的总监理工程师资历表之外，还需要提交什么资料才不被废标？A监理单位在监理人员方面还要提交投标文件格式中的什么表格？为什么？

（5）公路工程施工监理服务费的组成除了监理人员服务费、监理办公设施费、监理交通设施费、监理试验设施费之外，还有哪些费用？

【案例1-2】背景资料：

某大桥工程，钻孔灌注桩共20根，桩长均相同，某桥墩桩基立面示意图如图1-2所示，护筒高于原地面0.3m。现场一台钻机每天连续24小时不间断钻孔，每根桩钻孔完成后钻机移位，然后立即清孔、安放钢筋笼并灌注混凝土，钻孔速度为2m/h，清孔、安放钢筋笼、灌注混凝土及其他辅助工作综合施工速度为3m/h。为保证灌注桩质量，每根灌注桩比设计桩长多浇筑1m，并凿除桩头。

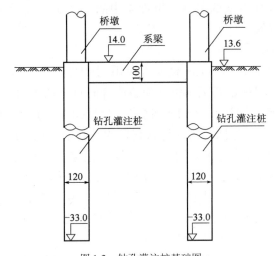

图1-2　钻孔灌注桩基础图

注：本图尺寸高程以m为单位，其余均以cm为单位。

该工程合同总价为6.982亿元，工期为3年，施工合同中约定，人工单价100元/工日，人工窝工补偿费80元/工日，除税金外企业管理费、利润等综合费率为20%（以直接费为计算基数）。施工过程中发生如下事件：

事件1：施工单位根据《公路水运工程安全生产监督管理办法》进行了如下安排：

①第一年计划完成施工产值2.1亿元，为保证安全生产，设置了安全生产管理机构，并配备了3名专职安全生产管理人员。

②依据风险评估结论，对风险等级较高的分部分项工程编制专项施工方案，并附安全验算结果，经施工单位技术负责人签字后报监理工程师批准再执行。

事件2：灌注桩钻孔过程中发现地质情况与设计勘察地质情况不同，停工12天，导致人工每天窝工8工日，机械窝工费1000元/天，停工期间施工单位配合设计单位进行地质勘探用工10工日；后经设计变更每根灌注桩增长15m（原工期计划中，钻孔灌注桩施工为非关键工序，总时差8天）。

事件3：施工单位加强质量管理，根据现行《公路工程质量检验评定标准》，对钻孔灌注桩设置质量检验的实测项目包括：桩位、孔径、孔深、混凝土强度和沉淀厚度。

事件4：钻孔灌注桩施工中，为保证隐蔽工程施工质量，各工序施工班组在上下班交接前均对当天完成的工程质量进行检查，对不符合质量要求及时纠正，每道工序完成后由监理工程师检查认可后，方能进行下道工序。钻孔灌注桩混凝土浇筑完成后用无破损法进行了检测，监理工程师对部分桩质量有怀疑,要求施工单位再采取 H 方法对桩进行检测。

问题:

(1)作为监理工程师针对事件 1,逐条判断施工单位做法是否正确,并改正错误。

(2)根据《公路工程标准施工招标文件》(2018 年版),计算图 1-2 桥墩桩基单根桩最终计量支付长度(列式计算,结果保留一位小数)。

(3)针对事件 2,计算延长工期的天数。除税金外可索赔窝工费和用工费各多少元(列式计算,结果保留一位小数)?

(4)针对事件 3,补充钻孔灌注桩质量检验的实测项目。关键的实测项目有哪些?非关键实测项目的合格率需达到多少?

(5)针对事件 4,写出 H 方法的名称。事件 4 中的一些工作反映了隐蔽工程"三检制"的哪一检工作?还缺少哪两检工作?

【案例 1-3】背景资料:

某公路工程签约合同总价是 2.168 亿元人民币,其中计日工 688 万元,暂列金额 1080 万元,合同工期 26 个月。合同规定开工预付款为签约合同总价的 10%,在累计支付工程款达签约合同价的 30% 的当月起开始扣回,交工验收前三个月扣完,每月等额扣回。材料预付款支付比例为 75%,用于工程后即扣回。逾期付款利息的日利率为 0.3‰。

2018 年 6 月 15 日承包人提交了合同协议书、履约担保。按照《公路工程标准施工招标文件》(2018 年版)在主要设备进场后的当期,监理工程师于 8 月 25 日收到承包人提交的当期进度款 600 万元和开工预付款的付款申请书,监理工程师于 9 月 2 日出具了建设单位同意的付款证书,9 月 3 日承包人向建设单位提交了合格的增值税发票,建设单位于 10 月 8 日填发了付款转账单。

钢材、水泥、沥青按调值公式法调价,权重系数分别为 0.3、0.2、0.1。其中钢材基期价格指数为 100,水泥的基期价格为 300 元/t,沥青的基期间价格指数为 105。材料按月调价。

开工之后第 6 个月累计支付工程款总额(不包括预付和扣留款项)达 6624 万元,其中当月工程进度款为 1000 万元。当月运至工地现场的材料设备的价值 350 万元,月底盘点库存材料为 250 万元。第 5 个月末累计进材料设备 4821 万元,库存尚有 210 万。钢材的现行价格指数为 110,水泥材料的价格为 310 元/t,经过 6 个月的时间沥青价格指数环比增长 2%。

问题:

(1)开工预付款(即动员预付款)总金额是多少?

(2)第 6 个月应支付材料预付款多少?扣回材料款多少?

(3)开工预付款从第几个月开始扣,每月扣多少?

(4)支付开工预付款的当期建设单位需要支付逾期付款利息的理由是什么?需支付逾期付款利息多少?

(5)按照调值公式法,计算第 6 个月的调价款是多少。计算第 6 个月实际支付的款项是多少?

(所有计算结果需列出计算过程,金额计算精确到元)

【案例 1-4】背景资料:

某段高速公路桩号为 K0+000～K13+700,交通荷载等级为重交通,K9+362 处有一座 7×30m 预应力混凝土 T 形梁桥,桥梁造价 1000 万元(含桥面铺装、交通安全设施等所有工程),K9+100～K9+600 线路纵断面示意图如图 1-3 所示。

施工单位中标进场后,经初步考查,拟组织下列机械进场:A 挖掘机、B 缆索式起重机、C

羊足碾、D 旋挖钻机、E 架桥机、F 打桩机、G 平地机、H 大吨位千斤顶、I 压路机、J 自卸汽车等。

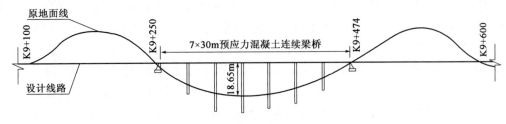

图 1-3　线路纵断面示意图

在编制实施性施工组织设计时,施工单位发现 K9 + 100 ～ K9 + 600 段弃方共计 140000m³,弃方平均运距 450m,且弃方场占用良田较多;桥头两端挖方体经取样检测,甲类土 CBR 值为 4.2%,乙类土 CBR 值为 8.1%,土体均匀。经建设、设计、监理、施工等单位现场考察,综合各方面因素,建设单位提出设计变更,将桥梁变更为路堤,变更后的路基填方横断面示意图如图 1-4 所示。变更后,桥位段增加填方 125000m³(均来自于 K9 + 100 ～ K9 + 600 段路基挖方),增加的其他所有防护、排水工程、路面、交通安全设施等工程造价为 680 万元。该合同段路基挖方单价为 14.36 元/m³,填方单价为 7.02 元/m³。

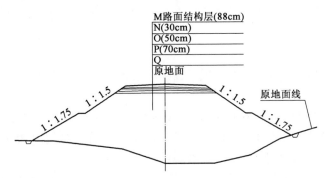

图 1-4　路基填方横断面示意图

桥位段地表为旱地,原状土强度满足填方要求,设计要求清除表土深度为 15cm。变更申请批复后,施工单位先将桥位段树木、表土、坟墓等清理完成,在基底填筑前,进行平整、碾压,并进行了相关检查或检测,然后逐层进行填筑施工。

问题:

(1)计算路基方案和桥梁方案的造价差额(单位:万元,计算结果保留 2 位小数)。根据《公路工程设计变更管理办法》,判定该设计变更属于哪级变更? 并说明理由。该设计变更由什么单位审批?

(2)写出图 1-4 中 N、O、P、Q 各部位名称。如果桥头两端挖方体作为填料,甲类土可以直接用于图 1-4 中哪些部位的填筑(以字母代号表示)?

(3)施工单位填筑前,对原地面还应如何处理? 并说明理由。

(4)施工单位完成原地面处理后,正式填方前通常应对处理后的原地面进行哪些检查或检测?

(5)施工单位在进行该段(K9 + 100 ～ K9 + 600)变更后的路基工程施工时,从前期拟组织进场的机械中配置哪些比较合理(以字母代号表示)?

(6)按照《公路工程标准施工招标文件》(2018 年版)计量规则,对于填方路基,原地面压实后,新增的填方数量可以计量吗? 并说明理由。如何确定新增的数量?

【案例1-5】背景材料：

某高速公路工程施工项目实行公开招标，以预算价作为招标控制价。其中第一合同段（起止桩号 K0 +000 ～ K10 +000）由 G 公司中标，G 公司中标价比招标控制价下浮15%。该合同段签约合同价为1.32亿元，合同段设计图中 A 区（K0 +000 ～ K1 +200）路基需作为软基处理，路基底宽42m，淤泥厚度平均为1.5m，采取清淤回填石渣方案，综合单价为40元/m³。进场后，经监理单位、建设单位、施工单位进行联合调查，发现 A 区的淤泥平均厚度达到2m，B 区（K8 +000 ～ K8 +200）也存在软基，平均深度达8m。经建设单位委托，由设计单位确定如下处理方案：A 区采取清淤回填石渣方案不变，B 区采取粉喷桩处理方案。

现根据项目专用合同条款的内容：如果合同的工程量清单中某一个支付子目所列的"金额"超过签约合同价的2%，而且该支付子目的实际数量超过或少于工程量清单中所列数量的25%，则该支付子目的单价予以调整。承包人提出原清淤换填投标单价是亏本价，干的越多亏的越多，要求调整清淤回填石渣的单价；而粉喷桩没有投标报价，要求重新确定该单价。

监理工程师分析了 G 公司的单价分析表，综合单价40元/m³ 中不含税价为40 ÷（1 + 9%）= 36.70 元/m³，不含税单价中可变成本为36元/m³，在无利润的前提下其固定成本（不变成本）按工程量清单数量分摊折算为3元/m³。承包人确实亏损约3 − 0.7 = 2.30 元/m³，干活越多亏损越大。

问题：

（1）在 A 区和 B 区施工前，作为监理工程师在合同管理方面按照工程变更的规定应如何处理？

（2）根据项目专用合同条款的有关规定，A 区路基的清淤换填是可以调整其单价的，说明理由。监理工程师与建设单位和承包人协商后，建设单位同意对超出25%部分单价暂时按照44 元/m³ 计量支付，计算 A 区路基的清淤换填的工程款项是多少？

（3）根据目前公路工程变更定价的惯例第一合同段 B 区软基处理单价应如何确定？

（4）列出两种软基处理能用沉管式打桩机施工的常用竖向排水体方法的具体名称。该两种方法工艺流程的共同第一步是整平原地面，写出其共同的第二步是什么？共同的最后一步是什么？

（5）如果按照预算利润率7.32%，参考预算建筑安装工程费计算方法。你认为 A 区工程量未改变前正常获利情况下合理的单价是多少？

【案例1-6】背景资料：

某公路工程合同段，含有一座相对独立施工的600m 长隧道，合同价为13000 万元，合同工期为270 天。

施工合同签订后，施工单位向监理单位提交了如图 1-5 所示的进度计划，工作 R 表示隧道工程施工，并得到监理单位的批准。

隧道工程施工过程中发生如下事件：

事件1： 施工单位针对该隧道60m 进口段和40m 出口段的 V 级围岩，按安全、经济原则，从全断面法、环形开挖留核心土法、双侧壁导坑法中选出了一种浅埋段隧道施工方法。

事件2： 根据设计要求，施工单位计划对该隧道非洞口中120m 长的某施工段实施监控量测，量测项目有：洞内外观察、地表下沉、钢架内力和外力、围岩压力、周边位移、拱顶下沉、锚杆轴力等。

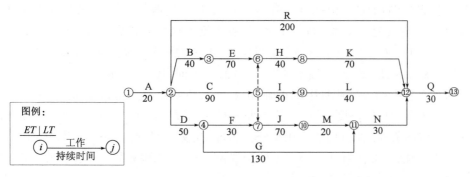

图1-5　某公路工程合同段网络进度图(时间单位:天)

合同段施工过程中,在第三个月末检查时发现,工作R按计划进行,工作E延误20天,工作C延误10天,工作F按计划进行,工作G提前10天开始施工。为满足建设单位坚持按合同工期完工的要求,在不改变网络计划逻辑关系的条件下,施工单位根据表1-1的条件按经济性原则进行了计划调整。

某公路工程相关工作的可压缩时间和对应费率表　　　　表1-1

工作	B	E	H	K	Q
可压缩天数	5	5	10	20	5
费率(万元/天)	0.1	0.2	0.3	0.4	1.0

在工作G进行到一半左右,出现了合同中未标明的硬质岩石,导致施工困难。施工单位及时采取合理措施进行处理并按合同规定程序通知了监理单位。因处理硬质岩石导致增加费用20万元、工作G延误20天,对此,施工单位在规定时间内提出了工期和费用索赔。

问题:

(1)按网络图图例方式,列出⑤、⑥、⑦三个节点的节点时间参数;指出网络图中的关键线路。该网络计划的计划工期是多少?

(2)针对第3个月末进度检查结果,评价工程进度。

(3)针对工作G中出现合同中未标明硬质岩石的处理,作为监理工程师分别指出施工单位提出的工期及费用索赔是否合理,并说明理由。

(4)指出该隧道施工过程中事件1比选出的施工方法。并说明理由。

(5)该隧道施工过程中,事件2中哪三项为必测项目?写出拱顶下沉量测的方法和工具。

(6)针对第3个月末进度检查结果所得到进度评价结论,分析确定调整计划的最经济方案。

(二)参考答案及解析

【案例1-1】参考答案及解析:

(1)监理单位设置二级监理机构是可以的(0.5分)。因为根据《公路工程施工监理规范》(JTG G10—2016)第3.0.1条规定,公路工程项目监理均应设总监办,100km以上的高速公路、一级公路工程可设驻地办。当不设驻地办时,总监办应同时履行本规范规定的驻地办职责。该项目高速公路开工里程为110km,超过100km,符合设置二级监理机构的条件,而且有5个施工合同段,可以设置二级监理机构,即设总监办和驻地办。(1分)

(2)现场监理机构宜配备24名(1分)监理工程师,最少20人(1分)最多29人(1分)。根据

《公路工程施工监理规范》（JTG G10—2016）第3.0.4条规定，高速公路、一级公路等宜按每年每7500万元建筑安装工程费配备监理工程师1名，并可根据工程特点和实际需要在0.8～1.2系数范围内调整。540000÷3÷7500=24人，按照0.8～1.2的调整系数，24×0.8=19.2人，取20人；24×1.2=28.8人，取29人。答案虽然都正确，如未列出计算式则最多得1分。

（3）本题所列总监办的各项职责中都正确（0.5分），还需补充：本题驻地办职责中的①主持编制监理计划、③审批总体进度计划、审验主要原材料和混合料、⑧审查交工验收申请，评定工程质量、⑨组织编制监理月报（每个点0.5分，用号码或文字都行，有其一就得分，不考虑顺序，共计2分）；还要补充：主持召开第一次工地会议（1分）、组织检查施工单位质量、安全和环保等管理体系的建立及运行情况（1分）。

本题所列驻地办职责中的①、③、⑧、⑨不妥（1分），这些职责应是总监办的职责。职责中⑦（或文字内容）不妥（0.5分），错在"并进行（0.5分）"，正确的表示为"组织分项工程（中间）交工质量检验评定，进行分部工程质量评定"（0.5分），因为现行监理规范规定监理不进行分项工程质量评定；驻地办的主要职责还需补充有：主持编制监理细则（0.5分）；审批月进度计划、审验一般原材料和混合料（1分）；核查施工单位测量、施工放线成果并进行复测（1分）；组织填写监理日志，编写监理工作报告，归集监理资料（1分）。

（4）A监理单位投标人还需提供K项目委托人（即建设单位）出具的、承诺张三能够从K项目撤离的书面证明材料原件（1分）。A监理单位在监理人员方面还要提交投标文件格式中拟委任的其他主要监理人员汇总表65（0.5分）和拟委任的其他主要监理人员资历表66（0.5分）。因为连续刚构桥总长未超过1000m，但是其最大跨度160m＞150m属于特大桥（1分），所以还需提交"仅适用于特别复杂的特大桥梁和特长隧道项目主体工程以及其他有特殊要求的工程"的这两张表格。

（5）公路工程施工监理服务费的组成除了监理人员服务费、监理办公设施费、监理交通设施费之外，还有监理生活设施费（1分）、利润（1分）。

【案例1-2】参考答案及解析：

（1）①错误（0.5分）。应配备专职安全生产管理人员至少5名（0.5分），且按专业配备。②正确（1分）。

（2）根据《公路工程标准施工招标文件》（2018年版）计量规则，桩的计量长度为系梁底高程与桩底高程之差。从图1-2可知：

桩的计量长度 = 系梁底高程（14-1）-桩底高程（-33.0）+变更增加长度（15）=61m（2分）。

（3）①工期延长时间 = 停工造成的工期拖延 + 20根桩增长15m所增加的时间。

因为钻机钻孔完成后可以立即移位，说明是流水施工，一根桩的钻孔时间 = 15/2 = 7.5小时，清孔、安放钢筋笼、灌注混凝土及其他辅助工作的时间 = 15/3 = 5小时。

1号桩：

2号桩：

......

工期延长时间 =（12-8）+[（20-1）×7.5+（7.5+5）]/24 = 4+6.5 = 10.5天（2分）。

②窝工费 = 8×12×80+1000×12 = 19680元（2分）。

③用工费 = 10×100×（1+20%）= 1200元（2分）。

注:无列式计算过程答案正确的得一半分。

(4)钻孔灌注桩质量检验的实测项目还包括:钻孔倾斜度(1分)、桩身完整性(或钢筋骨架底面高程)(1分)。关键的实测项目有混凝土强度(1分)和孔深(1分)。非关键实测项目的合格率需达到80%以上(1分)。

(5)H方法是钻取芯样(2分)。事件4中的一些工作反映了隐蔽工程"三检制"中的自检工作(1分),还缺少互检(1分)和专检(或交接检)工作(1分)。

【案例1-3】参考答案及解析:

(1)开工预付款总额=签约合同总额×10%=2.168亿元×10%=2168万元(1分)。

(2)①第6个月应支付材料预付款是:当月运至工地现场的材料设备的价值350万元,第六个月应支付材料预付款=350×75%=262.5000万元(1分)。

②第6个月材料预付款应扣回=本月用于工程的材料量款×75%

$$=[(上月库存+本月新进)-本月盘点库存]\times75\%$$
$$=[(210+350)-250]\times75\%=310\times0.75=232.5万元(3分)。$$

(3)①开工预付款从第6个月开始扣回(1分)。

第6个月的工程进度款累计/合同总价=6624/21680×100%=30.56%

②所以从第6个月开始扣回。每月扣回金额=2168/(26-3-5)=120.4444万元(1分)。

(4)①需支付逾期付款利息的理由:根据《2018版施工合同》第17.3.3条规定,发包人应在监理人收到进度付款申请单且承包人提交了合格的增值税专用发票后的28天内,将进度应付款支付给承包人。这里最关键词是"且(1分)",即28天的起算点是关键。虽然监理单位于8月25日收到承包人提交的当期付款支付申请,但是承包人9月3日向建设单位提交增值税发票。所以要以9月3日为支付的起算时间点(2分)。建设单位签发付款日为10月8日,已经超过28天内支付要求(2分),所以需要支付逾期付款违约金(即利息)。利息按照单利计算。

②要支付利息=[(30-3)九月+8十月-28]×(600+2168)×0.3‰

$$=7\times2768\times0.0003=5.8128万元=58128元(3分)$$

(5)该题难点有4点要注意:一是水泥材料不是价格指数,调价时可以直接用材料价格计算;二是沥青价格的环比指数如何换算为定基指数,而且基期是105(实际是蒙人的);三是调价的金额P_0是否要增加和扣除材料预付款;四是调价款的概念。

①根据合同规定调价金额包含预付款增加和扣回以及质保金扣除。

最简单的沥青价格的定基指数计算,将沥青定基设为1,环比6次=$(1.02)^6$=1.12616,不是2%的6倍。如果非要将定基设为105也可以,则$[105\times(1+2\%)/105]^6$的结果是一样的。

第6个月调整价格后的工程款=1000×(0.4+0.3×1.1+0.2×310/300+0.1×1.12616)

$$=1000\times1.0492827=1049.2827万元$$
$$或者=1000\times(0.4+0.3\times1.1+0.2\times310/300+0.1\times1.02^6)$$
$$=1000\times1.0492829=1049.2829万元$$

第6个月调价款=1049.2829-1000=49.2829万元=492829元(4分)或492827元。

使用公式法计算时,一定要注意当期指数/基期指数,这两个指数的参考时间一定相同。

当然为了计算简便常常将基期设为1或100,此时当期相对基期就可以套用公式了。

②第6个月实际支付的款项 = (1000 + 49.2829 + 262.5) - (232.5 + 120.4444) = 958.8385万元 = 9588385元。(1分)

【案例1-4】参考答案及解析:

(1)造价差额 = 680 + 125000 × 7.02/10000 - 1000 = -232.25万元(2分),可不考虑正负号;属于较大设计变更(1分),因为该段变更为"大中桥数量发生了变化"(或将桥梁变更为路堤)(1分),所以根据《公路工程设计变更管理办法》,该变更属于较大设计变更。较大设计变更应由省级交通主管部门负责审批(1分)。

(2)N为上路床(0.5分),O为下路床(0.5分),P为上路堤(0.5分),Q为下路堤(0.5分)。甲类土可以直接用于图1-4中P(1分)、Q(1分)部位的填筑。

(3)应按设计要求挖台阶(或设置成坡度向内并大于4%、宽度大于2m的台阶)(1分)。因为,从图1-3所示线路纵断面示意图可知,原地面高差为18.86m,长度约为(474 - 250)/2 = 112m,桥位地面纵坡为18.65 ÷ 112 ≈ 17%,大于12%。(2分)

(4)应检查清除表土范围(0.5分)和清除表土深度(0.5分),检测原地面压实度(0.5分)。

(5)进场的机械中配置A(0.5分)、C(0.5分)、G(0.5分)、I(0.5分)、J(0.5分)比较合理。

(6)按照《公路工程标准施工招标文件》(2018年版)计量规则,对于填方路基,原地面压实后,新增的填方数量是可以计量的(1分)。理由:计量规则204-1-d"填前压实、地面下沉增加的填方量按填料来源参照本条计量"(1分)。根据技术规范204.04的要求"路堤基底应在填筑前进行压实,承包人应将压实后新测绘的填方工程断面图提交监理人核准,否则不得填筑",这说明通过压实后新测绘的填方断面图(2分)来确定新增的数量。

【案例1-5】参考答案及解析:

(1)A、B区施工前,作为监理工程师在合同管理方面按照工程变更的规定应做如下处理:

①B区根据设计单位的设计处理方案应由监理工程师下达变更指示(1分),并应与建设单位和承包人协商"粉喷桩"的单价(1分),还需出变更后设计图纸(1分)。

注:A、B区回答顺序不作要求。

②A区设计单位明确依然按照原设计方案,虽然平均深度由1.5m变化为2m,可以不需下达变更指示(1分)。在施工中应按照实际清淤换填数量计量,对于实际清淤回填石渣数量的记录和有关资料要建设、监理、施工三方共同签字确认(1分)。

(2)①原因:A区能满足项目专用合同条款的规定"金额超2%且实际数量超清单数量25%"的条件(1分)。对A区路基的清淤换填石渣超过25%的部分是可以重新商定单价。具体计算如下:

该子目金额占签约合同价的比例 = (1200 × 42 × 1.5 × 40)/132000000 = 0.023 > 2% (1分)。

该子目数量变化率 = (2 - 1.5) ÷ 1.5 = 0.333 > 25%(1分),只能调整超25%的那一部分价格。

②A区:1200 × 42 × 1.5 × 1.25 × 40 + 1200 × 42 × 0.125 × 44 = 378 + 27.72 = 405.72万元 (4分)。

一般在正常报价情况下,数量增加新单价下调,数量减少新单价上调。而背景资料表明清淤换填 40 元/m³ 的单价亏损,从公平合理角度,可以上调超出 25% 部分的单价,做到相对合理。

（3）根据目前公路工程变更定价的惯例,第一合同段 B 区软基处理,按照变更定价原则,重新确定"粉喷桩"单价。按照合同规定,在综合考虑承包人在投标时工程量清单中所提供的单价分析表的预算价格(1 分)基础上,考虑下浮 15%(1 分)的因素;由监理人按第 3.5 条商定或确定粉喷桩的单价。

（4）两种软基处理方法能用沉管式打桩机施工的常用竖向排水体的具体名称是袋装砂井(1 分)和塑料排水板(1 分)。这两种方法工艺流程共同的第一步是整平原地面,其共同的第二步是摊铺下层砂垫层(1 分);共同的最后一步是摊铺上层砂垫层(1 分)。

（5）在工程量不变化情况下的正常获利单价 = (36 + 3)成本 × (1 + 7.32%) × (1 + 9%)

$$= 45.62 \ 元/m³(2 分)。$$

需说明的是,关于预算建筑安装工程费正常获利的单价计算,住建部土建案例题曾经考过类似的题目,不过土建的建筑安装工程费计算与公路建筑安装工程费计算有点不同,主要反映在措施费方面,公路的单价是全费综合单价包含了措施费,而土建的单价不含措施费。

【案例 1-6】参考答案及解析:

（1）用节点法计算网络图,如图 1-6 所示。⑤、⑥、⑦节点的时间参数分别是 110 | 120、130 | 130、110 | 120(3 分);关键线路为最上面一条①→②→③→⑥→⑧→⑫→⑬或 A→B→E→H →K→Q(1 分);该网络计划的计划工期为 270 天(1 分)。

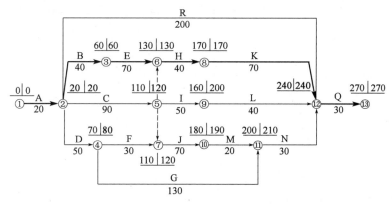

图 1-6　某公路工程合同段网络进度图的节点时间参数计算图

（2）针对第 3 个月末进度检查结果,第 3 个月末(即第 90 天)进度检查结果工作 E 延误 20 天,工作 C 延误 10 天,工作 F 按计划进行,工作 G 提前 10 天。而工作 E 是关键工作,因此工程工期将拖 20 天(1 分)。

（3）①工期索赔不合理(1 分)。理由:虽然工作 G 出现了合同中未标明的地质原因造成延误,但是原来工作 G 有 10 天的总时差,而且在之前的 3 月份检查时已提前了 10 天,所以有总时差 20 天,刚好能抵消掉工作 G 延误的 20 天,不影响工程工期(1 分),所以不能索赔工期。索赔能够成立,既要有索赔的合同理由又要有造成损害的事实;显然工作 G 的延误没有造成对合同工期的影响,因此不能赔时间。

②费用可以索赔 20 万元(1 分)。理由:地质条件属于建设单位提供的资料,而资料中没有明示,属于建设单位责任(1 分)。

（4）比选出的施工方法为环形开挖留核心土法(1 分)。理由:要按安全、经济原则进行比选(1分)。如果不考虑安全只考虑经济，则优选顺序是全断面法、环形开挖留核心土法、双侧壁导坑法；但是考虑安全因素，浅埋段隧道禁止使用全断面法。所以按安全、经济原则进行比选，应选择环形开挖留核心土法。

(5)①事件2中必测项目为：洞内外观察(1分)、拱顶下沉(1分)、周边位移(1分)。地表下沉不选的原因是要根据隧道埋置深度与开挖宽度决定必测项目还是选测项目。

②拱顶下沉量测方法为水准测量(1分)，工具为水准仪和钢尺(1分)等。

(6)针对第3个月末进度检查结果所得到进度评价结论，调整计划的最经济方案是：

第3个月末工作B已经完成，虽然它的费率最低，但不能压缩工作B(1分)(注：工作B的条件费用0最低和压缩量5天是陷阱，如果最终方案选压缩工作B，则本点调整计划的最经济方案不得分，本点以下内容不需再评阅)。而此时根据检查结果，工作E已经施工30天，按照原计划尚需70-30=40天完成，虽然工作E是关键工作本身延误20天，但是题意说明原计划的工作E能压缩5天(1分)。所以最后调整方案为：工作E可压缩5天(1分)(即尚需40+20-5=55天，计划进度还可继续履行，是可压缩的)；工作H压缩10天(即尚需30天)；工作K压缩5天(1分)(即尚需65天)。最终调整后的工期=90+55+30+65+30=270天，满足原合同工期要求。

该点评阅注意：分析2分，结论2分，共4分。如果最终工作K压缩的结论错误即不是5天，则本点结论2分值基本都不能获得，因为分析时认为工作E已经施工不能压缩的结论是错误的，所以本点的最终结论自然是错的，由于工作H是相对工作K更经济且会选最大压缩量不是得分点。结论中没有压缩工作B，而工作K压缩不等于5天，本点只得分析的2分的一半值，即1分。

第二章　费用索赔、工期索赔与网络进度计划应用

狭义索赔是指承包人向发包人索取赔偿或补偿,包括费用索赔和时间索赔(工期索赔),工期索赔往往要借助网络计划,详细内容参见《2021年全国监理工程师(交通运输工程专业)职业资格考试应试辅导——建设工程目标控制》第三、四章内容。

第一节　索赔的程序、索赔合同条款和注意事项

一、索赔程序

工程索赔程序如图2-1所示。

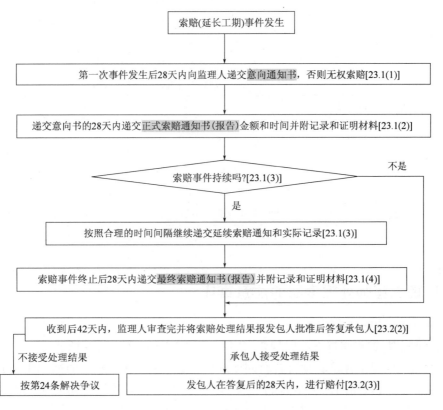

图2-1　工程索赔程序图

二、索赔涉及的施工合同条款

索赔涉及的施工合同条款和包含利润的条款如表2-1所示,2021年案例真题五涉及该表的内容。

序号	条 款 号	合同条款的主要内容	利润
1	1.6.1	建设单位不能及时提交图纸的索赔	有
2	1.10.1	在工程现场发掘出化石、文物或古迹	无
3	2.3	建设单位未能按期办妥永久占地的征用手续	有
4	3.4.5	监理人的指示不及时或过错引起的索赔	无
5	4.1.8	承包人为其他承包人提供方便或服务	无
6	4.11.2	不利物质条件(不可预见的外界障碍和自然条件)	无
7	5.2.4	发包人要求承包人提前交货所增加的费用	无
8	5.2.6	发包人提供材料不符合要求或变更交货或返工的索赔	有
9	8.3	发包人提供的基准资料不正确	有
10	11.3	发包人的工期延误,含数量质量交货点变化、暂停图纸付款交货延误	有
11	11.4	例外,异常恶劣的气候条件只赔时间不赔钱	无
12	12.2,12.3	发包人责任的暂时停工补偿和程序条款	有
13	12.4.2	发包人原因无法按时复工	有
14	13.1.3	发包人原因造成质量不合格	有
15	13.5.3	监理人重新剥开或钻孔检查;前提条款 13.5.1,13.5.2	有
16	13.6.2	发包人提供材料不合格承包人的补救措施损失	有
17	14.1.3	非隐蔽工程或材料重新试验和检验	有
18	14.4	超规定或重新检验或试验费用	无
19	17.3.3,17.5.2,17.6.2	发包人不及时付款时的逾期付款违约金	无
20	18.4.2	发包人在全部工程竣工前,使用已接收的单位工程导致承包人费用增加	有
21	18.6.2	发包人的原因导致试运行失败的,承包人应采取措施保证试运行合格	有
22	19.2.3,19.2.4	发包人原因造成缺陷责任期间工程损坏	有
23	20.6.4	建设单位承担未能取得保险赔偿额的责任	无
24	21.3	损害是建设单位的风险责任,不可抗力各自承担自己部分	无
25	22.2.2	建设单位违约承包人行使暂时停工的权利(不安抗辩)	有
26	22.2.3	发包人违约解除合同	有

三、监理工程师处理索赔的注意事项

1. 索赔审核的两大原则

(1)合同原则:即程序符合合同规定,依据符合合同条款规定且正确。

受理索赔的前提条件是必须符合合同要求的索赔程序,第一步意向通知书最重要。审核索赔是否成立,要看索赔的依据是否满足表 2-1 中列出的合同条款规定且引用条款正确。例如,【案例 2-4】中因文物造成的索赔,如果承包人提出索赔的依据应该是合同第 1.10.1 条并且为保护文物产生的费用;同时因文物发掘保护造成停工的索赔,其依据是合同第 12.2 条;而不是第 4.11.2 条一个有经验承包人无法遇见的不利物质条件。超出合同条款依据,以法律为依据的索赔不会考。对索赔案例题的重点,一是关注索赔成立与否,如果索赔成立,那么紧接就是下面的内容,损害程度的确定。

（2）损害事实原则（包含监理单位的重要职责）。

索赔事件应造成实质性损害，并应注意以下几种实际损害的情况：

①工期损害。延误的工作发生在关键线路上，不过要注意非关键工作的延误超过其总时差时也会造成工期损害，此时非关键工作变成关键工作，关键线路也随之发生变化。

②考虑费用索赔时，与是否为关键工作无关。即使是非关键工作停工数天也不扣除其总时差，因为停工数天势必造成设备租金或闲置费增加数天。

③损害符合实际情况。一旦工程停工，监理工程师的重要职责就是指示承包人，尽快将闲置的人员和设备调离到合同段内临近的工区或临近的其他合同段使用，以减少损失程度，索赔费用将折减。人员和设备经过如此调配后，一旦停工的工区恢复施工时，受益的其他工区反过来可以支援原停工的工区，这样调配后时间（工期）的损害程度也将折减。另外，损害事实原则包括上述①与②工期索赔和费用索赔的区别，在2021年案例真题五中有反映此区别。同时，还应注意区分索赔遭受的损失与已经交工的合格工程或变更改线后造成废弃工程的不同，如果这类工程按照正常计量支付了，就不属于费用索赔。

2.索赔的对象和索赔申请的接受人或处理人

（1）索赔的对象是发包人（即建设单位）。

（2）承包人向监理工程师提交索赔意向通知书和正式索赔申请书（报告）。

第二节　索赔案例分析题

【案例2-1】背景资料：

某公司承接了某道路的改扩建工程，合同工期为121天。工程中包含一段长240m的新增路线（含下水道200m）和一段长220m的路面改造（含下水道200m），另需拆除一座旧人行天桥，新建一座立交桥。工程位于城市，地下管网密集，交通量大。

项目部组织有关人员编写了施工组织设计，其中进度计划如图2-2所示。

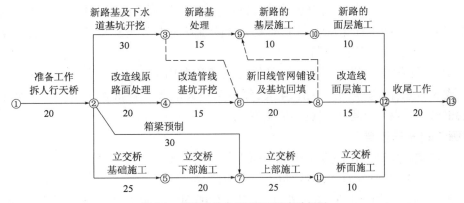

图2-2　道路改扩建工程施工进度计划图

施工中，发生了如下导致施工暂停的事件：

事件1：在新增路线管网基坑开挖施工中，原有地下管网资料标注的城市主供水管和光电缆位于–3.0m处，但由于标识的高程和平面位置的偏差，导致供水管和光电缆被挖断，使开挖施工暂停14天。

事件2：在改造路面中，由于摊铺机设备故障，导致施工中断7天。

问题：

（1）求工程的计算工期，并指出关键线路。该进度计划可行否？计划工期是多少？

（2）分析施工中先后发生的两次事件对该计划工期产生的影响。如果项目部提出工期索赔，应批准几天延长工期？说明理由。

（3）如果停工损失 1 万元/天，监理工程师审核同意多少元索赔费用？

参考答案及解析：

（1）如图 2-3 所示，采用标号法求得工程的计算工期为 120 天；关键线路为：①→②→⑤→⑦→⑪→⑫→⑬，即图中的粗线。该进度计划可行，因为计算工期 120 天小于合同工期 121 天，满足合同要求。计划工期就是提交计划的计算工期，即 120 天。

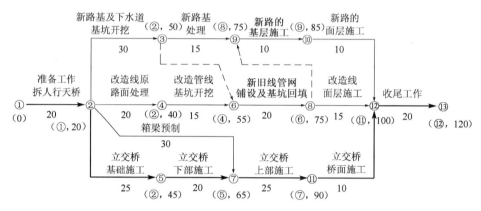

图 2-3　道路改扩建工程网络计划标号法计算图

（2）两次事件对原计划工期的影响是：将事件 1 停工 14 天增加到②→③工作中，30 + 14 = 44 天用标号法计算得该工程的新工期为 124 天，所以比原计划的工期 120 天拖延了 4 天。同理，在事件 1 的基础上，将事件 2 的中断 7 天增加到⑧→⑫改造线面层施工工作中，15 + 7 = 22 天，再用标号法计算得新工期为 126 天，比 124 天再拖延 2 天。

如果承包人提出工期索赔，只能获得由于事件 1 导致的工期拖延补偿，不过只能延长工期 3 天。因为原有地下管网资料应由建设单位提供，并应保证资料的准确性，所以承包人应获得工期赔偿，预计的实际工程完成工期 124 天 – 合同工期 121 天 = 3 天。而设备故障是承包人自身原因，所以不能批准延长工期。

（3）如果停工损失 1 万元/天，施工单位可以索赔费用 14 天 × 1 万元/天 = 14 万元；而不是 4 万元或 3 万元，因为停工损害是 14 天，每停工一天承包人就得多付出一天的窝工费。而承包人的机械故障既不能赔时间也不能赔费用。

【案例 2-2】背景资料：

承包人在某一关键工作面发生了如下原因的停工：

事件 1：6 月 20 日到 6 月 26 日承包人设备故障。

事件 2：发包人（建设单位）本应 6 月 24 日交付的图纸直到 7 月 10 日才交给承包人。

事件 3：7 月 7 日到 7 月 12 日工地上出现了该季节罕见的特大暴雨。

事件 4：由于暴雨造成运输道路的中断，建设单位本应 7 月 11 日提供安装的工程设备迟延到 7 月 15 日才交给承包人。

问题：

如果停工损失 2 万元/天，利润损失 2 千元/天，承包人可以索赔工期和费用分别是多少？

参考答案及解析：

利用横道图，将4种时间上的共同搭接延误绘制于同一个横道图上，如图2-4所示。

（1）事件1，从6月20日开始画到6月26日，不能索赔。

（2）事件2的停工横线绘制有点困难。要降低难度的简单方法是，先假设停工1天应如何表述和绘制。如果停工1天应表述为"原本6月24日交付的图纸直到6月25日才交给承包人"，而横线应画在24日的下方，所以该事件应从6月24日画到7月9日为止，既能赔时间又能赔费用。

（3）事件3的关键词是"该季节罕见"，正因为罕见才能索赔，如果正常下雨就不能索赔。该事件只能赔时间，不能赔费用。

（4）同理，事件4从7月11日开始画到7月14日，既能赔时间又能赔费用。

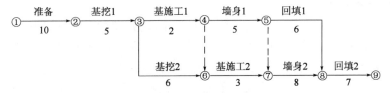

事件	20	21	22	23	24	25	26	27	28	29	30	1	2	3	4	5	6	7	8	9	10	11	12	13	14
(1)																									
(2)																									
(3)																									
(4)																									

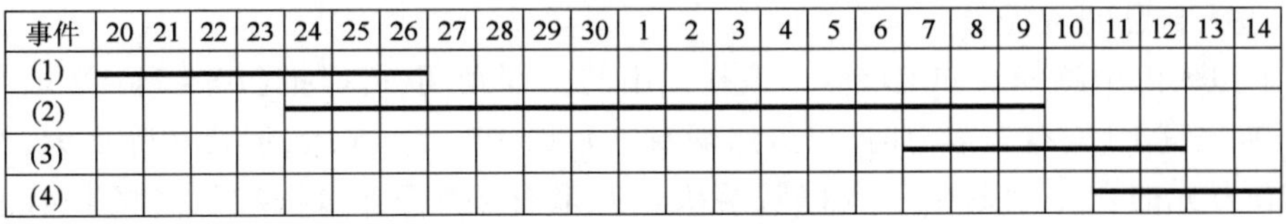

图2-4　共同搭接延误事件横道图

从图2-4容易得出索赔工期，从6月27日到7月14日共计18天。

索赔费用，事件2从6月27日到7月6日能赔10天，事件4从7月13日到14日能赔2天，从表2-1可知，事件2和4包含利润，索赔费用共计12天，$12 \times 2.2 = 26.4$万元。

【案例2-3】背景资料：

高速公路某一通道工程的施工进度计划如图2-5所示。

图2-5　通道工程的施工进度计划图

在施工中由于混凝土未达到设计要求的强度，承包人进行了返工，耽误了工期10天。承包人申请工程延期10天，并给予一定费用补偿。

在通道墙身1的施工中，突遇暴雨，造成山洪暴发，将已经支好的模板冲走，造成承包人损失10万元，也使墙身1施工的作业时间延长到10天。为此承包人提出了工程延期和费用索赔，后来，承包人为了抢时间在墙身施工后，立即将回填土施工完毕。监理工程师要求承包人挖开回填土进行检验。

问题：

（1）计算该计划的时间参数、工期和标出关键线路。

（2）监理工程师对承包人因混凝土基础返工提出的延长工期和费用补偿申请如何处理？

（3）监理工程师如何审批承包人因山洪暴发冲走模板提出的工程延期和费用索赔？

（4）监理提出"挖开回填土进行检验"的要求是否合理？开挖的返工费用由谁承担？

参考答案及解析：

（1）按节点计算原计划的节点时间参数，或者计算工序时间参数，得到工期39天，标出关键线路节点号为：①→②→③→⑥→⑦→⑧→⑨。通道工程的施工进度节点法计算如图2-6所示。

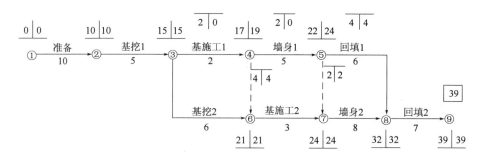

图 2-6　通道工程的施工进度节点法计算图

（2）监理工程师对承包人因混凝土基础返工提出的 10 天延期和费用补偿申请不予批准，因为是承包人自己的责任。

（3）承包人因山洪暴发冲走墙身 1 模板提出的工程延期，可以批（10 － 5）－ 2 ＝ 3 天，因为墙身 1 是非关键工序，有 2 天总时差，虽然墙身 1 延误 10 － 5 ＝ 5 天，但要扣除 2 天，所以只能批 3 天；10 万元的费用索赔由工程保险解决。如果有多个工作延误产生，将非承包人的延误 ＋ 原持续时间，重新计算新的（总）工期，工程延期时间 ＝ 新（总）工期 － 原（总）工期，最为简单，比起逐个工作分析扣除总时差更不容易产生计算错误。

（4）监理工程师提出"挖开回填土进行检验"的要求是合理的；开挖的返工费用不论检验结果合格与否都由承包人承担，因为隐蔽工程在隐蔽前要经检验合格才可覆盖，承包人未经检验擅自覆盖，即使检验结果合格，费用也是由承包人承担。如表 2-1 所示，第 13.5.3 条的索赔前提条款是第 13.5.1 和 13.5.2 条。

【案例 2-4】背景资料：

某高速公路工程 A 标段，长 10km，合同工期 2 年，建设单位与施工单位、监理单位分别签订了施工合同和监理合同，并于 2018 年 6 月正式开工。在工程施工中，发生以下事件：

事件 1：在桥台基础基坑开挖中发现地下文物，承包人及时采取措施保护了现场，立即通知了监理工程师和抄报建设单位，并执行了监理工程师"暂停施工、保护现场"的指令。因此承包人的工程进度受到影响并增加了费用。承包人向监理工程师提出了工程延期申请，并要求对停工损失和保护现场给予费用补偿。对承包人的申请，建设单位只同意延期，但是不同意增加费用，理由是：①施工单位已对现场进行考察；②不是建设单位过错或过失造成的，不能给予赔偿。

事件 2：施工中承包人建议采用某项新工艺，得到监理工程师的同意。但实施后，遇到一些困难，增加了费用，并耽误了工期，承包人以监理工程师同意为由，要求给予工期、费用补偿。

事件 3：在某桥下部结构已全部经过监理质量验收、签字认可，并已开始进行上部结构施工后，监理工程师怀疑某桥墩存在质量问题，要求施工单位重新进行检测。检测结果质量仍然合格。为此承包人要求监理单位承担此项检测费用。

事件 4：在施工过程中，监理工程师经抽检发现部分水泥不合格。监理工程师要求承包人将不合格水泥从现场运走，重新购进合格产品。但承包人拒不执行指令及监理工程师下达的多次指令，继续进行施工，造成大量质量隐患。

问题：

（1）针对上述事件 1、事件 2，请问是否应给予承包人工期和费用补偿？为什么？

(2)针对事件3,桥墩检测费用应由谁承担?并说明理由。在事件4中,你认为监理工程师应采取什么监理措施?

参考答案及解析:

(1)针对事件1,应给予工期和费用补偿。因为桥梁基坑挖出文物,需要对文物进行保护,以及停工影响;这些损失是建设单位应承担的风险责任。承包人的延期和费用索赔程序符合合同23条规定的索赔程序,延期和费用索赔的原因和理由也符合合同第1.10.1条。而建设单位的第①点理由是不成立的,虽然施工单位做了现场考察,但是文物不属于有经验承包人可预见的;建设单位引用的条款和理由有错。建设单位的第②点理由是不全面的,文物的出现虽然不是建设单位的过错和过失,但是这个风险是建设单位应承担的,属于建设单位的风险责任;虽不是赔偿,但应给予补偿,既要补偿保护文物所增加的费用,还要补偿由此带来的停工损失。

针对事件2,不给予工期和费用补偿。承包人采用新工艺,应该报经监理同意;虽然经监理同意,但监理的任何批准不能解除承包人的任何责任;由此造成的困难、费用和工期增加承包人自己负责。

(2)针对事件3,桥墩检测费用应由建设单位承担。因为根据合同第13.5条,桥下部结构工程已经监理检验合格签收,作为上级监理单位有权重新检验,承包人也应该重新接受检验;当重新检验合格时,由此发生的费用应增加到合同中(即由建设单位承担)。承包人与建设单位之间有合同关系,而与监理单位没有合同关系,虽然监理有过失,只能向建设单位要求增加这笔费用。作为建设单位,他与监理单位之间的监理委托合同中一般有约定,当监理单位的行为给建设单位造成损失时,建设单位有权要求监理单位赔偿建设单位的损失,因此这笔由建设单位赔给承包人的检测费,最后建设单位可以通过监理合同,要求监理单位按照监理合同约定此部分监理费的一定比例赔偿。

针对事件4,监理工程师根据合同第5.4条,要求承包人从现场运走不合格的水泥重新购进合格的措施是正确的。但是,当承包人拒不执行监理指令时,监理单位应报告建设单位,按照《2018版施工合同》第13.6.1条(2)的规定,建议建设单位雇佣他人将不合格的水泥运出现场(即动用保留金);同时对于承包人使用不合格水泥施工行为,应下达停工令,暂停施工,要求承包人立即改正,以免事态扩大造成更大隐患。

【案例2-5】背景资料:

某公路工程,由某施工总承包工程公司(以下简称承包人)中标并与建设单位签订了施工承包合同,工程工期为11个月,即334天。承包人在第一次工地会议上提出施工组织设计及总体进度计划等文件,开工前分别经总监理工程师和建设单位审查、批准。施工中,由于建设单位办理的拆迁工作未按期完成,影响B分项工程比原计划推迟12天开工,造成承包人施工机械和人员窝工。为此承包人按照索赔程序规定时间提交索赔意向通知后,向总监理工程师提出书面索赔报告(即索赔申请),要求赔偿因拆迁不及时引起无法按时提供施工场地造成的窝工损失和工程时间损失。总监理工程师核实后,认为情况属实,建设单位应负主要责任,应赔偿承包人的损失并顺延工期12天,于是就在承包人的书面索赔报告上签署"同意此索赔报告,请建设单位支付"的意见后上报给建设单位。

问题:

(1)在B分项工程有40天总时差的情况下,总监理工程师对该事件的处理是否正确?为什么?

（2）作为监理人应如何处理更合适？

参考答案及解析：

（1）总监理工程师对该事件的处理不正确。因为 B 分项工程是非关键工作，有 40 天的总时差，B 分项工程推迟 12 天不会使 334 天的工程工期增加；所以不该批准工期索赔。

对于费用索赔根据背景资料，也不该给予费用赔偿。因为征地拆迁不及时情况下的索赔，按照《2018 版施工合同》第 2.3 条规定，要有一个重要的前提条件，即"承包人在提交工程进度计划的同时，应向监理人提交一份按施工先后次序所需的永久占地计划。由于承包人未能按照本项规定提交占地计划，影响发包人办理永久占地征用手续造成的费用增加和(或)工期延误由承包人承担"。根据背景资料，承包人没有提交永久占地计划，因此即使 B 分项工程推迟开工造成承包人机械和人员的窝工损失，依据合同第 2.3 条，也不能索赔，承包人自己承担这部分损失。如果 B 分项工程延误值超过其总时差 40 天而造成工期延误（即工期超过 334 天），超过的工期时间也不能索赔。这就是索赔要依据合同条款规定的考点。

另外一点错误是，提交进度计划的时间不应该是第一次工地会议。根据《2018 版施工合同》第 10.1 条，提交进度计划的时间应在签订合同协议书后 28 天内，应该早于第一次工地会议召开时间；监理在 14 天内批复或提出修改意见，如果批复，一般此时也就是第一次工地会议召开时间。

（2）作为监理人应该要求承包人尽快提交永久占地计划；同时 B 分项工程推迟开工期间，监理人应指示承包人将窝工的机械和人员调到合同内其他分项工程中使用，以减少承包人的损失。防止损失扩大是监理人的职责。

需要说明的是，该题是交通部公路施工监理工程师职业资格考试 2007 年公路工程综合考试案例题第 5 题，今天对我们依然有意义，该题涉及合同条款的内容没有改变，只是条款号码变动。重点要说明，为什么该题不能索赔的最重要理由是"第 2.3 条的内容"，也就是该题的考点（《2003 版施工合同》第 42.1 条）。因为背景中，虽然提交进度计划和审批时间不大符合规定，但是进度计划总还是经监理和建设单位批准了，这不能作为不能索赔的有说服力的理由。第 2.3 条中"同时提交永久占地计划"的内容，是交通部在专用合同条款中补充的内容，才是该题不能索赔的核心理由，也是最大的得分点。同时，防止损失扩大是监理的职责，虽然合同中无明确规定，但是在监理业务学习时也是重点内容，所以也是该题的另一个考点。

从以上分析说明，阅读完案例背景和问题后要正确判断案例题的考点。当然要对合同条款内容和监理业务非常熟悉才能做到。这就需要考生多看书学习多做练习题以强化应考能力。

【案例 2-6】背景资料：

某一道路工程，本应有一座地下通道，但是原设计图纸中没有显示。监理人在工程项目接近完工时才发现这一错误，监理人根据设计方意见纠正了图纸的错误。地下通道工程按照工程量清单中对应子目的单价计量支付（相当于工程变更新增工程量），但是承包人需额外去外地购买相应材料，结果一个负责地下工程的专业队伍被迫停工待料两个星期，而且在此期间没有其他工程可以施工。因此承包人按照合同规定的程序向监理人提出正式索赔通知。

问题：

（1）承包人根据上述事件向监理人提出的索赔申请能否被批准？并说明理由。

（2）上述事件除了办理索赔相关手续外，从合同管理角度还需要办理哪些手续？

（3）试分析上述事件中承包人有哪些损失？依据的合同哪些条款并能索赔哪些费用？增

加的地下通道费用是属于索赔费用还是工程变更费用?

(4) 上述索赔事件为何归类于合同文件出错的索赔,而不归类于工程变更引起的索赔?

参考答案及解析:

(1) 承包人根据上述事件向监理人提出的索赔申请应批准。因为原图纸的错误是有经验承包人无法发现的,而且承包人已经遵循了索赔程序并符合合同依据,因此索赔成立。

(2) 上述事件除了办理索赔相关手续外,从合同管理角度还需要办理工程变更相关手续。因为原图纸没有的工程内容必须通过工程变更手续增补,否则新增的地下通道工程量的计量支付将无合同依据。

(3) 上述事件中承包人的损失有:

①额外去外地采购材料的损失,同时少量采购成本比大批量采购的成本要大。

②停工待料的损失,而且这些停工损失又无法化解或减少,因为背景资料反映工程项目接近完工,停工期间没有可施工的工程。

依据的合同第 1.5 条索赔①增加的采购成本费用,不包括利润;依据的合同第 12.2 和 11.3 条中"因发包人原因导致的暂停施工"可以索赔停工造成工期、费用和利润损失。

增加的地下通道费用是工程变更费用,按照相应子目在清单中计量并加入进度款支付。

(4) 上述索赔事件归类于合同文件出错引起的索赔,主要是因为要判断图纸的错误,是一个有经验的承包人应当发现的错误,还是无法发现。这是决定索赔能否成立的关键所在。

【案例 2-7】背景资料:

某公路工程中图纸上给出的某一座管涵没有标注涵管的规格和尺寸。监理人于排水工程接近完工时发现这一错误,上报设计部门后改正了图纸错误,并指示承包人按照改正后图纸尺寸铺设管涵。这时承包人需去采购附加的管涵的涵管,并造成管涵施工队伍被迫停工一个月。在等待涵管运到工地的这段时间又无其他工作可做。

问题:

承包人根据合同第 1.5 条规定和索赔程序,认为是发包人的责任要求赔偿。该索赔成立吗?

参考答案及解析:

监理的批复:此项索赔不能批准。

原因:

(1) 图纸上没有注明规格和尺寸是有经验承包人应当发现的错误,承包人没有履行应尽的义务。

(2) 图纸上没有注明规格和尺寸的错误,在投标时或工程开工的初期就应该主动提出,由此造成的损失应由承包人承担责任。

【案例 2-8】背景资料:

某独立大桥工程,其水下基础采用钢筋混凝土沉井形式。承包人在沉井开挖下沉时,遇到了原招标钻探资料中未显示的倾斜岩层,使得沉井基础一边刃脚已经抵达到岩层上,而另一边仍然位于粗砂土中,且不停地抽水也无法排干沉井的水和泥沙,造成沉井严重倾斜并难以纠偏。经承包人上报监理人和发包人后,召集有关专家进行专门咨询会议,确定采用煤矿矿井中的冷冻技术,对桥梁基础施行冷冻,封住地下水和泥沙,制止沉井继续偏斜,然后对刃脚先到达岩层一侧的岩石进行挖炸,直至所有的沉井刃脚下至岩层为止。该地质条件使得沉井这一关键工作延误三个月才完成,又因为采用非常规施工技术使得承包人施工成本大大提高。

问题：

承包人为此按照索赔程序向监理提交索赔申请,该索赔能成立吗?并说明理由。

参考答案及解析：

(1)该索赔能成立。

(2)原因:该地质条件是有经验承包人无法预见的,由此使得沉井这一关键工作延误三个月才完成,同时采用非常规施工技术使得承包人施工成本大大提高。因此承包人有权就此索赔事件提出工期和费用索赔。

【案例 2-9】背景资料：

某桥梁工程项目,先修桥,后修筑引道工程。桥梁工程完工后,测量时发现比预定的路线高程低了 1m。原因是监理人的某一成员所给定的一个临时水准点高程低了 1m。但是,当时承包人并没有将临时水准点的正式资料上报监理人批准,而监理人提供的正式固定基准点都是正确的。承包人以此提出索赔,要求赔偿修复返工的损失费用。

问题：

承包人的索赔可以批准吗?为什么?

参考答案及解析：

(1)此索赔不成立。

(2)原因:监理人提供的固定基准点资料正确。临时水准点的准确性由承包人自己负责,监理人只对提供的基准点准确负责。承包人自己承担修复的费用。

【案例 2-10】背景资料：

某施工单位与建设单位按《公路工程标准施工招标文件》(2018 年版)签订施工合同,合同工期 400 天,签约合同价 5000 万元。施工前监理工程师已批准施工单位提交的施工进度计划,如图 2-7 所示。

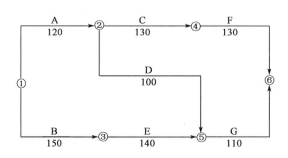

图 2-7 施工进度计划图

该工程在施工过程中发生如下事件:

事件 1:因不可抗力而引起施工单位的供电设施火灾,工作 C 持续时间延长 10 天,费用损失 10 万元。

事件 2:因建设单位提出工程变更导致工作 E 持续时间延长 30 天,费用损失 20 万元。

问题：

(1)按照网络图所示进度图,确定该工程关键线路和计划工期,并说明按此计划该工程能否按合同要求的工期完工。

(2)上述施工过程发生的事件,施工单位是否可获得工期和费用补偿?并分别说明理由。

(3)上述事件中施工单位可以获得工期补偿是多少天?并说明理由。

参考答案及解析：

（1）不求工作总时差和自由时差时，用"标号法"最简便，该工程网络计划图中的关键线路是①→③→⑤→⑥；计划工期为400天，按此计划该工程可以按合同工期要求完工。

（2）事件1：

①不能获得工期补偿。

原因：依据合同第21.3.1条，虽然建设单位应承担不可抗力的工期风险，但工作C延误没有超过其总时差，对工期没有影响，因此不能获得工期补偿。

②不能获得费用补偿。

原因：根据《2018版施工合同》规定，合同双方应分别承担不可抗力造成的各自的费用损失。

《2018版施工合同》第21.3.1条关于不可抗力造成损害的责任规定如下：

除专用合同条款另有约定外，不可抗力导致的人员伤亡、财产损失、费用增加和（或）工期延误等后果，由合同双方按以下原则承担：

①永久工程，包括已运至施工场地的材料和工程设备的损害，以及因工程损害造成的第三者人员伤亡和财产损失由发包人承担。

②承包人设备的损坏由承包人承担。

③发包人和承包人各自承担其人员伤亡和其他财产损失及其相关费用。

④承包人的停工损失由承包人承担，但停工期间应监理人要求照管工程和清理、修复工程的金额由发包人承担。

⑤不能按期竣工的，应合理延长工期，承包人不需支付逾期竣工违约金。发包人要求赶工的，承包人应采取赶工措施，赶工费用由发包人承担。

事件2：能获得工期和费用补偿。

原因：建设单位提出工程变更，建设单位应承担相应的风险责任，且该事件发生在关键线路上。

（3）施工单位可获得的工期补偿为30天。

原因：关键工作E可延长30天，因此新的计划工期为430天。

【案例2-11】背景资料：

某公路项目，建设单位通过公开招标确定了施工单位和监理单位并分别签订了合同。施工合同采用《2018版施工合同》。该工程合同工期90天，设计土方工程量为14000m³，土方单价为19元/m³。合同中规定，土方工程量超出原设计工程量15%时，超出部分的土方单价应调整为16元/m³。总监理工程师办公室批准的施工进度计划如图2-8所示，D、F为土方工程，I为路面工程；D与F共用一套机械设备。各项工作均按最早时间安排，匀速进行。

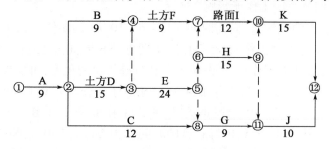

图2-8　批准的施工进度计划图

工程实施中发生如下事件：

工程开工满 20 天时，建设单位提出增加一项工作 L（土方工程），经监理工程师确认工作 L 需持续 16 天。此时，施工进度完成情况：工作 A、B 已完成；工作 C 已完成 6 天的工作量；工作 D 已完成 5 天的工作量。

问题：

（1）根据图 2-8 计算该工程施工进度计划工期，指出关键线路，并分别计算工作 D、工作 C 的总时差和自由时差。

（2）针对事件，分析开工满 20 天时，施工进度计划的执行情况，并分别说明工作 A、C、D 对（总）工期及紧后工作的影响，预计（总）工期延长多少天？

（3）针对增加的工作 L，从工期和资源优化的角度考虑，试画出调整后的网络图，指出关键线路，并计算调整后的计划工期。

（4）经监理工程师确认，工作 L 的土方为 6000m³，计算该合同段土方工程总费用。

参考答案及解析：

（1）求总时差和自由时差时用"节点计算法"最方便，如图 2-9 所示。该施工进度计划的工期为 78 天，关键线路为 A→D→E→H→K 或 ①→②→③→⑤→⑥→⑨→⑩→⑫。

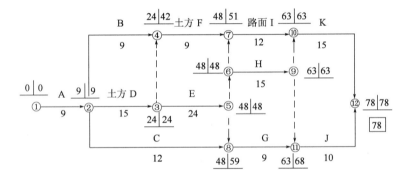

图 2-9　批准的施工进度计划节点时间参数计算图（时间单位：天）

工作 D 为关键工作，因此自由时差为 0，总时差为 0。

工作 C 总时差 = 箭头节点最迟时间 59 − 箭尾节点最早时间 9 − 本工作持续时间 12 = 38 天；自由时差 = 箭头节点最早时间 48 − 箭尾节点最早时间 9 − 本工作持续时间 12 = 27 天。

（2）工作 A 已完成，对（总）工期及紧后工作无影响。

工作 C 已完成 6 天的工作量，尚需时间 = 持续时间 − 已经完成时间 = 12 − 6 = 6 天，延误值 = 预计实际完成 − 计划最早完成 = （检查日 + 尚需日）−（箭尾节点最早时间 + 本工作持续时间）=（20 + 6）−（9 + 12）= 5 天，即拖延了 5 天，拖延的时间既没有超过总时差，也没有超过自由时差，对总工期及紧后工作无影响。

工作 D 已完成 5 天的工作量，尚需时间 = 15 − 5 = 10 天，延误值 =（20 + 10）−（9 + 15）= 6 天，即拖延了 6 天，D 为关键工作，预计会使总工期延长 6 天，也会影响紧后工作。

（3）根据题意，考虑新增工作 L，考虑从工期和资源优化的角度，可增加的位置只能增加在工作 D 之后且不制约工作 E（即与工作 E 平行），相对于工作 F 可以是紧前或紧后，而工作 F 有原工作 B 为其紧前，L 与工作 B 无逻辑关系，所以工作 L 与工作 B 平行，作为工作 F 的紧前。同时，去掉已经完成的工作 A、B 将起算的时间设为 20，工作 D、C 的持续时间为尚需日，这样处理最简单好理解。调整后网络计划如图 2-10 所示，图中 [数值] 表示尚需日。

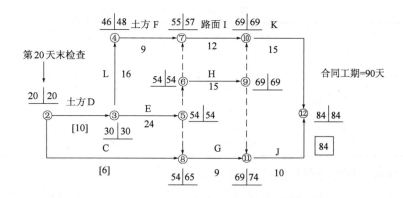

图 2-10　调整后施工进度计划节点时间参数计算图(时间单位:天)

第 20 天末实际进度影响下且新增工作 L 后,计划工期为 84 天。

一定要考虑第 20 天末实际进度的情况对网络计划的影响,调整后的新网络计划全图在工作 A、B 不变的前提下,工作 D 新的持续时间 = 预计实际完成 − 计划最早开始 = (20 + 10) − 9 = 21。工作 C 的持续时间 = (20 + 6) − 9 = 17 天,如图 2-11 所示。

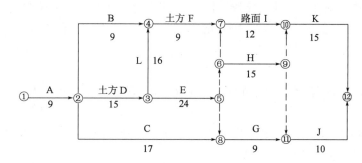

图 2-11　考虑第 20 天末实际进度影响下调整后施工进度计划图(时间单位:天)

调整后计划的关键线路为 A→D→E→H→K 或①→②→③→⑤→⑥→⑨→⑩→⑫。计划工期为 84 天。

(4)土方总费用 = (14000 + 14000 × 15%) × 19 + (6000 − 14000 × 15%) × 16 = 368300 元。

【案例 2-12】背景资料:

某公路工程的施工合同工期为 16 周,项目监理单位批准的施工进度计划如图 2-12 所示(时间单位:周)。各工作均按匀速施工。施工单位的报价表(部分)如表 2-2 所示。

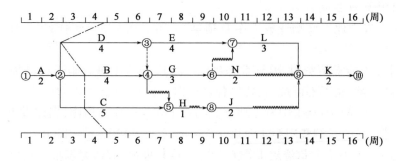

图 2-12　施工进度时标网络图

27

序号	工作名称	估算工程量	综合单价(元)	合价(万元)
1	A	800m³	300	24
2	B	1200m³	320	38.4
3	C	20 次	—	—
4	D	1600m³	280	44.8

施 工 单 位 报 价   表 2-2

工程施工到第 4 周时进行进度检查,发生如下事件:

事件 1:工作 A 已经完成,但由于设计图局部修改,实际完成的工程量为 840m³,工作持续时间未变。

事件 2:工作 B 施工时,遇到异常恶劣的气候,造成施工单位的施工机械损坏和施工人员窝工,损失 1 万元,实际只完成估算工程量的 25%。

事件 3:工作 C 为检验检测配合工作,只完成了估算工程量的 20%,施工单位实际发生检验配合工作费用 5000 元。

事件 4:施工中发现地下文物,导致工作 D 尚未开始,造成施工单位自有设备闲置 4 个台班,台班单价 300 元/台班、折旧费 100 元/台班。施工单位进行文物现场保护的费用为 1200 元。

问题:

(1)根据第 4 周末的检查结果,逐项分析 B、C、D 三项工作的实际进度对工期的影响,并说明理由。

(2)若施工单位在第 4 周末就工作 B、C、D 出现的进度偏差提出工程延期的要求,应批准工程延期多长时间?为什么?

(3)施工单位是否可就事件 2、4 提出费用索赔?为什么?可以获得的索赔费用是多少?

(4)事件 3 中工作 C 发生的费用如何结算?

(5)前 4 周施工单位可得到的结算款为多少元?

参考答案及解析:

(1)第 4 周末的检查结果为:

①工作 B 拖后 1 周,不影响工期,因工作 B 总时差为 1 周。

②工作 C 拖后 1 周,不影响工期,因工作 C 总时差为 3 周。

③工作 D 拖后 2 周,影响工期 2 周,因工作 D 总时差为 0(或工作 D 为关键工作)。

(2)批准工程延期 2 周。

理由:施工中发现地下文物造成工作 D 拖延,不属于施工单位责任,属于建设单位的风险责任。

(3)①事件 2 不能索赔费用,因异常恶劣天气造成的施工单位施工机械损坏和施工人员窝工的损失不能索赔,属于不可抗力,费用各自承担。

②事件 4 可以索赔,因施工中发现地下文物属于非施工单位原因,属建设单位责任。

③事件 4 可获得的索赔费用为 4 台班×100 元/台班+1200 元=1600 元。

(4)不予结算,因为施工单位对工作 C 的费用没有报价,故认为该项费用已分摊到相应项目中。

（5）施工单位可得到的结算款为：

①工作 A：840m³×300 元/m³＝252000 元。

②工作 B：1200m³×25%×320 元/m³＝96000 元。

③工作 D：4 台班×100 元/台班＋1200 元＝1600 元。

④合计：252000＋96000＋1600＝349600 元。

【案例 2-13】背景资料：

某大桥工程建设项目，发包人与承包人签订了工程施工合同，合同中部分合同内容约定如下：

（1）工程费用综合单价以直接费为依据计算确定，措施费、规费、企业管理费等间接费用的综合费率为 20%，利润率为 5%，税率为 9%（作者注：根据题意以及造价编制办法，这些费用都是税前费用即裸价）。

（2）人工工日单价为 120 元，停工导致的人工窝工费单价为 50 元。

（3）吊装机械每台班单价为 600 元，其中人工费 120 元，折旧费 100 元，维护费 50 元，检修费 60 元；机械停工时，折旧费、检修费按 50% 计。

工程施工前，施工单位提交经监理工程师批准的进度计划如图 2-13 所示。在施工过程中，发生了如下事件：

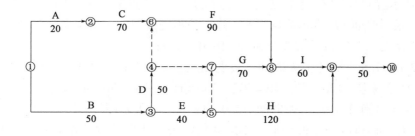

图 2-13　施工进度计划图（时间单位：天）

事件 1：工序 B（即桥台基础）回填前，施工单位通知监理工程师检验，监理工程师未能在合同约定的时间内进行检验。随后，施工单位进行了回填。监理工程师对质量有疑问，便指令施工单位揭开重新检验，检验结果质量不合格，监理工程师指令施工单位修复，质量合格后，施工单位重新覆盖。工程修复、揭开及覆盖的直接费 2 万元，工期延长 8 天（作者注：此处"工期"一词是指工作的持续时间而不是"工程工期"，因为问题中用到"总工期"）。

事件 2：工序 D 施工时，遇到地下有文物需要发掘保护，需要停工 10 天，施工单位优化施工组织设计，仍有 20 人及 2 台吊装机械无法另行安排施工，需停工等待。

事件 3：工序 G 施工时，建设单位通过监理工程师向施工单位发出变更指示，导致该工序延长工作时间 30 天，工程直接费增加 5 万元。

事件 4：工序 I 施工时，遭遇台风，停工 10 天。造成已交工的部分工程损坏 7 万元，监理工程师指令施工单位进行修复，修复的直接费为 4 万元。施工单位的部分机械设备受到损坏，需维修费 3 万元，施工单位现场施工人员 40 人及 2 台吊装机械闲置，需停工等待。

针对上述事件，施工单位按合同约定的时间及程序，向监理工程师提出索赔工期 48 天、费用 324122.4 元的索赔申请，索赔费用计算如表 2-3 所示。

序号	索赔费用项目	计　算　式	事件1(元)	事件2(元)	事件3(元)	事件4(元)	合计(元)
1	直接费	(1)	20000	$(20 \times 120 + 2 \times 600) \times 10 = 36000$	50000	$70000 + (40 \times 120 + 2 \times 600) \times 10 = 130000$	230000
2	间接费	(1)×20%	4000	7200	10000	26000	47200
3	利润	[(1)+(2)]×5%	1200	2160	3000	7800	14160
4	税金	[(1)+(2)+(3)]×9%	2268	4082.4	5670	14742	26762.4
5	合计	(1)+(2)+(3)+(4)	27468	49442.4	68670	178542	324122.4

问题:

(1)写出施工单位进度计划中关键线路、总工期,分别计算工作 E 和工作 H 的最迟开始时间、总时差与局部时差。

(2)针对上述事件,施工单位提出的索赔申请是否予以批准,并说明原因,请逐条回答。

(3)应批准的工期与费用索赔分别为多少?(作者注:此处工期是指"工程工期")

参考答案及解析:

(1)考虑到题目要求计算工作最迟开始时间,采用节点时间参数计算法最为简便,计算结果如图 2-14 所示,前面的数值是节点最早时间 ET,表示节点紧后工作的最早开始时间;后面的数值是节点最迟时间 LT,表示节点紧前工作的最迟完成时间。总工期为 300 天(作者注:即假设合同工期就是 300 天);关键线路为 B→D→F→I→J。

根据图 2-14,工作 E 最迟开始时间 = 最迟完成 − 持续时间 = 120 − 40 = 80 天末(即 81 天初或 80 天后),总时差 = 120 − 50 − 40 = 30 天,局部时差 = 90 − 50 − 40 = 0。

根据图 2-14,工作 H 最迟开始时间 = 250 − 120 = 130 天末(即 131 天初),总时差 = 250 − 90 − 120 = 40 天,局部时差 = 250 − 90 − 120 = 40 天;说明指向关键节点的非关键工作,其总时差 = 局部时差且不等于零,在《2022 年全国监理工程师(交通运输工程专业)职业资格考试应试辅导 建设工程目标控制》中有此结论。

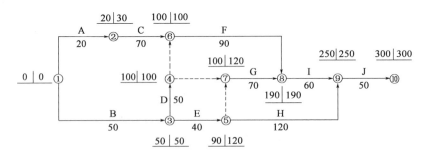

图 2-14 施工进度计划的节点时间参数图(时间单位:天)

(2)各事件索赔处理如下:

①事件 1:工期和费用索赔均不成立。

理由:施工单位质量存在问题,应由施工单位承担质量检验费用损失和工期损失。

②事件 2:工期索赔成立,可以得到部分费用索赔,但计算不成立。

理由:遇到地下文物属于建设单位风险,工作 D 是关键工作,因此工期可以索赔;人员窝工和机械闲置费用应按照直接损失赔付,计算间接费不应计算利润(参见表 2-1),施工单位计算错误,故费用索赔不成立。

③事件3:工期索赔不成立,费用索赔成立。

理由:建设单位指示工程变更属于建设单位责任事件,因此增加的费用成立,施工单位计算正确,因此能够得到索赔;工作 G 有 20 天的总时差,延误 30 天,超出 10 天,因此对总工期影响 10 天,可以得到工期索赔 10 天。

④事件4:工期索赔成立,可以得到部分费用索赔,但计算不成立。

理由:a. 台风视为不可抗力,工作 I 是关键工作,工期应予顺延,故索赔工期 10 天成立。

b. 因不可抗力产生的费用应合理分担,其中施工机械损坏维修费 3 万元应由施工单位承担,人员窝工、机械窝工应由施工单位承担。已交工工程修复费用应由建设单位承担,因此可以得到索赔。已交工部分视为验收合格,按照正常工程款支付,不需要单独索赔(作者注:要注意区分索赔遭受的损失和已经交工的合格工程或变更改线后造成废弃工程的不同,如果这类工程按照正常计量支付了,就不属于费用索赔;而且,如果正常工程因台风造成的损失是通过向保险公司来赔偿而非向业主索赔)。

(3)施工单位应得到工期索赔 = 10 + 10 + 10 = 30 天,相关的三个工作 D、G、I 是非平行工作且其延误是相对于原计划网络图,所以才能相加而非取三者的最大值。费用索赔为138778.8 元,具体费用索赔组成见表2-4。

具体费用索赔组成

表2-4

序号	费用项目	计 算 式	事件1（元）	事件2（元）	事件3（元）	事件4（元）	合计（元）
1	直接费	(1)	0	$[20 \times 50 + 2 \times (50 + 50 + 50 + 30)] \times 10 = 13600$	50000	40000	103600
2	间接费	(1) ×20%	0	2720	10000	8000	20720
3	利润	[(1)+(2)] ×5%	0	0	3000	0	3000
4	税金	[(1)+(2)+(3)] ×9%	0	1468.8	5670	4320	11458.8
5	合计	(1)+(2)+(3)+(4)	0	17788.8	68670	52320	138778.8

第三章　施工组织管理与流水施工

第一节　合同进度计划管理与流水施工的主要内容

一、合同进度计划对工期索赔的影响

（一）《2018 版施工合同》第 10.1 条合同进度计划

承包人应按专用合同条款约定的内容和期限,编制详细的施工进度计划和施工方案说明报送监理人。监理人应在专用合同条款约定的期限内批复或提出修改意见,否则该进度计划视为已得到批准。经监理人批准的施工进度计划称合同进度计划,是控制合同工程进度的依据。承包人还应根据合同进度计划,编制更为详细的分阶段或分项进度计划,报监理人审批。

《2018 版施工合同》本款补充内容为:

承包人编制施工方案说明的内容见项目专用合同条款。

承包人向监理人报送施工进度计划和施工方案说明的期限:签订合同协议书后 28 天之内。

监理人应在 14 天内对承包人施工进度计划和施工方案说明予以批复或提出修改意见。

合同进度计划应按照关键线路网络图和主要工作横道图两种形式分别编绘,并应包括每月预计完成的工作量和形象进度。

上述"经监理人批准的施工进度计划称合同进度计划,是控制合同工程进度的依据"的表述,可以理解为经监理人批准的施工进度计划的计划工期就是合同工期,如果此时计划工期 < 招标文件上的合同工期,则该计划工期就是新合同工期。因此,在工期索赔案例题中要重点关注两个问题,一是经监理人审批的进度计划的计划工期(此时小于招标文件的合同工期)是新合同工期。二是审批的监理人是总监理工程师而不是驻地监理工程师。只有满足这两点,计划工期 < 招标文件的合同工期才是新合同工期,显然【案例 2-1】不满足这两点,不需考虑这种特殊情况。

（二）承包人提交的总体进度计划由总监理工程师审批

《公路工程施工监理规范》(JTG G10—2016)(以下简称《2016 版监理规范》)第 3.0.5 条总监理工程师及总监理工程师办公室(以下简称总监办)应履行的主要职责是:审批施工组织设计及总体进度计划,审验主要原材料和混合料。

《2016 版监理规范》第 3.0.6 条驻地监理工程师及驻地监理工程师办公室(以下简称驻地办)应履行的职责为:审批月进度计划,审查一般原材料和混合料。

（三）2012 年监理工程师公路工程综合考试（B 卷）第五题探讨

该题取自交通运输工程公路专业科目《公路工程监理案例分析》考试用书,B 卷一般是备

用考卷,所以给出的答案并没有在阅卷前重新审核或调整,不是最终评分标准。

1. 该案例分析题的原题和答案

【案例3-1】背景资料:

某高速公路路基工程施工合同段,合同工期为145天,驻地监理工程师批准的进度计划网络图如图3-1所示。

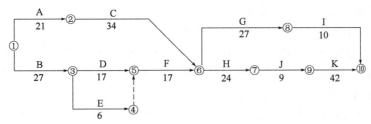

图3-1 已经批准进度计划图(时间单位:天)

问题:

(1)驻地监理工程师批准的进度计划中,总工期是多少?是否符合合同工期的要求?

(2)工程施工两个月时,应当地村民出行要求,对工作F进行部分设计调整,使工作F的施工受到影响,停工5天。设计变更后,已完成(质量合格)价值10万元的工程因改线而废弃。请问施工单位可否向建设单位索赔工期及费用?为什么?

参考答案及解析:

(1)经计算得到,关键线路为B→D→F→H→J→K。批准的总工期为136天,符合合同工期145天的要求(5分)。

(2)因工作F在关键线路上(2分),因此可以索赔工期和费用(3分)。但延误天数5+总工期=5+136=141天,未超过合同工期145天(3分),所以不能给予工期延长(2分),只能索赔因变更设计而废弃的、质量合格的工程费用10万元(5分)。

2. 该案例分析题的题目和参考答案的探讨

(1)题目中"驻地监理工程师批准的进度计划网络图"提法值得商榷。2012年是按照《公路工程施工监理规范》(JTG G10—2006)(以下简称《2006版监理规范》)进行考试,其中第3.0.4和3.0.5条规定,应是总监理工程师审批而不是驻地监理工程师审批,驻地监理工程师只审批月进度计划。

(2)参考答案对"招标文件的合同工期"与"审批后的合同工期"的概念混淆不清。如果将审批后合同进度计划的合同工期作为考点,则必须区分清楚这两个概念。

(3)参考答案中"因工作F在关键线路上(2分),因此可以索赔工期和费用(3分)"这句话表示,此时经监理批准的合同工期为136天(即审批的合同工期),工作F是关键工作(是相对于136天而言)延误5天,说明"136天的合同工期"可以顺延5天,即索赔工期5天。那么与"但延误天数5+总工期=5+136=141天,未超过合同工期145天(3分),所以不能给予工期延长(2分)"就显得矛盾了,此时认定的合同工期是145天。

工期索赔实际上是合同工期顺延,所以一定要明确顺延的参考点,究竟是"审批后合同工期"还是"招标文件的合同工期"。所以参考答案前一句话"可以索赔工期"是相对136天的"审批后合同工期"而言的,而后一句话"未超过合同工期145天"是相对"招标文件的合同工期"。这就是矛盾所在。不过费用索赔与合同工期无关,即与是否为关键工作无关,不考虑总时差影响。

3. 根据是否设置合同进度计划对案例题的题目和参考答案进行修改

（1）不考合同进度计划的审批后合同工期概念

将题目改为"承包人提交的进度计划如下"。那么参考答案就改为"可以索赔费用；虽然工作 F 在关键线路上（是相对于 136 天而言），但是不能索赔工期。因为延误后的工期 = 5 + 136 = 141 天，未超过合同工期 145 天，所以不能给予工期延长"。与【案例 2-1】相同，目前工程类职业资格考试绝大多数是这种答案。

（2）要考合同进度计划的审批后合同工期概念

将题目改为"总监理工程师审批了承包人的进度计划如下"。那么参考答案就改为"因工作 F 在关键线路上，因此可以索赔工期和费用。工作 F 延误 5 天，合同工期从原审批的 136 天顺延到 5 + 136 = 141 天"。

需要说明的是，对目前工程职业资格考试已经考过的试题进行分析，绝大部分出题人没有考虑到计划工期 < 招标文件的合同工期时，经批准成为"合同进度计划"的"新合同工期"问题，也没有将此作为考点，没有区分"批准"还是"编制"或"提交"的差别；例如，2011 年一级建造师《公路实务》考试案例第五题，背景中用的是"批准"，一般也是按照【案例 2-1】的处理方式，索赔工期值（即延期值）都是相对于"招标文件的合同工期"的增加值。不过公路施工监理 2012 年公路工程综合考试（B 卷）第五题提醒了我们应该注意这个问题。

最后建议，当网络计划的计算工期 < 题目中合同工期时，题目中只要没有提到"监理批准的进度计划"，那么索赔时间都是相对"该合同工期"而言。如果出现"监理批准的进度计划"就需考虑"审批后成为新合同工期"的问题，在答题时，一定要将"根据合同第 10.1 款，审批后成为新合同工期"反映在答案中；即使与阅卷的答案不一致，相信阅卷人会将此问题反映给作为组长的专家，会对答案作出调整。网络计划的计算工期 = 题目中合同工期时，不存在这个问题；网络计划的计算工期 > 题目中合同工期时，该计划需调整以满足合同工期。

二、流水施工的基本原理和计算

（一）流水作业的分类（图 3-2）

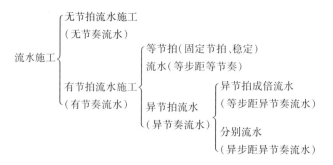

图 3-2　流水作业的分类

（二）无节拍流水施工的组织

无节拍流水施工无法做到理想化的既无窝工又无间歇，所以一般是追求不窝工的流水施工。因此考生在审题时应注意考题中的流水施工一般都是要求不窝工的连续流水施工。

无节拍流水施工组织是在引入"流水步距 K"概念后，通过计算"累加数列错位相减取大差(简称大差法或潘氏法)"求得的流水步距,再按照流水步距错开相邻工序的开始时间,达到流水施工不窝工连续施工的目的。所以引入"流水步距 K"概念的目的就是为了消除"窝工"。

1.流水步距 K 的概念

流水步距是指为了保证同一施工班组(即专业队)在各自施工段上连续施工(即不窝工)条件下,相邻的施工班组(专业队)在各自的第一个施工段上开始施工的最小时间间隔。这样修改的目的是使得这个无节拍流水步距的概念也适合于"异节拍成倍节拍流水(等步距异节奏)"中的流水步距的概念。同理,等节拍流水中该概念也适用。

2.流水步距 K 的计算方法

计算方法是"累加数列错位相减取大差",应注意沿着同工序流水节拍值累加,第二行数列往右错一位。

3.流水工期计算

$$T = \sum_{i=1}^{n-1} K_i + \sum_{j=1}^{m} t_j + \sum Z + \sum G - \sum C_D \tag{3-1}$$

式中: Z——技术间歇;

$\quad G$——组织间歇,可将 Z 和 G 合并为要求间歇;

C_D——搭接时间,即提前插入时间。

(三)有节拍(有节奏)流水

1.等节拍流水[稳定(固定)流水也叫全等节拍流水、等步距等节奏流水]

等节拍流水是指各道工序在各施工段上施工时间都相同,即流水节拍全相等。等节拍流水的 $K = t$,将 $t = K$ 代入式(3-1),得:

$$T = (n - 1 + m)K + \sum Z + \sum G - \sum C_D \tag{3-2}$$

2.异节拍成倍流水(等步距异节奏能达到理想化)

以五座相同的通道成倍流水为例,每座通道的工艺顺序和工序时间相同,具体如下:

挖基 2 天→清基 2 天→浇基 4 天→台身 8 天→盖板 4 天→回填 6 天。

(1)确定公共(或统一)流水步距(K)=各流水节拍的最大公约数=2。

(2)计算各工序应配置的施工班组数(专业队数):

$$班组数(专业队数) = \frac{流水节拍值}{K} \tag{3-3}$$

各工序应配置的班组数:1、1、2、4、2、3;班组总数 $n_1 = 13$,即横道图画图的行数。

(3)成倍节拍流水工期计算:

$$T = (n_1 - 1 + m) \times K \tag{3-4}$$

故 $T = (13 - 1 + 5) \times 2 = 34$ 天。

(4)成倍流水横道图的绘制,如图 3-3 所示。

3.异节拍分别流水(实际是按无节奏流水施工组织)

有五座相同的通道,每座通道的工艺顺序和工序时间相同,具体如下:

挖基 2 天→清基 2 天→浇基 4 天→台身 8 天→盖板 4 天→回填 6 天。请组织异节拍分别流水。异节拍分别流水是异节奏异步距流水,实际按无节拍流水施工组织,如图 3-4 所示。

工序	班组	2	4	6	8	10	12	14	16	18	20	22	24	26	28	30	32	34
挖基	1	①	②	③	④	⑤												
清基	1		①	②	③	④	⑤											
浇基	1				①		③		⑤									
浇基	2					②		④										
台身	1							①				⑤						
台身	2								②									
台身	3									③								
台身	4										④							
盖板	1										①		③		⑤			
盖板	2											②		④				
回填	1												①			④		
回填	2													②			⑤	
回填	3														③			

图 3-3　五座通道等步距异节奏流水施工横道图

（1）流水步距的确定（按照无节拍大差法计算也可以，下面方法因有规律更快捷）

①若上道工序节拍值 $t_i \leqslant$ 下道工序节拍值 t_{i+1}，则：流水步距 $K = $ 上道工序节拍值 t_i。

②若上道工序节拍值 $t_i > $ 下道工序节拍值 t_{i+1}，则：流水步距 $K = $ 上道工序节拍值 $t_i \times$ 段数 $m - $ 下道工序节拍值 $t_{i+1} \times$（段数 $m-1$）。

按照上述方法快捷判断并计算得：$K_1 = 2$ 天，$K_2 = 2$ 天，$K_3 = 4$ 天，$K_4 = 8 \times 5 - 4 \times 4 = 24$ 天。$K_5 = 4$ 天。

（2）工期计算

$$流水工期 \ T = 流水步距和 \ \sum K + 最后一道工序流水节拍和 \ \sum t$$

$$T = \sum K + \sum t = \sum K + m \times t_n = (2+2+4+24+4) + 5 \times 6 = 66 \ 天$$

（3）按流水步距绘制分别流水横道图，如图 3-4 所示。

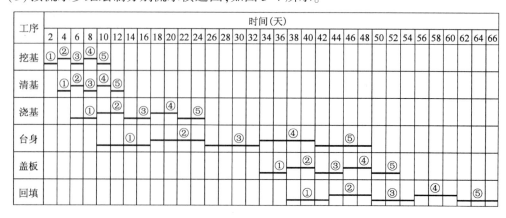

图 3-4　五座通道分别流水横道图

36

(四)空间有节拍跨层流水施工在公路桥梁施工中的应用

从平面流水施工原理分析,施工过程数(工序个数)n 与施工段数 m 没有必然联系,出于提高流水施工效率考虑,往往希望 $m \geqslant n$。但是,在空间流水中除了要求平面流水做到理想化的既不窝工又不间歇,在跨层时也要做到理想化的既不窝工又不间歇。这样就要求 m 与 n 之间要有一定关系才能做到跨层理想化。

1. 等节拍空间跨层流水施工组织

$$施工段数\ m = n + \frac{层内要求间歇和 \sum Z_1}{K} + \frac{跨层间歇\ Z_2}{K} \tag{3-5}$$

$$流水工期\ T = (n - 1 + 施工层\ r \times m) \times K + \sum Z_1 \tag{3-6}$$

2. 异节拍成倍空间跨层流水施工组织

$$施工段数\ m = n_1 + \frac{层内要求间歇和 \sum Z_1}{K} + \frac{跨层间歇\ Z_2}{K} \tag{3-7}$$

$$流水工期\ T = (专业队数\ n_1 - 1 + 施工层\ r \times m) \times K + \sum Z_1 \tag{3-8}$$

第二节　流水施工案例分析题

一、无节拍流水施工

【案例 3-2】背景资料:

某施工单位承接的二级公路中有四道单跨 2.0m × 2.0m 钢筋混凝土盖板涵,在编制的《施工组织设计》中,对各涵洞的工序划分与工序的作业时间分析如表 3-1 所示。

四座盖板涵流水节拍表　　　　　　　　表 3-1

工　序	施　工　段			
	1 号	2 号	3 号	4 号
基础挖软基 A	6	7	4	5
基础混凝土浇筑 B	2	2	4	4
涵台混凝土浇筑 C	4	3	4	5
盖板浇筑 D	5	4	3	4

施工单位最初计划采用顺序作业法组织施工,报监理审批时,监理认为不满足工期要求,要求改为流水作业法。根据现场施工便道情况,施工单位决定分别针对 A、B、C、D 四道工序组织四个专业作业队伍,按 4 号→3 号→2 号→1 号涵洞的顺序采用流水作业法施工,确保每个专业作业队的连续作业。在每个涵洞的"基础开挖及软基换填"工序之后,按《隐蔽工程验收制度》规定,必须对基坑进行检查和验收,检查和验收时间(间歇时间、停顿时间)按 2 天计算。

问题:

(1)按顺序作业法组织四道涵洞施工,监理工程师审核的工期是多少?

(2)按流水作业法组织施工,其流水步距及(总)工期应是多少?

(3)绘制按流水作业法组织施工的横道图(要求横向为工期,纵向为工序)。

37

参考答案及解析:

(1)按顺序作业法组织四道涵洞施工的工期为:

$T = 4$ 号涵洞时间 $+ 3$ 号涵洞时间 $+ 2$ 号涵洞时间 $+ 1$ 号涵洞时间

$T = (5+2+4+5+4) + (4+2+4+4+3) + (7+2+2+3+4) + (6+2+2+4+5) = 20 + 17 + 18 + 19 = 74$ 天

(2)流水步距及(总)工期计算。

①累加数列:

	4号	3号	2号	1号
A:	5	9	16	22
B:	4	8	10	12
C:	5	9	12	16
D:	4	7	11	16

②错位相减:

```
  5  9  16  22              4  8  10  12              5  9  12  16
-)   4  8  10  12        -)   5  9  12  16        -)   4  7  11  16
  ─────────────            ─────────────            ─────────────
  5  5  8  12 -12           4  3  1  0 -16           5  5  5  5 -16
```

③取大差:

$K_1 = K_{AB} = 12$ 天,$K_2 = K_{BC} = 4$ 天,$K_3 = K_{CD} = 5$ 天

④流水工期 $= (K_1 + K_2 + K_3) + D$ 工序流水节拍和 $+$ 要求间歇

$= (12 + 4 + 5) + 16 + 2 = 39$ 天。

(3)绘制按流水作业法组织施工的横道图,如图 3-5 所示。

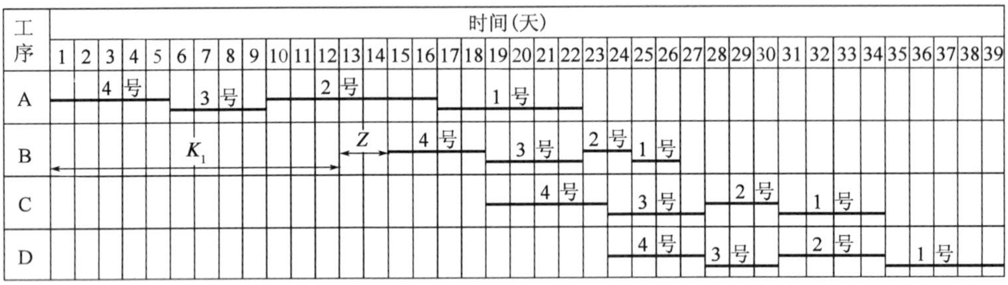

图 3-5　四座盖板涵流水横道图

二、在总体进度计划中优化调整时采用流水施工加快进度

【案例 3-3】背景资料:

某施工单位承接了某公路项目施工,工程内容含路基、路面及桥梁一座,合同工期 220 天。根据合同约定,土方工程实际完成数量超过清单数量的 25% 之后,超出部分的土方工程单价由清单报价的 20 元/m³ 下调为 18 元/m³。合同签订后,项目部编制了施工组织设计,安排路基工程与桥梁工程平行施工;路基工程、路面工程分别组织顺序施工,由于施工桥台的钢模板只有一套,南、北桥台亦组织顺序施工。承包人编制的网络计划如图 3-6 所示。征得建设单位同意后,施工单位将桥台基础工程分包给了某基础工程专业公司。

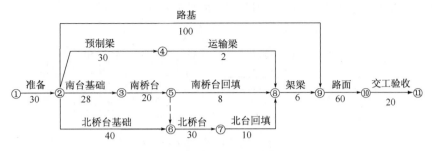

图 3-6 网络计划图(时间单位:天)

基础工程公司在进行北桥台扩大基础施工时,发现地质条件与设计条件不符,出现了较深的软基。通过设计变更,北桥台扩大基础改成了桩基础,由此导致北桥台基础施工时间延长30天,费用增加20万元。对此,基础公司向监理提出工期索赔30天,费用索赔20万元。

在路基施工过程中,由于设计变更,路基土方工程量由清单工程量15万 m³ 增加到21万 m³。

路基施工接近尾声时,建设单位要求承包人仍需按原合同工期完成施工。承包人拟采取将路面基层与路面面层间的顺序施工调整为分两个施工段组织无节拍流水施工的措施(路面基层在两个施工段上的持续时间均为20天,路面面层在两个施工段上的持续时间均为10天),以期在合同工期内完成施工。(注:考生请注意正确理解20天和10天的含义,实际是指流水节拍为20天和10天)

问题:

(1)指出图中"南桥台"与"北桥台"之间的逻辑关系是工艺关系还是组织关系。计算"北桥台"最早开始施工时间。指出关键线路。

(2)基础工程公司向监理工程师提出索赔要求的做法是否妥当?说明理由。按合理的索赔程序,延长工期天数应为多少天?

(3)计算路基土方工程的结算价。(计算结果保留两位小数)

(4)计算分析路面基层与面层施工组织方法调整的可行性。

参考答案及解析:

(1)"南桥台"与"北桥台"之间的逻辑关系是组织关系。

计算"北桥台"最早开始施工时间 $=30+28+20=78$ 天,即第78天后(也就是第79天早晨)。关键线路为:①→②→⑨→⑩→⑪。计算工期 $=30+100+60+20=210$ 天。

(2)不妥当,因为分包的基础公司与建设单位无合同关系,分包的基础公司与施工单位存在分包合同关系,故应向施工单位索赔,再由施工单位向监理提交索赔申请。

将图3-5中的"北桥台基础"改为 $40+30=70$ 天,重新计算工期,此时关键线路为①→②→⑥→⑦→⑧→⑨→⑩→⑪,得到计算的新工期为226天。[难点是此时的延长工期申请,路面还未开工,不需考虑路面加快。路面施工的加快是考第(4)个问题]。正常程序就是施工单位向监理申请延长工期。

索赔的工期(即延长工期) $=$ 北桥台变更后的计算工期 $-$ 220天的合同工期 $=$

$[30+70($变更后持续时间$)+30+10+6+60($图原持续时间$)+20]-220=226-220=6$ 天。(延长工期的计算难点是:应该与合同工期比,不能与原计划工期比)

(3)路基土方工程的结算价 $=15\times1.25\times20+(21-15\times1.25)\times18=375+40.5=415.5$ 万元。

（4）加快后路面流水工期为 50 天的横道图如图 3-7 所示。

工序	时间(天)										
	5	10	15	20	25	30	35	40	45	50	55
基层		基	层 1			基	层 2				
面层							面	层 1	面	层 2	

图 3-7　加快后的路面流水施工图

将图 3-6 中的"北桥台基础"持续时间改为 40 + 30 = 70 天，工作"路面"的持续时间 60 天改为 50 天，如图 3-7 所示，重新计算新计划工期。

得到计算的新工期 = 30 + 70 + 30 + 10 + 6 + 50 + 20 = 216 天 < 220 天，所以路面基层与面层施工组织方法的调整是可行的。

三、有节拍流水施工在桥梁工程中的应用

【案例 3-4】背景资料：

某一级公路有 2 座多跨简支梁桥，桥梁上部结构设计均采用 20m 先张预应力空心板，2 座桥梁共计 22 跨，每跨空心板数量均为 20 片。施工单位编制的施工组织计划考虑在路基上设置如图 3-8 所示的预制场，所有空心板集中预制，存梁区足够大。

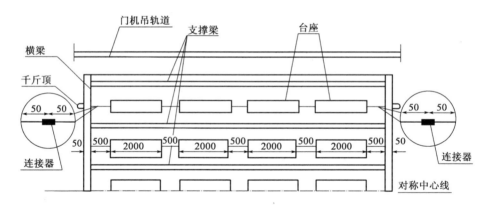

图 3-8　空心板预制场布置示意图(尺寸单位:cm)

为了节约资源，施工单位考虑定制 8 套模板(外模 8 套、充气式胶囊内模 8 套)，准备在 1 天内完成张拉后立模→浇筑混凝土→拆模工作，由 8 套模板周转重复用(注:这是可行的，不要关注 1 天问题)，设定每片空心板预制周期为 7 天，整个预制施工采取平行流水作业，前 20 片空心板预制施工横道图如图 3-9 所示。

预制数量	时　间								
	第1天	第2天	第3天	第4天	第5天	第6天	第7天	第8天	第9天
8片									
8片									
4片									

图 3-9　前 20 片空心板预制施工横道图

施工单位编制的施工组织设计中,预制空心梁流水工期 = (施工段数 – 1) × 间隔时间 + 最后一组台座的预制时间 = (22 跨 × 20 片 ÷ 8 – 1) × 1 + 7 = (55 – 1) × 1 + 7 = 61 天。

问题:

(1)本题中平行流水的平行含义是指什么之间的平行?要进行流水的原因是什么?

(2)根据题意正确的流水工期是多少时间?

(3)作为监理工程师审批该计划时,需指出的施工单位预制梁工期计算错误在何处?施工单位编制预制的流水工期为 61 天,需要什么条件能实现?

(4)在原题意的情况下,如果只有一部架桥机安装一跨桥的空心板梁需要 3 天时间,为保证架桥机安装空心板梁连续施工,存梁区至少需要多少片梁?

参考答案及解析:

(1)此题中平行流水的平行含义是指第 1 道台座 4 片预制梁和第 2 道中 4 片预制梁,共计 8 片预制梁之间的平行;或者第 3 道台座和第 4 道台座中 8 片预制梁之间的平行。

要进行流水的原因是模板只有 8 套而不是有 20 套,资源受限才需要流水。流水是指第 1、2 道台座的 8 片梁与第 3、4 道台座的 8 片梁,在模板安装→浇筑混凝土→拆除模板之间的流水。

(2)参考图 3-10 横道图,看横道图最后一行的 4 片,流水工期 = 2 空格 × 1 + 22 × 7 = 156 天。

图 3-10 预制梁流水工期横道图

(3)作为监理工程师审批该计划时,需指出施工单位预制梁工期计算错误在于盲目乱套用流水工期计算公式。作为流水施工一定要求承包人画出流水施工横道图,在流水横道图的基础上要求有流水参数的计算过程,以便审核。

参见图 3-11,施工单位编制预制的流水工期为 61 天,需要的条件是:第 8 次的 8 片预制梁就可以周转到第一次 8 片的两道台座,所以 2 × 7 = 14 道预制台座。

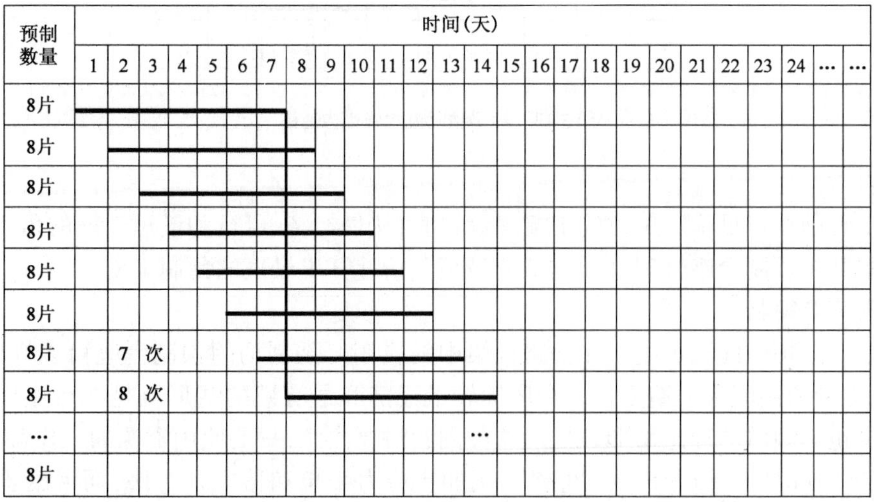

图 3-11 施工单位编制流水工期计算结果为 61 天的横道图

（4）参考图 3-12 所示横道图，要计算存梁区大小就是要计算，在保证架桥机连续施工情况下架设第一跨的绝对时间。从图 3-11 很好理解"4 片预制"与"架梁"错开的距离就是"流水步距"的概念，此时不需要去套分别流水的流水步距计算公式，直接比较横道图后两行，$K =$（7 天 × 22 跨）－（3 天 × 21 跨）= 91 天，考虑前面空格 2 天即第 93 天后开始架设第一跨。也就是预制完 91 ÷ 7 = 13 跨，开始架梁。所以存梁区 = 20 片 × 13 = 260 片空心板。

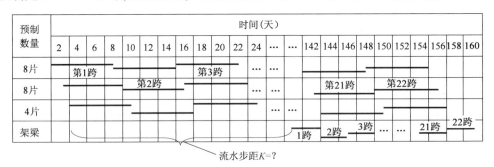

图 3-12　架桥机连续安装流水施工横道图

【案例 3-5】背景资料：

某项目有一座高架桥，该桥设计的上部结构为 30m 跨径的预应力小箱梁结构，共 120 片预制箱梁。施工单位准备在一个预制场进行 120 片箱梁的预制（场地情况不受限制）。

从最经济和可行角度考虑承包人准备采用一套外模、两套内模。每片梁的生产周期为 10 天，其中 A 工序（即钢筋工程）2 天，B 工序（模板安装、混凝土浇筑、模板拆除）2 天，经 C_1（混凝土自然养护）4 天后进行 C_2 工序（预应力张拉和移梁）2 天。施工横道图如图 3-13 所示。

台座	时间(天)								
	2	4	6	8	10	12	14	16	18
1号	A	B		C					
2号		A	B		C				
3号			A	B		C			
...									

图 3-13　箱梁预制流水施工横道图

问题：

监理工程师在审批施工单位施工组织设计时，从最经济、可行和最短工期的角度认为施工单位应设置几个预制台座合理且相应工期最短。请计算出最短的预制工期。

参考答案及解析：

本题是等节拍空间流水施工在公路桥梁中的应用。预制场的预制台座可以周转使用，太多不经济，太少预制流水工期太长。台座周转最经济和最有效的情形就是在台座周转时能做到既不窝工也不间歇的理想情形。处理这类问题时要注意，只要使用资源的工作都是工序，不使用资源的工作时间可以看成为"间歇"，例如预应力张拉和移梁是工序，而混凝土养护一般不需要资源并且不需要流水施工受限的资源就可以看作为"间歇"。等节拍空间流水施工横道图如图 3-14 所示。

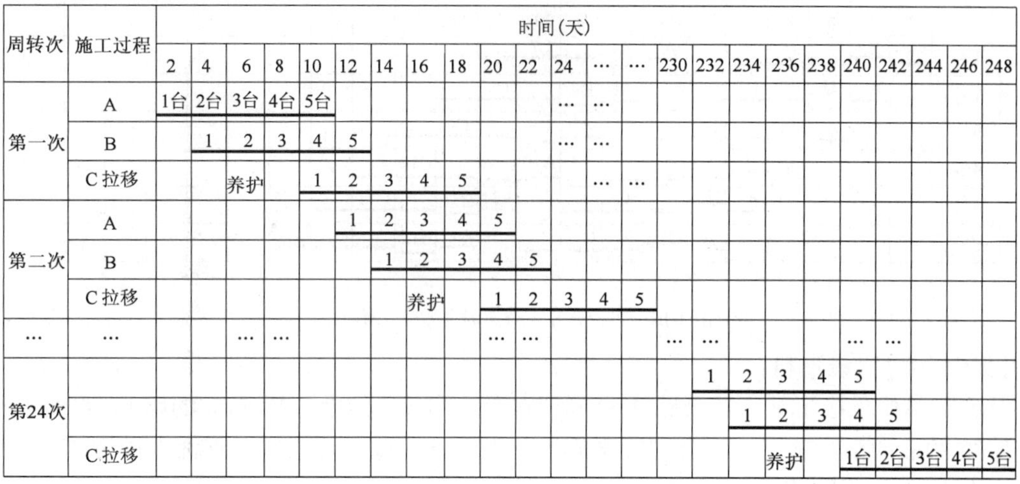

周转次	施工过程	时间(天)																							
		2	4	6	8	10	12	14	16	18	20	22	24	...	...	230	232	234	236	238	240	242	244	246	248
第一次	A	1台	2台	3台	4台	5台								...	...										
	B		1	2	3	4	5							...	...										
	C拉移			养护		1	2	3	4	5				...	...										
第二次	A					1	2	3	4	5															
	B						1	2	3	4	5														
	C拉移							养护		1	2	3	4	5											
...					...									...						...					
第24次												1	2	3	4	5									
												1	2	3	4	5								
	C拉移																养护		1台	2台	3台	4台	5台	

图 3-14 等节拍空间流水施工横道图

根据题意,$n = 3$,$Z_1 = 4$ 天,$K = t = 2$ 天。套用式(3-5),$m = n + Z_1/K = 3 + 4/2 = 5$ 个台座。施工层即台座周转次数 $r = 120$ 片 ÷ 5 片 = 24 次,套用式(3-6),$T = (n - 1 + r \times m) \times K + Z_1 = (3 - 1 + 24 \times 5) \times 2 + 4 = 122 \times 2 + 4 = 248$ 天。

【案例 3-6】背景资料：

与【案例 3-5】的背景资料相同。

问题：

分别设置 4 个台座和 6 个台座时的流水工期是多少？

参考答案及解析：

分别设置 4 个台座和 6 个台座时,不是空间流水施工的理想状态,不能套用式(3-6)。

当设置 4 个台座时,跨层处即台座周转时有窝工,参见图 3-15,在 4 个台座的流水横道图中,注意 △ 符号处附近 A4 是 8 日完成,A5 第 11 日开始,9、10 两天就是跨层窝工。观察横道图最后一行,$T = (4 - 1) \times 2 + (120 \div 4) \times 10 = 6 + 300 = 306$ 天,而不是 248 天,流水工期较长。

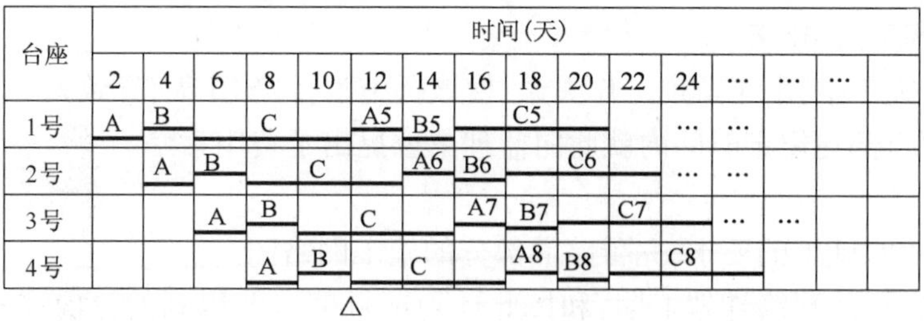

台座	时间(天)														
	2	4	6	8	10	12	14	16	18	20	22	24	...	...	...
1号	A	B		C		A5	B5		C5				...	...	...
2号		A	B		C		A6	B6		C6			...	...	...
3号			A	B		C		A7	B7		C7		...	...	...
4号				A	B		C		A8	B8		C8			

△

图 3-15 当设置 4 个台座时流水施工横道图

当设置 6 个台座时,跨层处有间歇。参见图 3-16,在 6 个台座的流水横道图中,注意 △ 符号处 11、12 两天就是跨层间歇,即每个台座间歇 2 天。观察横道图最后一行,$T = (6 - 1) \times 2 + (120 \div 6) \times 10 + 19 \times 2 = 248$ 天。与 5 个台座 248 天相同,说明浪费了一个台座资源。

比较 4 个和 6 个预制台座,也间接证明了 5 个是合理台座数量且工期最短。

在后面的计量支付和工程变更案例中,只要涉及加快进度计划,采用流水施工是一种调整组织关系的很便利和很有效的手段与途径。在后面的案例中还有流水施工的具体应用。

台座	时间(天)																		
	2	4	6	8	10	12	14	16	18	20	22	24	…	…	…	…			
1号	A	B		C			A7	B7		C7			…	…					
2号		A	B		C			A8	B8		C8			…	…				
3号			A	B		C			A9	B9		C9		…	…				
4号				A	B		C			A10	B10		C10		…	…			
5号					A	B		C			A11	B11		C11		…	…		
6号						A	B		C			A12	B12		C12		…	…		

图 3-16　当设置 6 个台座时流水施工横道图

【案例 3-7】背景资料：

某施工单位承接了某高速公路 A 合同段的施工任务,其中包括 8km 的路基、路面工程和一座跨径 80m 的桥梁施工。该合同段土质以松散砂土和黏土为主,土质含水量为 20%,路基施工中有大量土方需转运 200～300m。

施工前,项目部组织编写了施工组织设计,并将路面分成三个工作量相等的施工段,基层和面层各由一个专业作业队施工。基层的三个段落按每段 25 天,面层的三个段落按每段 15 天组织线性流水施工,并绘制了总体进度计划如图 3-17 所示。合同约定工期为 300 天,并规定每提前工期 1 天,奖励 0.5 万元;每拖延工期 1 天,赔偿 0.8 万元。

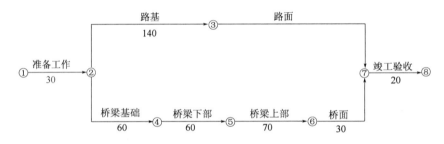

图 3-17　A 合同段总体进度计划图(时间单位:天)

在施工准备阶段,项目部将桥梁工程的基础施工指派给某专业作业队实施,但由于种种原因,施工时间需调整为 70 天。

在桥梁基础施工中,由于监理工作失误,使该桥施工暂停 10 天,导致人员和租赁的施工机具窝工 10 天,项目部在规定时间内就此向监理单位提出了费用索赔。

问题:

(1)按组织流水施工的要求,完善路面部分的施工网络图。

(2)计算完善后的网络计划工期,和按此计划项目部可能得到的提前完工奖或因误期的赔偿金额。

(3)将桥梁基础施工时间定为 70 天是否可行? 并说明理由。

(4)指出桥梁基础施工中机具窝工时可索赔的机械费用组成。项目部是否可以直接向监理单位提出索赔? 说明理由。

参考答案及解析:

(1)按组织流水施工的要求,完善路面部分的施工网络图。

①累加数列:基层数列为 25,50,75;面层数列为 15,30,45。

②错位相减:面层数列往右错一位,基层数列减去面层数列 = 25,35,45, − 45。

③取大差:流水步距 K = 45 天。

路面流水工期 = 流水步距和 + 最后一道工序流水节拍和 = 45 + 45 = 90 天。

(2)将路面施工时间 90 天代入原网络计划,得网络计划工期 = 30 + 140 + 90 + 20 = 280 天。

按此计划,相对于合同工期 300 天,提前 20 天 = 300 − 280,获得奖励 = 20 × 0.5 = 10 万元。

(3)将桥梁基础施工时间定为 70 天是可行的(即由 60 天变为 70 天)。因为②→④"桥梁基础"工作有 10 天总时差,该工作拖延 10 天没有超过其总时差,所以不影响 280 天的原计划工期。

(4)不能直接向监理单位索赔。由于监理单位的过失是属于非承包商原因造成,可是施工单位和监理单位无合同关系,但可以向建设单位索赔,不过要按规定程序向监理人(工程师)提交索赔申请和相关索赔文件。建设单位根据"监理合同"扣下这部分监理费的一定比例作为赔偿金。

【案例 3-8】背景资料:

某双向四车道一级公路运营 10 年后,水泥混凝土面板破损严重,拟进行改建。设计方案:对旧水泥混凝土路面采用碎石化法处理,然后加铺沥青混凝土面层,同时在公路右侧土质不稳定的挖方路段增设重力式挡土墙及碎落石。某施工单位通过投标承接了该工程,并于 2016 年 5 月 1 日前完工。

事件 1:铺筑沥青混凝土时,上、中、下面层的铺筑拟采用线性流水作业方式组织施工,各面层铺筑的速度如表 3-2 所示。

各面层铺筑的速度表 表 3-2

项　　目	铺筑速度(m/d)	项　　目	铺筑速度(m/d)
上面层	600	下面层	650
中面层	400		

事件 2:建设单位要求将上面层的粗集料由石灰岩碎石变更为花岗岩碎石,并要求施工单位调查、上报花岗岩碎石的预算单价。

施工单位对花岗岩碎石调查如下:出厂时碎石原价为 91 元 /m³,1m³ 碎石的运杂费为 4.5 元 /km,花岗岩碎石厂到工地的平均运距为 22km,场外运输损耗率为 4%,采购及保管费率为 2.5%。

问题:

(1)事件 1 路面施工组织中,下面层与中面层、中面层与上面层应分别采用何种工作搭接关系?说明理由。

(2)计算花岗岩碎石的预算单价(计算结果保留两位小数)。

参考答案及解析:

(1)下面层与中面层采用 FTF(完成到完成)搭接关系,因为下面层摊铺速度大于中面层的摊铺速度,但是下面层摊铺完成后,还需要养护,待过了养护期后,中面层的摊铺才能完成,故搭接关系应为 FTF。中面层与上面层采用 STS(开始到开始)搭接关系。因为中面层摊铺速度小于上面层的摊铺速度,故只能是中面层开始一定时间后,上面层才能开始摊铺,故搭接关系应为 STS。

(2)花岗岩碎石的预算单价 = (91 + 4.5 × 22)(1 + 4%)(1 + 2.5%) = 202.54 元 /m³。

四、钻机钻孔完成后不能立即移位时无法流水施工只能顺序施工案例

【案例 3-9】背景资料：

某大桥主桥为连续刚构桥，桥跨布置为 $(75 + 6 \times 20 + 75)$ m，桥址区地层从上往下依次为洪积土、第四系河流相的黏土、亚黏土及亚砂土、砂卵石土、软岩。主桥均采用钻孔灌注桩基础，每墩位 8 根桩，对称布置。其中 1 号、9 号墩桩径均为 1.5m，其余各墩桩径为 1.8m，所有桩长均为 72m。共 6 台钻机。

施工中发生如下事件：

主桥共计 16 根 $\phi1.5$m 与 56 根 $\phi1.8$m 钻孔灌注桩，均采用同一型号回旋钻机 24 小时不间断施工，钻机钻进速度均为 1.0m/h。钢护筒测量定位与打设下沉到位另由专门施工小组负责，钻孔完成后，每根桩的清孔、下放钢筋笼、安放灌注混凝土导管、水下混凝土灌注、钻机移位及钻孔施工安全共需 2 天（48 小时）。考虑两个钻孔方案，方案一：每个墩位安排 2 台钻机同时施工；方案二：每个墩位只安排 1 台钻机施工。

问题：

作为监理工程师，在不考虑各桩基施工工序搭接，分别计算两种方案下主桥桩基础施工的（总）工期，你认为施工单位选择哪一种方案施工更合理？

参考答案及解析：

每根桩施工时间为 $\dfrac{72 \div 1}{24} + 2 = 5$ 天。

（1）按方案一，2 台钻机同时工作每墩位 8 根桩，需要 5 天 × 8 根/2 台 = 20 天。

6 台钻机分 3 组同时工作，完成 9 个墩位 72 根桩，共需 20 × 3 = 60 天。

（2）按方案二，第一循环 6 台钻机施工 6 个墩位 48 根桩，需要 40 天。

第二循环只需 3 台钻机施工 3 个墩位 24 根桩，需要 40 天。

共计施工时间为 40 + 40 = 80 天。

因方案一施工工期较短，所以应选择方案一。

第三节　公路工程的平均运距计算和路基土石方调配案例

一、公路工程的平均运距计算

1. 路基工程土石方平均运距计算

路基工程的土石方不是均匀分布，所以只能采用离散型计算式：

$$平均运距 = \sum \frac{运距 \times 运量}{\sum 运量} \tag{3-9}$$

例如，全标段路基挖方土质为普通土，平均运距为 50m 的土方有 150000m³，平均运距为 200m 的土方有 100000m³，平均运距为 3000m 的土方有 80000m³。计算全标段土方的平均运距。

$$土方平均运距 = \frac{50 \times 150000 + 200 \times 100000 + 3000 \times 80000}{150000 + 100000 + 80000} = 811\text{m}$$

2. 路面工程路面材料的运距计算

路面工程的路面摊铺材料运输可以理解为线性均匀分布，拌和场位于路段中间某桩号位

置的该路段平均运距,可以采用连续型计算式:

$$平均运距 = \frac{1/2 \times 路段左边长度^2 + 1/2 \times 路段右边长度^2}{路段总长度\ L} \quad (3-10)$$

例如,某施工单位承接了某一级公路 M 合同段路面施工任务,起点桩号 K16 +000,终点桩号 K37 +300。路面面层为 26cm 厚 C30 水泥混凝土,采用滑模机械摊铺施工。施工单位根据施工现场的具体条件,通过方案比较决定将拌和场设置于 K25 +200 一侧往外延长 300m。列式计算水泥混凝土拌合料的平均运距(单位以 m 计,保留一位小数)。

$$主线段平均运距 = \frac{1/2 \times (25200 - 16000)^2 + 1/2 \times (37300 - 25200)^2}{37300 - 16000}$$

$$= 115525000 \div 213000 = 5423.7m$$

水泥混凝土拌合料的平均运距 = 主线段平均运距 + 300 = 5423.7 + 300 = 5723.7m

二、平均运距计算案例

【案例 3-10】背景资料:

某施工单位承建了某一级公路工程,起讫桩号 K6 +000 ~ K16 +000,其中 K12 +420 ~ K12 +540 段为一座钻孔灌注桩箱形梁桥。路线施工总平面布置示意图如图 3-18 所示,拟建公路旁边修建了生产区、承包人驻地及汽车临时便道等,K7 +000 ~ K15 +000 段的汽车临时便道共 9.3km,K6 +000 ~ K7 +000 及 K15 +000 ~ K16 +000 段的汽车临时便道紧靠拟建公路并与拟建公路平行。桥梁东西两端路基土方可调配,桩号 K14 +300 附近有一免费弃土坑。

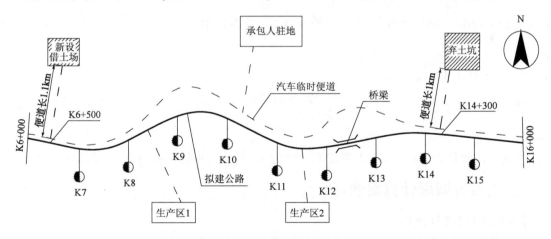

图 3-18　路线施工总平面布置示意图

在 K7 +000 ~ K15 +000 段挖填土石方调配完毕后,针对 K6 +000 ~ K7 +000(填方路段)和 K15 +000 ~ K16 +000(挖方路段),有如下两种路基土方调配方案:

方案一(调配):K15 +000 ~ K16 +000 挖土方,作为远运利用方调配至 K6 +000 ~ K7 +000 填筑。

方案二(借土):K6 +000 ~ K7 +000 填筑土方,从桩号 K6 +500 附近新设借土场借土填筑。

针对以上两种方案,各分项综合单价如表 3-3 所示。

序　号	分 项 名 称	综合单价(元/m³)
1	挖掘机挖装土方	4
2	自卸汽车运土方第1km	7
3	自卸汽车运土方每增运0.5km	1
4	借土场修建费(折算至每一挖方量综合单价)	4
5	借土场资源费	3

注:当汽车运输超过第1km,其运距尾数不足0.5km的半数时不计,等于或超过0.5km的半数时按增运0.5km计算。

问题:

分别计算路基土方调配方案一和方案二综合单价,根据施工经济性选择合理方案。(计算结果保留整数)

参考答案及解析:

(1)方案一综合单价为:

$4(挖装费)+7(运1km)+1×\dfrac{9.3+0.5+0.5-1}{0.5}增运费=11+1×19=30 元/m³$

注:两个中心桩分别是K15+500和K6+500,便道9.3加两个500m还要扣除第1km已经计了7元。

(2)方案二综合单价为:

含借土场$(4+7+4+3)$+借方超运费$1×1$(平均运距250m+竖直线1.1km超了100m,所以是$250+100=350>250$)+挖方段挖装费4+弃方运费$(7+1×\dfrac{15.5-14.3}{0.5})=18+1+4+7+1×2=32 元/m³$。

注:借土还要考虑弃方费。

$线性连续平均运距=\dfrac{1/2×(左边长度^2+右边长度^2)}{总长度 L}$,位于中点分界的平均运距$=1000÷4=250m$。

方案一的价格为30 元/m³,方案二的价格为32 元/m³,所以选择方案一(调运)。

三、土石方调配计算案例

【案例3-11】背景资料:

施工单位进行了路基土石方计算与调配,路基土石方数量计算与调配见表3-4。施工单位拟定了A、B、C、D四个弃土场,弃土场平面示意图如图3-19所示,施工单位会同有关单位到现场查看后决定放弃B、C弃土场,采用A、D两个弃土场。弃土按设计要求碾压密实,压实度要求达到90%。经测算,A弃土场可弃土方15000m³(压实方),D弃土场可弃土方20000m³(压实方)。

问题:

(1)填写表3-4中虚框中的数据。

(2)按费用经济原则,计算A、D两个弃土场的弃土数量。(弃方数量按天然密实数量计,单位为m³,计算结果保留整数)

起讫桩号	普通土挖方 (天然密实方,m³)	填方 (压实方,m³)	本桩利用 (压实方,m³)	填缺 (压实方,m³)	挖余 (天然密实方,m³)	纵向调配
K0+000~K0+600	4000	8000				
K0+600~K1+000	3000	6700				
K1+000~K1+120	0	2880				
K1+120~K1+420	0	0				
K0+420~K2+000	14384	2100				
K2+000~K3+000	5800	10000				
K3+000~K3+410	6032	1000				
K3+410~K4+000	18328	900				
K4+000~K4+213	4524	400				

注:1.该路段挖方土满足路基填料相关要求,土方的天然密实方与压实方的换算系数取 1.16,土方调运采用自卸汽车运输,土方运输损耗系数为 0.03。

2.弃土采用自卸汽车运输,土方的天然密实方与压实方的换算系数取 1.05,弃方不计土方运输损耗。

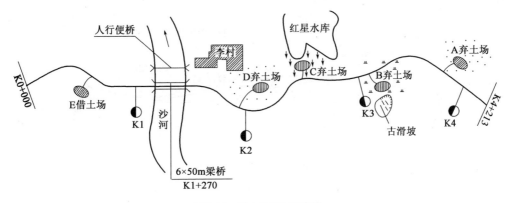

图 3-19 弃土场平面示意图

参考答案及解析:

(1)虚框中的数据计算如下。

①K1+420~K2+000 的挖余天然方 $= 14384 - 2100 \times 1.16 = 11948 m^3$

②K2+000~K3+000 的本桩利用压实方 $= 5800 \div 1.16 = 5000 m^3$

填缺压实方 $= 10000 - 5000 = 5000 m^3$

③K3+000~K3+410 的挖余天然方 $= 6032 - 1000 \times 1.16 = 6032 - 1160 = 4872 m^3$

④K3+410~K4+000 的挖余天然方 $= 18328 - 900 \times 1.16 = 18328 - 1044 = 17284 m^3$

⑤K4+000~K4+213 的挖余天然方 $= 4524 - 400 \times 1.16 = 4524 - 464 = 4060 m^3$

(2)按费用经济原则,计算 A、D 两个弃土场的弃土数量。

大桥前后的土石分开调配,大桥前的土石方填缺是借土。桥后的土石方在横向调配后进行就近纵向调配,解决 5000 的填缺,K3+410~K4+213 挖余量大约 $17284 + 4060 = 21344 m^3$,且离 A 弃土场近,可将 A 弃土场弃满,剩余土方弃至 D 弃土场。

纵向调运数量 $= 5000 \times (1.16 + 0.03) = 5950 m^3$

挖余总数量 $= 11948 + 4872 + 17284 + 4060 = 38164 m^3$

①A 弃土场的弃土天然密实方数量 $= 15000 \times 1.05 = 15750\mathrm{m}^3$

②D 弃土场的弃土数量 $= 38164 - 15750 - 5950 = 16464\mathrm{m}^3$

【案例 3-12】背景资料：

某施工单位承接了某公路 B 合同段 K8 + 000 ~ K9 + 800 的路基、路面、1 座 3 × 20m 的简支梁桥和 8 道涵洞施工,合同工期为 200 天。该段土质以松散砂土和黏土为主,路基主要工程量如表 3-5 所示。

路基主要工程量表 表 3-5

桩　号	挖方量(m^3)		填方量(m^3)	备　注
	土	石		
K8 + 000 ~ K8 + 800	15000	5000	0	挖方中含有机土 1000m^3
K8 + 800 ~ K9 + 100	2000	0	2000	道路左侧 20 ~ 80m 范围为一古滑坡体
K9 + 100 ~ K9 + 800	0	0	24000	

注:表中挖方为天然密实方,填方为压实方,天然密实方与压实方的换算系数为:土方 1.16,石方 0.92。假设换算系数不因土石混填而改变,调运方在经济运距内。

施工单位进场后,积极组织施工,并将路面分成三个段落组织流水作业,并绘制了施工平面布置示意图和网络计划图,如图 3-20 和图 3-21 所示。

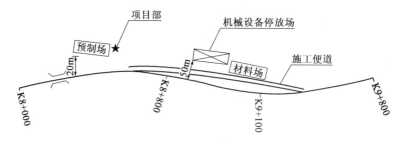

图 3-20 施工平面布置示意图

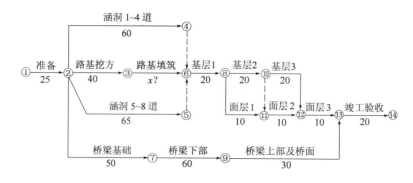

图 3-21 合同段网络计划图(时间单位:天)

路基施工中,石方开挖采用爆破,土方开挖采用挖掘机配自卸汽车作业。经实测,挖掘机的台班平均生产率为 560m^3/台班,机械利用率为 0.85。填筑施工采用土石混合倾填,并进行纵向分幅,用振动压路机碾压。

桥梁墩台基础施工完毕后,为确保工程质量,监理工程师要求施工单位挖开再次检查坑底承载力和基础混凝土质量,施工单位对此提出开挖费用索赔。

问题:

(1)列式计算路基施工中的利用方(天然密实方)和借土方(压实方)数量。

(2)指出平面布置示意图中临时设施和临时工程布置的不妥之处,并说明理由。

(3)为满足合同工期要求,路基填筑施工最多不能超过多少天? 若以桥梁施工为关键线路,路基填筑施工最多不能超过多少天?

(4)按进度计划要求,若挖掘机每天只安排一个班制,施工单位每天应投入多少台挖掘机?(不考虑备用)

(5)分析说明施工单位是否应该获得桥梁基坑开挖检查的索赔费用。

参考答案及解析:

(1)利用方(天然密实方) $= 15000 + 5000 - 1000 + 2000 = 21000\text{m}^3$。

借方 $= 24000 + 2000 - (16000/1.16 + 5000/0.92) = 6772\text{m}^3$。

(2)预制场距桥梁工地较远,增加了"二次倒运",应设在台后路基上;机械设备停放场、材料场、施工便道设在古滑坡体范围内,易发生安全事故,应设置在路线右侧;机械设备停放场距路基较远,应设置在路基较近处。

(3)为满足合同工期要求,则路基填筑为关键线路,设其为 x,计算公式如下:$25 + 40 + x + 20 + 20 + 20 + 10 + 20 = 200$,解得 $x = 45$ 天,路基填筑最多不能超过 45 天。若设桥梁为关键线路,仍设路基填筑时间为 x,计算总工期为 $25 + 50 + 60 + 30 + 20 = 185$ 天。则 $25 + 40 + x + 3 \times 20 + 10 + 20 = 185$ 天,$x = 30$ 天,此时路基填筑最多不能超过 30 天。

(4)$N = \dfrac{17000}{0.85 \times 560 \times 40} = 0.89$,取整得 1,即每天需要 1 台挖掘机。

(5)如果开挖检测后合格,而且施工单位事先以书面方式要求监理单位进行检验通过的,可索赔费用;如果开挖检测不合格,或施工单位事先没有要求监理单位进行检验的,则不可索赔费用。

第四章 工程计量支付与经济分析

第一节 工程计量和支付的相关规定和注意事项

一、工程计量的相关规定和注意事项

1. 工程计量的依据

(1)质量合格证书或分项工程(中间)交工证书。计量的基本条件和前提是质量合格,不合格部分不予计量。

(2)合同条款、工程量清单及说明。

(3)合同图纸(或设计图纸以及变更后的图纸等)。

(4)测量数据(例如控制桩坐标、地面线、基底高程等)。

(5)工程量清单计量规则和技术规范。计量规则非常重要,例如基层以顶面面积计量。

(6)工程变更令及修订的工程量清单,这对工程变更计量尤为重要。

(7)有关计量的补充协议。

2. 工程计量应提交的资料(即主要文件,《1995版监理规范》内容仍然有效)

(1)中间计量表以及图上计算法所需的图纸。

(2)分部工程或主要分项工程开工申请批复单。

(3)检验申请批复表及有关的自检资料。

(4)工程质量检验表及有关的质量评定意见。

(5)工程变更令(如果有)。

(6)分项工程(中间)交工证书。

3. 工程计量注意的事项

(1)熟悉《公路工程标准施工招标文件》(2018年版)中第八章工程量清单计量规则(以下简称计量规则)的相关规定,并注意以下几点:

①计量单位。

②路基工程挖方计量一般不存在质量压实度的制约,边沟开挖量含在路基开挖中不单独计量。

③填方要受到压实度的制约,挖台阶数量不计量。

④路面按照"顶面面积"计量。

⑤结构物回填计量不包括挡土墙、桥墩基坑、涵洞基础等。

⑥桥墩台开挖按照棱柱体积计量,桥台背、台前溜坡和锥坡能计量。

⑦桩长从承台底或系梁底高程计算。

⑧隧道洞身开挖不计预留变形、允许超挖等。

（2）工程计量的主要依据是清单规则，同时还要结合《公路工程标准施工招标文件》（2018年版）中第六章技术规范（以下简称技术规范）。例如，填方段填前压实增加的数量能计量，但是要确定填前压实新增的具体数量就要根据技术规范第204.04条的要求才能获得。

（3）计量规则中的内容（包括合同条款、技术规范等内容），发包人是可以修改的，所以要根据案例背景给出的条件和要求进行答题。一般情况下，不做特别说明时，是按照该计量规则规定出题的。在案例分析题的背景中，有两种表示：一种表示为"按照《公路工程标准施工招标文件》（2018年版）规定"，即要根据该计量规则、支付程序以及合同条款等的相关规定回答；另一种是在考题的案例背景中给出具体计量（包括各种支付等）规定，则要根据案例背景的要求回答。

二、工程支付的相关规定和注意事项

1. 支付程序和支付时间规定

（1）进度款的支付（即期中支付）申请

根据《2018版施工合同》第17.3.2条进度付款申请单规定：承包人应在每个付款周期末，按监理人批准的格式和专用合同条款约定的份数，向监理人提交进度付款申请单，并附相应的支持性证明文件。除专用合同条款另有约定外，进度付款申请单应包括下列内容：

①截至本次付款周期末已实施工程的价款。

②根据第15条应增加和扣减的变更金额。

③根据第23条应增加和扣减的索赔金额。

④根据第17.2条约定应支付的预付款和扣减的返还预付款。

⑤根据第17.4.1条约定应扣减的质量保证金（注：建设单位可以约定）。

⑥根据合同应增加和扣减的其他金额。

需要说明的是，虽然《2018版施工合同》第17.4.1条已经取消在进度款中扣减质量保证金的规定，但是发包人可以在项目专用合同条款中另行约定，因此考题的案例背景中可能会约定扣除不超过合同价3%的质量保证金的具体要求。考生要根据要求回答，而不能认为题目出错了。

（2）期中支付的程序和时间规定

期中支付的程序和时间规定如图4-1所示。

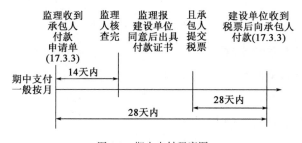

图4-1　期中支付程序图

根据《2018版施工合同》第17.3.3条进度付款证书和支付时间规定：

①监理人在收到承包人进度付款申请单以及相应的支持性证明文件后的14天内完成核查，提出发包人到期应支付给承包人的金额以及相应的支持性材料，经发包人审查同意后，由监理人向承包人出具经发包人签认的进度付款证书。监理人有权扣发承包人未能按照合同要求履行任何工作或义务的相应金额。

如果该付款周期应结算的价款经扣留和扣回后的款额少于项目专用合同条款数据表中列明的进度付款证书的最低金额，则该付款周期监理人可暂不支付，该款额将结转至累计应支付的款额达到项目专用合同条款数据表中规定进度付款证书最低金额的当期支付。

②发包人应在监理人收到进度付款申请单且承包人提交了合格的增值税专用发票后的28天内，将进度应付款支付给承包人。

注：比较"发包人应在监理人收到进度付款申请单的28天内且承包人提交了合格的增值税专用发票后，将进度应付款支付给承包人"有何不同，通过案例4-7可以很好理解。工程实践中一般是出具证书后才开增值税票，因税票金额与付款证书必须一致，这就是"合格"两字含义。否则重开增值税票很麻烦，这是2018版与2009版《施工合同》的最大不同点。

发包人不按期支付的，按项目专用条款数据表中约定的利率向承包人支付逾期付款违约金。违约金计算基数为发包人的全部未付款额，时间从应付而未付该款额之日算起，单利计算。

③监理人出具进度付款证书，不应视为监理人已同意、批准或接受了承包人完成的该部分工作。

（3）交工支付和最终支付的程序和时间规定

如图4-2所示，申请到付款都是3个14天，建设单位逾期付款则将支付违约金（即利息）。

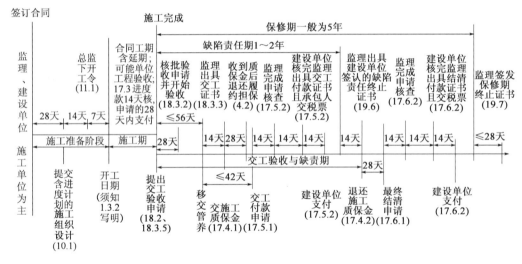

图4-2 施工进展与中期支付、交工支付和最终支付图（图中号码是《2018版施工合同》对应条款号）

2. 清单支付的内容和注意事项

清单支付的主要内容有单价子目的支付、总额子目的支付、计日工、暂定金额、暂估价五类，这也是进度款的主要内容。

3. 合同支付的内容和注意事项

（1）《2018版施工合同》第17.2.1条预付款

预付款包括开工预付款和材料、设备预付款，具体额度和预付办法如下：

①开工预付款的金额在项目专用合同条款数据表中约定。在承包人签订了合同协议书且承包人承诺的主要设备进场后，监理人应在当期进度付款证书中向承包人支付开工预付款。

注：《2018版施工合同》取消了《2009版施工合同》分70%和30%两次支付，改为满足要求的当期全额支付。

54

承包人不得将该预付款用于与本工程无关的支出,监理人有权监督承包人对该款项的使用,如经查实承包人滥用开工预付款,发包人有权立即向银行索赔履约保证金并解除合同。

②材料、设备预付款按项目专用合同条款数据表中所列主要材料、设备单据费用(出厂价或销售价,地方材料为堆场价)的百分比支付。其预付条件为:

a.材料、设备符合规范要求并经监理人认可。

b.承包人已出具材料、设备费用凭证或支付单据。

c.材料、设备已在现场交货,且存储良好,监理人认为材料、设备的存储方法符合要求。

如达到要求,则监理人应将此项金额作为材料、设备预付款计入下一次的进度付款证书中。在预计交工前3个月,将不再支付材料、设备预付款。

(2)《2018版施工合同》第17.2.2条预付款保函

承包人无须向发包人提交预付款保函。发包人向承包人支付的预付款,应按照本合同第17.2.1条规定使用,承包人提交的履约保证金对预付款的正常使用承担保证责任。

注:《2018版施工合同》取消了《2009版施工合同》需提交预付款保函的内容。

(3)开工预付款和材料预付款的扣回与还清(根据《2018版施工合同》第17.2.3条)

①开工预付款在进度付款证书的累计金额未达到签约合同价的30%之前不予扣回,在达到签约合同价30%之后,开始按工程进度以固定比例(即每完成签约合同价的1%,扣回开工预付款的2%)分期从各月的进度付款证书中扣回,全部金额在进度付款证书的累计金额达到签约合同价的80%时扣完。

注:按字面理解,正常月份扣回值=开工预付款总额×(本期进度款/签约合同价)×2,乘以2就等于考试用书中的公式除以50%(即80%-30%);如果开工预付款总额=签约合同价×百分比,则进一步简化为,正常月份扣回值=本期进度款×2×百分比。此处还有一点要注意:正确理解"进度付款证书的累计金额",从原理和方便计算的角度,该"累计金额"最好不包括预付款扣回、调价款、质量保证金扣留等,否则扣回速度慢,而且可能造成最后一次扣回时,进度款所占比与80%不符。

②当材料、设备已用于或安装在永久工程之中时,材料、设备预付款应从进度付款证书中扣回,扣回期不超过3个月(注:等额扣回参见案例4-10;也可以当期扣回,参见案例4-7)。已经支付材料、设备预付款的材料、设备的所有权应属于发包人。

案例背景中可能与此规定的等额扣回法不相同。例如,还可以采用起扣点扣回法,要按题目具体要求答题,参见案例4-11。

起扣点扣回法计算公式为:

$$起扣点累计金额\ P = \frac{合同价\ H - 材料预付款总额\ C}{材料占合同价比例\ B} \qquad (4\text{-}1)$$

$$刚到达起扣点当月的扣回值 = (当月累计 - 起扣点金额) \times 材料占合同价比例 \qquad (4\text{-}2)$$

$$正常月的扣回值 = 当月进度款 \times 材料占合同价比例 \qquad (4\text{-}3)$$

$$最后一月扣回值 = 材料预付款总额 - 扣回值累计 \qquad (4\text{-}4)$$

(4)质量保证金的提交或扣留与退还(根据《2018版施工合同》第17.4条)

根据第17.4.1条,交工验收证书签发后14天内,承包人应向发包人缴纳质量保证金。质量保证金可采用银行保函或现金、支票形式,金额应符合项目专用合同条款数据表的规定。采用银行保函时,出具保函的银行须具有相应担保能力,且按照发包人批准的格式出具,所需费用由承包人承担。

质量保证金采用现金、支票形式提交的，发包人应在项目专用合同条款数据表中明确是否计付利息以及利息的计算方式。

注：不是必须付利息，与逾期付款应付利息不同。

第 17.4.2 条第 1.1.4.5 目约定的缺陷责任期满（注：期满而不是颁发终止证书日），且质量监督机构已按规定对工程质量检测鉴定合格，承包人向发包人申请到期应返还承包人剩余的质量保证金金额，发包人应在 14 天内会同承包人按照合同约定的内容核实承包人是否完成缺陷责任。如无异议，发包人应当在核实后将剩余保证金返还承包人。

虽然交通运输部的专用合同条款已经取消逐月扣除质量保证金的规定，但是在案例题中可能会出现按照原合同规定，逐月按照工程进度款 3% 或 5% 扣留质量保证金。那么只能根据通用合同条款第 17.4.1 条的规定"质量保证金的计算额度不包括预付款的支付、扣回以及价格调整的金额"进行回答，即扣留质量保证金的计算基数不包含物价调整、预付款等，参见案例 4-8。

（5）发包人逾期付款违约金的支付

逾期付款违约金是指发包人付款违约（即发包人超过合同条款约定的支付期限）而支付给承包人应得工程款项的逾期付款利息（也称为迟付款利息），涉及《2018 版施工合同》第 17.3.3、17.5.2 和 17.6.2 条。发包人逾期支付的，按项目专用条款数据表中约定的日利率（一般为银行短期贷款利率加手续费约 0.3‰ 左右）向承包人支付逾期付款违约金。违约金计算基数为发包人的全部未付款金额，时间从应付而未付该款额之日算起（不计复利）。

逾期付款利息（逾期付款违约金）= 全部未付款额 × 逾期日历日 × 日利率。

开工预付款、材料设备预付款、质量保证金等的支付，在案例题背景资料中规定可能与上述规定不一致，请考生按照案例题的具体要求答题。

第二节 工程计量支付案例分析

一、桥梁涵洞工程计量案例

【案例 4-1】背景资料：

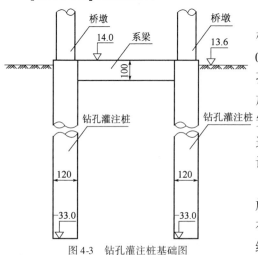

图 4-3 钻孔灌注桩基础图

注：本图尺寸和高程以 m 为单位，其余均以 cm 为单位。

大桥钻孔灌注桩共 20 根，桩长均相同，某桥墩桩基立面示意图如图 4-3 所示，护筒高于原地面 0.3m。现场一台钻机每天连续 24 小时不间断钻孔，每根桩钻孔完成后钻机移位，然后立即清孔、安放钢筋笼并灌注混凝土，钻孔速度为 2m/h，清孔、安放钢筋笼、灌注混凝土及其他辅助工作综合施工速度为 3m/h。为保证灌注桩质量，每根灌注桩比设计桩长多浇筑 1m，并凿除桩头。

该工程合同总价为 6.982 亿元，工期为 3 年，施工合同中约定，人工单价 100 元/工日，人工窝工补偿费 80 元/工日，除税金外企业管理费、利润等综合费率为 20%（以直接费为计算基数）。施工过程中发生了如下事件：

事件1:施工单位根据《公路水运工程安全生产监督管理办法》进行了如下安排。

(1)第一年计划完成施工产值2.1亿元,为保证安全生产,设置了安全生产管理机构,并配备了3名专职安全生产管理人员。

(2)依据风险评估结论,对风险等级较高的分部分项工程编制专项施工方案,并附安全验算结果,经施工单位技术负责人签字后报监理工程师批准再执行。

事件2:灌注桩钻孔过程中发现地质情况与设计勘察地质情况不同,停工12天,导致人工每天窝工8工日,机械窝工费1000元/天,停工期间施工单位配合设计单位进行地质勘探用工10工日;后经设计变更每根灌注桩增长15m。(原工期计划中,钻孔灌注桩施工为非关键工序,总时差8天)

问题:

(1)作为监理工程师,针对事件1,逐条判断施工单位做法是否正确,如不正确,请改正。

(2)根据《公路工程标准施工招标文件》(2018年版),计算图4-3桥墩桩基单根桩最终计量支付长度(计算结果保留一位小数)。

(3)针对事件2,计算延长工期的天数。除税金外可索赔窝工费和用工费各多少元(计算结果保留一位小数)?

参考答案及解析:

(1)判断如下:①错误,应配备专职安全生产管理人员至少5名,且按专业配备;②正确。

(2)根据《公路工程标准施工招标文件》(2018年版)计量规则,桩的计量长度为系梁底高程与桩底高程之差。从图4-3可知:

桩的计量长度=系梁底高程(14-1)-桩底高程(-33.0)+变更增加长度(15)=61m。

(3)计算如下:

①工期延长时间=停工造成的工期拖延+20根桩增长15m所增加的时间。

因为钻机钻孔完成后可以立即移位,说明是流水施工,一根桩的钻孔时间=15/2=7.5小时,清孔、安放钢筋笼、灌注混凝土及其他辅助工作的时间=15/3=5小时。

1号桩: 7.5   5

2号桩: 7.5   5

……

工期延长时间=(12-8)+[(20-1)×7.5+(7.5+5)]/24=4+6.5=10.5天

②窝工费=8×12×80+1000×12=19680元。

③用工费=10×100×(1+20%)=1200元。

【案例4-2】背景资料:

由于招标代理机构的疏忽,某桥梁工程的人工挖孔桩的工程量清单如表4-1所示。表中"数量"的数值实际是125.64m和298.42m。

挖孔桩的工程量清单表   表4-1

子 目 号	子 目 名 称	单 位	数 量	单价(元)	合价(元)
407-1-a	挖孔桩桩径1.3m	m³	125.64	1278.09	160579
407-1-b	挖孔桩桩径1.8m	m³	298.42	2347.32	700487

问题：

（1）作为监理工程师，你认为该工程量清单有什么错误？

（2）如果按照单位"m^3"计量，对谁有利？具体金额为多少？

（3）监理工程师按"m"计量的依据是什么？

参考答案及解析：

（1）根据《公路工程标准施工招标文件》（2018 年版）计量规则 407-1，计量单位为"m"。工程量清单中，招标代理错将计量单位"m"写成了"m^3"。

（2）从该工程量清单的单价分析，投标人显然是按照"m"报价。如果按照"m^3"单位计量，对施工单位有利。因为 1.8m 孔径的挖孔桩共 298.42m，如果按照"m^3"的计量单位，实际体积 = $1/4 \times \pi \times 1.8^2 \times 298.42 = 759.39 m^3$，则承包人将多得 $759.39 \times 2347.32 - 700487 = 1782531 - 700487 = 108.2044$ 万元。同理，1.3m 孔径的挖孔桩共 125.64m，按照"m^3"的计量单位，实际体积 = $1/4 \times \pi \times 1.3^2 \times 125.64 = 166.76 m^3$，则承包人将多得 $166.76 \times 1278.09 - 160579 = 213134 - 160579 = 5.2555$ 万元。

（3）监理按照"m"计量的依据是：《公路工程标准施工招标文件》（2018 年版）的合同协议书或合同条款第 1.4 条"合同文件的优先顺序"。计量规则 407-1 的计量要求"开挖依据图纸所示桩长及混凝土强度等级，按照不同桩径的桩长以米为单位计量"。因为"计量规则"文件优先顺序高于"已标价工程量清单"文件，所以计量规则的计量单位"m"可以否定招标人写错的"m^3"。

【案例 4-3】背景资料：

某公路工程施工采用《公路工程标准施工招标文件》（2018 年版），在进行某通道台背回填时，技术规范要求回填宽度不小于 50cm，塑性指数不大于 12 的黏土，而施工中建设单位根据设计施工图纸要求承包人回填宽度不小于 2m 的天然砂砾。承包人认为，投标报价是按技术规范要求计算的，而且按技术规范进行施工符合合同要求。而建设单位认为这样施工更有利于保证工程质量，书面明确要求监理工程师指示承包人必须按施工图纸要求进行施工。

根据合同条款第 1.4 条"合同文件的优先顺序"，"技术规范"的优先级别高于"图纸"。承包人认为如果遵照建设单位要求施工，属于合同文件出错的索赔，因为投标报价是根据"技术规范"要求计算报价的，未考虑超填数量的费用；所以承包人按照合同规定向监理工程师提交索赔申请，要求建设单位补偿这部分增加的款项。

问题：

（1）承包人是否有权拒绝建设单位的这一要求？为什么？

（2）根据《公路工程标准施工招标文件》（2018 年版）计量规则，通道台背回填能否计量？为什么？

（3）针对承包人的索赔要求，监理工程师能否批准该索赔？为什么？

参考答案及解析：

（1）承包人无权拒绝建设单位的这一要求。因为建设单位有权提出他认为更高的技术标准，承包人应按图施工。

（2）根据《公路工程标准施工招标文件》（2018 年版）计量规则，通道台背回填不计量。因为，根据计量规则 420-1 钢筋混凝土盖板涵的计量说明"依据图纸所示，按不同跨径的盖板涵长度以米为单位计量"，而在对应的工程内容中，最后一项工作内容是"回填"，这就说明"回填"是作为不计量的附加工作，不能作为"204-1 结构物台背回填（h）"单独计量。

（3）监理工程师不能批准此项索赔。虽然承包人引用的合同条款第 1.4 条有一定道理，"技术规范"的优先级别是高于"图纸"；但是，当合同文件不一致时该条款的优先级解释权在建设单位和监理工程师。所以投标时，承包人作为投标人应向发包人提出澄清，而不是自己有权进行优先级的推理。当然该案例的确存在合同不完备的缺陷，在第八章施工招投标中探讨招标人和承包人如何应对的办法。

二、隧道工程计量案例

【案例 4-4】背景资料：

某公路隧道的每延米隧道工程量表如表 4-2 所示。按照《公路工程标准施工招标文件》（2018 年版）计量规则第 500 章的规定计量。

设计图中隧道每延米工程数量表　　　　　　表 4-2

工程名称		单 位	数 量	备 注
超前支护（φ25mm 中空注浆锚杆）		m	48.75	
洞身开挖		m³	131.24	含预留变形 3.36
初期支护	C20 喷射混凝土	m³	6.89	
	φ25mm 中空注浆锚杆	m	157.50	
		根	45.00	
	垫板	套	45.00	
	格栅拱架	榀	1.25	
	φ6.5mm 钢筋网片	kg	74.62	
二次衬砌	C25 混凝土拱墙	m³	20.69	
	C25 混凝土仰拱	m³	6.54	
	Ⅰ级钢筋	kg	566.37	
	Ⅱ级钢筋	kg	1613.54	
防水层		m²	27.49	
仰拱回填（C10 片石混凝土）		m³	13.64	
超挖回填混凝土（C25 混凝土）		m³	5.64	

问题：

（1）根据计量规则列出表 4-2 中能计量的子目名称和单位。

（2）洞身开挖每延米的允许超挖数量、预留变形数量、设计图纸反映的隧道洞身开挖土石方数量、计量数量分别是多少？

参考答案及解析：

（1）能计量的子目名称和单位如下：

①超前支护（φ25mm 中空注浆锚杆），单位为 m，503-2-a-7。这个超前锚杆（纵向）属于超前支护（类似于管棚），与系统锚杆（径向）不同，其需搭接 1m 报价要高于④的系统锚杆，在目前计量规则中没有，建设单位（招标人）可以根据计量规则原理和技术规范要求新增。

②洞身开挖，单位为 m³，503-1-a。

③C20 喷射混凝土，单位为 m³，503-2-d-2。

④φ25mm 中空注浆锚杆，单位为 m，503-2-c-3。

⑤格栅拱架，单位为 kg，503-2-e-2。

⑥$\phi6.5mm$ 钢筋网片,单位为 kg,503-2-d-1。

⑦C25 拱墙衬砌混凝土,单位为 m^3,504-1-b。

⑧C25 仰拱衬砌混凝土,单位为 m^3,504-2-a。

⑨Ⅰ级钢筋,单位为 kg,504-1-a-1,由于Ⅰ、Ⅱ级不同钢筋,要区分,可增加下一级编号。

⑩Ⅱ级钢筋,单位为 kg,504-1-a-2。

⑪防水层,单位为 m^2,505-1-f。

⑫仰拱回填(C10 片石混凝土),单位为 m^3,504-2-b。

(2)洞身开挖每延米的允许超挖数量为 $5.64m^3$,预留变形数量为 $3.36m^3$,设计图纸反映的隧道洞身开挖土石方数量为 $5.64 + 131.24 = 136.88m^3$,计量数量为 $131.24 - 3.36 = 127.88m^3$。

三、路基土石方计量案例

【案例 4-5】背景资料:

某高速公路工程项目合同段,承包人 2019 年 6 月完成的下列工程,并经监理人验收质量满足合同要求。

①挖方路段:场地清理 $3500m^2$,挖土方 $4000m^3$,挖至设计高程后挖松压实 $1200m^3$。

②填方路段:借土场的场地清理 $5700m^2$,借土填方 $5200m^3$,填前压实增加 $166m^3$,超宽填筑 $660m^3$。

③路基排水工程:路基边沟 160m,其中挖土方 $480m^3$,浆砌片石 $290m^3$,砂砾垫层 $150m^2$,抹面 $200m^2$;路基截水沟 90m,其中挖土方 $420m^3$,浆砌片石 $260m^3$,砂砾垫层 $190m^2$,抹面 $190m^2$。

④钢筋混凝土盖板通道 1 座,49m,其中混凝土 $340m^3$,钢筋 2580kg,通道范围以内的开挖土方 $240m^3$,排水沟 40m,排水沟浆砌片石 $28m^3$,砂砾垫层 $150m^2$,抹面 $200m^2$。

问题:

(1)针对以上工程细目(即子目),逐条说明能够计量的工程细目和数量以及理由。

(2)作为监理工程师,对填前压实增加 $166m^3$ 如何确认?

(3)针对工程计量,承包人应提交哪些质检资料?

参考答案及解析:

(1)能够计量的细目(即子目)如下:

①场地清理 $3500m^2$ 可以计量,因为根据计量规则 202-1-a 依据图纸所示位置及范围,按路基开挖线或填筑边线之间的水平投影面积以平方米为单位计量。

挖土方 = 路堑(4000)+ 边沟(480)+ 截水沟(420)= $4900m^3$,可以计量,但不包含通道排水沟的挖方量;因为根据 203-1-a 计量说明"依据图纸所示地面线、路基设计横断面图、路基土石比例,采用平均断面面积法计算,包括边沟、排水沟、截水沟的土方,按照天然密实体积以立方米为单位计量"。

在挖方路基的路床顶面以下,土方断面挖松深 300mm 再压实,作为挖土方的附属工作不予计量。

②借土填方 = 166 + 5200 = $5366m^3$。理由是 204-1-d 计量说明,借土填方,按压实的体积,以 m^3 计量。借土场的场地清理不另行计量。填前压实增加 $166m^3$ 可以计量,理由是 204-1-d "填前压实、地面下沉增加的填方量按填料来源参照本条计量"。超宽填筑 $660m^3$ 不计量,理

由是 204-1-d 计量说明"满足施工需要,预留路基宽度宽填的填方量作为路基填筑的附属工作,不另行计量"。

③路基边沟 160m、路基截水沟 90m 分别以 m³ 计量浆砌片石 290m³、260m³。土方开挖合并在路基挖方中计量,砂砾垫层、抹面不另行计量。(注:如果是 2009 版计量规定,边沟等按长度计分别是 160m 和 90m)

④钢筋混凝土盖板通道 49m。依据图纸所示,按不同跨径的盖板通道长度以米为单位计量。盖板通道所用钢筋不另计量。通道范围(进出口之间距离)以内的土石方及边沟、排水沟等均计入洞身报价之中不另行计量。

(2)根据"技术规范"204.04 的一般要求,作为监理工程师应要求承包人提交"压实后新测绘的填方工程断面图",才能确认填前压实增加的 166 m³ 填方数量。

(3)针对工程计量,承包人应提交的质检资料包括:批准的开工申请单;承包人的质检合格资料,且检验频率符合要求;中间交工证书。

四、合同支付综合案例

【案例 4-6】背景资料:

某公路工程的签约合同价为 3000 万元,开工预付款在投标函附录中规定的额度为 10%。每月完成的工作量如表 4-3 所示。合同约定在期中进度付款证书的累计金额达到签约合同价的 30% 之后,开始按工程进度以固定比例(每完成签约合同价的 1%,扣回开工预付款的 2%)分期从各月的进度付款证书中扣回,全部金额在进度付款证书的累计金额达到有效合同价的 80% 时扣完。

某公路工程的月完成工作量表 表 4-3

月份	1	2	3	4	5	6	7	8	9	10	11
工作量(万元)	100	100	200	200	400	200	600	500	300	300	100

问题:

(1)开工预付款的总金额是多少?

(2)开工预付款的起扣月是第几个月?其对应的扣回值是多少?

(3)起扣月后的各月开工预付款扣回值分别是多少?止扣月是第几个月?其对应的扣回值是多少?

参考答案及解析:

(1)开工预付款的总金额 = 3000 × 10% = 300 万元。

(2)每个月末完成的累计工作量及其百分比计算,如表 4-4 所示。

某公路工程的每月末累计完成工作量及百分数表 表 4-4

月份	1	2	3	4	5	6	7	8	9	10	11
工作量(万元)	100	100	200	200	400	200	600	500	300	300	100
累计工作量(万元)	100	200	400	600	1000	1200	1800	2300	2600	2900	3000
累计百分比(%)	3	6	13	20	33	40	60	76	86	96	100

由表 4-4 可知,第 5 个月末的累计完成金额 1000 万元 > 30% 合同价 = 900 万元,所以开工预付款的起扣月是第 5 个月,应从第 5 个月末开始扣回已经支付的开工预付款。

对应第 5 个月末扣回值 = 300 × [(1000 − 900) /3000] × 2 = 10 × 2 = 20 万元。

（3）起扣月后，第6个月末及其以后各月末开工预付款扣回值分别是：

①第6个月末扣回值 = 300 × （200/3000）× 2 = 20 × 2 = 40 万元。

②第7个月末扣回值 = 300 × （600/3000）× 2 = 60 × 2 = 120 万元。

③第8个月末扣回值 = 300 × （500/3000）× 2 = 50 × 2 = 100 万元。

④第9个月末的累计完成金额 2600 万元 > 80% 合同价 = 2400 万元，故止扣月为第9个月。

对应止扣月 9 月末扣回值 = 300 -（20 + 40 + 120 + 100）= 300 - 280 = 20 万元。

【案例 4-7】背景资料：

某公路工程签约合同总价是 2.168 亿元，其中计日工 688 万元，暂列金额 1080 万元，合同工期 26 个月。合同规定开工预付款为签约合同总价的 10%，在累计支付工程款达签约合同价的 30% 的当月起开始扣回，交工验收前三个月扣完，每月等额扣回。材料预付款支付比例为 75%，用于工程后即扣回。逾期付款利息的日利率为 0.3‰。

2018 年 6 月 15 日承包人提交了合同协议书、履约担保。按照《公路工程标准施工招标文件》（2018 年版），在主要设备进场后的当期，监理工程师于 8 月 25 日收到承包人提交的当期进度款 600 万元和开工预付款的付款申请书，监理工程师于 9 月 2 日出具了建设单位同意的付款证书，9 月 3 日承包人向建设单位提交增值税发票，建设单位于 10 月 8 日填发了付款转账单。

开工之后第六个月累计支付工程款总额（不包括预付和扣留款项）达 6624 万元。当月运至工地现场的材料设备的价值 350 万元，月底盘点库存材料为 250 万元。第五个月末累计进材料设备 4821 万元，库存材料尚有 210 万元。

问题：

（1）开工预付款（即动员预付款）总金额是多少？

（2）第六个月应支付材料预付款多少？扣回材料款多少？

（3）开工预付款从第几个月开始扣，每月扣多少？

（4）是否要支付逾期付款利息？如果要支付该付多少？

参考答案及解析：

（1）开工预付款总额 = 签约合同总额 × 10% = 2.168 亿元 × 10% = 2168 万元。

（2）计算如下：

①第六个月应支付材料预付为：

当月运至工地现场的材料设备的价值为 350 万元，第六个月应支付材料预付款 = 350 × 75% = 262.5 万元。

②第六个月材料预付款应扣回 = 本月用于工程的材料量款 × 75%

$$= [（上月库存 + 本月新进）- 本月盘点库存] × 75\%$$

$$= [（210 + 350）- 250] × 75\% = 310 × 0.75 = 232.5 万元$$

（3）计算如下：

①开工预付款从第六个月开始扣回，第六个月的工程进度款累计/合同总价 = 6624 / 21680 × 100% = 30.56%。

②从第六个月开始扣回，每月扣回值 = 2168/（26 - 3 - 5）= 120.444 万元。

（4）分析如下：

①要支付逾期付款利息。根据《2018 版施工合同》第 17.3.3 条规定，发包人应在监理人

收到进度付款申请单**且**承包人提交了合格的增值税专用发票后的 28 天内,将进度应付款支付给承包人。这里的关键词是"且",即 28 天的起算点是关键。虽然监理人于 8 月 25 日收到承包人提交的当期付款支付申请,但是承包人 9 月 3 日向建设单位提交增值税发票。所以要以 9 月 3 日为支付的起算时间点。建设单位签发付款日为 10 月 8 日,已经超过 28 天内支付要求,要支付逾期付款违约金(即利息),利息按照单利计算。

②要支付的利息 $= [(30-3)+8-28] \times (600+2168) \times 0.3‰$

$$= 7 \times 2768 \times 0.0003 = 5.8128 \text{ 万元} = 58128 \text{ 元}$$

【案例 4-8】背景资料:

某公路工程,合同价 4000 万元,合同工期 270 天。合同条款约定:

(1)工程预付款为合同价的 10%,开工当月一次性支付。

(2)工程预付款扣回时间及比例:自工程款(含工程预付款)支付至合同价款的 60% 的当月起,分两个月平均扣回。

(3)工程进度款按月支付。

(4)工程质量保证金按月进度款的 3% 扣留。

施工合同签订后,施工单位向监理人提交了如图 4-4 所示的进度计划,并得到监理人的批准。

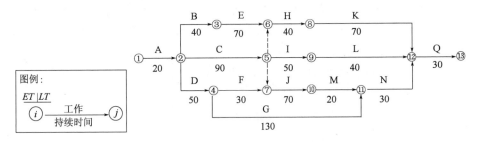

图 4-4　某公路工程网络进度图(时间单位:天)

前 6 个月(即 1~6 月)每月完成的工作量如表 4-5 所示。

某公路工程前 6 个月实际完成的工作量表　　　　　　表 4-5

月份	1	2	3	4	5	6
实际完成工作量(万元)	100	200	350	600	800	800

施工过程中,在第三个月末检查时发现 E 工作延误 20 天,C 工作延误 10 天,F 工作按计划进行,G 工作提前 10 天开始施工。为满足建设单位坚持按合同工期完工的要求,在不改变网络计划逻辑关系的条件下,施工单位根据表 4-6 的条件按经济性原则进行了计划调整。

某公路工程相关工作的可压缩时间和对应费率表　　　　　　表 4-6

工作	B	E	H	K	Q
可压缩天数	5	5	10	20	5
费率(万元/天)	0.1	0.2	0.3	0.4	1.0

在工作 G 进行到一半左右时,出现了合同中未标明的硬质岩石,导致施工困难。施工单位及时采取合理措施进行处理并按合同规定程序通知了监理人。因处理硬质岩石导致增加费用 20 万元、工作 G 延误 20 天,对此,施工单位在规定时间内提出了工期及费用索赔。

63

问题：

（1）按网络图图例方式，列出⑤、⑥、⑦三个节点的节点时间参数；指出网络图中的关键线路；确定该网络计划的计划工期。

（2）列式计算本工程预付款及其起扣点金额。工程预付款在哪两个月扣回？每月扣多少万元？

（3）列式计算4月份及5月份的工程进度支付款。

（4）针对3月末进度检查结果，评价工程进度，并分析确定调整计划的最经济方案。

（5）针对工作G中出现硬质岩石的处理，作为监理工程师，分别指出施工单位提出的工期及费用索赔是否合理，并说明理由。

参考答案及解析：

（1）用节点法计算网络图，如图4-5所示。节点⑤、⑥、⑦的时间参数分别是 $\underline{110\mid120}$、$\underline{130\mid130}$、$\underline{110\mid120}$（3分）；关键线路为最上面一条①→②→③→⑥→⑧→⑫→⑬（1分）；计划工期为270天（1分）。

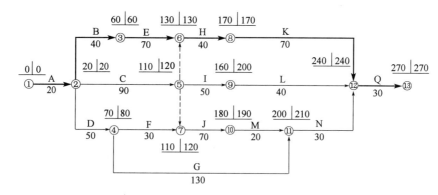

图4-5 某公路工程网络进度图的节点时间参数计算图（时间单位：天）

（2）计算本工程预付款及其起扣点金额：本工程预付款 $= 4000 \times 10\% = 400$ 万元（1分）；起扣点金额 $= 4000 \times 60\% = 2400$ 万元（1分）。

工程在达到400（预付款）$+100+200+350+600+800=2450$ 万元的第5月开始扣回，即在第5月和第6月这两个月扣回（2分）；每月扣回200万元（1分）。

（3）列式计算4月份及5月份的工程进度支付款如下：

①4月份的工程进度款 $= 600 \times (1-0.03) = 582$ 万元（1分）。

②5月份的工程进度款 $= 800 \times (1-0.03) - 200 = 576$ 万元（1分）。

（4）进度评价和计划调整。

第3月末（即第90天）进度检查结果工作E延误20天，工作C延误10天，工作F按计划进行，工作G提前10天。工作E是关键工作，所以工程工期将拖延20天。

调整计划的最经济方案是：第三月末工作B已经完成，虽然它的费率最低，但不能压缩工作B（注：工作B的条件0.1和5天是陷阱）。此时根据检查结果，工作E已经施工30天，按照原计划尚需 $70-30=40$ 天完成，虽然工作E是关键工作，本身延误20天，但是题意说明原计划的工作E能压缩5天。所以最后调整方案：E可压缩5天（尚需时间是 $40+20-5=55$ 天）；H压缩10天（即尚需30天）；K压缩5天（即尚需65天）。最终调整后的工期 $= 90+55+30+65+30=270$ 天，满足原合同工期要求。（分析2分，结论2分，共4分）

（5）分析如下：

①工期索赔不合理。理由：虽然该延误是由于合同未标明的地质原因造成的，但是原来 G 工作有 10 天的总时差，而且在之前的 3 月份检查时已提前了 10 天，所以有总时差 20 天，刚好能抵消掉 G 工作延误的 20 天，不影响工程工期。要进行索赔，既要满足索赔原因（理由）成立又要确实造成了损害；显然 G 工序延误没有造成对合同工期的影响，所以不赔时间。

②费用可以索赔 20 万元，因地质条件属于建设单位提供的资料，而资料中没有明示，属于建设单位责任。（共 4 分）

【案例 4-9】背景资料：

某高速公路项目合同段，承包人 2018 年 6 月完成挖方量为 10000m³，填方量为 15000m³，桥梁基础混凝土为 400m³，其 7 天抗压强度合格。

问题：

（1）2018 年 6 月能计量的工程量是多少？并说明理由。

（2）计量的依据有哪些？

参考答案及解析：

（1）2018 年 6 月能计量的工程量是挖方 10000m³，理由是挖方不需要考虑压实度。填方 15000m³ 在压实度合格的当月能计量，否则不能计量。当月基础混凝土 400m³ 不予计量，理由是，要以 28 天抗压强度为准，才能决定计量与否。

（2）计量的依据包括：质量合格证书、计量规则、合同图纸、工程量清单、现场的测量资料等。

【案例 4-10】背景资料：

某工程合同工期为 10 个月，合同约定材料预付款的支付额度为材料、设备价值的 75%，分 3 个月等额扣回。经监理人每月对现场材料的盘点和审核，每月现场材料价值如表 4-7 所示。

某工程项目材料金额到现场情况表（单位：万元）　　　　表 4-7

月份	1	2	3	4	5	6	7	8	9	10
材料凭证金额	100	224	300	551	600	400	400	260	200	177

问题：

计算出每月材料预付款的支付金额和逐月扣回材料预付款金额。

参考答案及解析：

经监理人每月对现场材料的盘点和审核，每月到达现场材料价值与表 4-7 相符，列入表 4-8 第 2 列。计算出每月材料预付款的支付金额列于表 4-8 第 3 列，第 4 列开始为材料扣回金额。

某工程项目的材料预付款支付与扣回金额计算示例（单位：万元）　　　　表 4-8

预付情况			扣回情况									
月份	凭证金额	预付金额	1	2	3	4	5	6	7	8	9	10
1	100	75	0	25	25	25						
2	224	168		0	56	56	56					
3	300	225			0	75	75	75				
4	551	413				0	137	137	139			
5	600	450					0	150	150	150		
6	400	300						0	100	100	100	
7	400	300							0	100	100	100
8	260	0								0	0	0

预付情况			扣回情况									
月份	凭证金额	预付金额	1	2	3	4	5	6	7	8	9	10
9	200	0								0	0	0
10	177	0								0	0	0
每月扣回金额		—	0	25	81	156	268	362	389	350	200	100
合计		1931	1931									

【案例4-11】背景资料：

某沥青凝土路面工程的合同价为610万元，沥青材料预付款额度为合同价的25%，假定沥青材料占合同价的比例为60%，此工程各月实际完成施工产值如表4-9所示。

各月实际完成的施工产值 表4-9

月份	2月	3月	4月	5月	6月	7月
实际完成的施工产值(万元)	69	181	200	98.54	41.46	20

问题：

(1)材料预付款总额是多少？

(2)材料预付款扣回的起扣点金额是多少？

(3)逐月扣回材料预付款的金额是多少？

参考答案及解析：

(1)材料预付款 $=610 \times 25\% = 152.50$ 万元。

(2)按照式(4-1)起扣点金额：$P = 610 - 152.50 \div 60\% = 356$ 万元，将从4月份开始扣回。

(3)逐月扣回材料预付款的金额如下：

①按照式(4-2)计算第4个月末(第1次)应扣回的材料预付款金额：

第1次材料预付款扣回金额 $= (450 - 356) \times 60\% = 56.40$ 万元。

②按照式(4-3)计算第5个月末(第2次)应扣回的材料预付款金额：

第2次材料预付款扣回金额 $= 98.54 \times 60\% = 59.12$ 万元，累计115.52万元。

③第6个月末(第3次)应扣回的材料预付款金额：

第3次材料预付款扣回金额 $= 41.46 \times 60\% = 24.87$ 万元，累计140.39万元。

④第7个月末(第4次)应扣回的材料预付款金额，已经接近全部扣回：

如果按照正常月份扣回材料预付款金额，则第4次扣回金额 $= 20 \times 60\% = 12$ 万元。

与最后一次扣回金额比较，按照式(4-4)计算第4次扣回金额 = 材料预付款支付总额 — 累计扣回值 $= 152.50 - 140.39 = 12.11$ 万元，基本接近12.00万元，所以第4次应扣回12.11万元才能全部扣回。

第三节　工程经济分析和案例

一、经济分析评价的主要方法和主要事项

(1)经济分析评价的主要方法在案例考试中，一般只需掌握现值法或净现值法(NPV)。

（2）案例题计算时最好借助现金流量图或现金流量表。

（3）分析时最好采用系数表示法，系数的具体含义为（所求的值/已知的值，有效利率 i，计算期数或折算距离 n），最后用 Excel 取不同的 i 值得到如图 4-6 所示的系数值或套用如表 4-10 所示的计算公式进行计算。

	A	B	C	D	E	F	G	H
1	*i*	*n*	*F/P*	*P/F*	*F/A*	*A/F*	*P/A*	*A/P*
2	10%	1	1.10000	0.90909	1.00000	1.00000	0.90909	1.10000
3		2	1.21000	0.82645	2.10000	0.47619	1.73554	0.57619
4		3	1.33100	0.75131	3.31000	0.30211	2.48685	0.40211
5		4	1.46410	0.68301	4.64100	0.21547	3.16987	0.31547
6		5	1.61051	0.62092	6.10510	0.16380	3.79079	0.26380
7		6	1.77156	0.56447	7.71561	0.12961	4.35526	0.22961
8		7	1.94872	0.51316	9.48717	0.10541	4.86842	0.20541
9		8	2.14359	0.46651	11.43589	0.08744	5.33493	0.18744
10		9	2.35795	0.42410	13.57948	0.07364	5.75902	0.17364
11		10	2.59374	0.38554	15.93742	0.06275	6.14457	0.16275
12		11	2.85312	0.35049	18.53117	0.05396	6.49506	0.15396
13		12	3.13843	0.31863	21.38428	0.04676	6.81369	0.14676
14		13	3.45227	0.28966	24.52271	0.04078	7.10336	0.14078
15		14	3.79750	0.26333	27.97498	0.03575	7.36669	0.13575
16		15	4.17725	0.23939	31.77248	0.03147	7.60608	0.13147
17		16	4.59497	0.21763	35.94973	0.02782	7.82371	0.12782
18		17	5.05447	0.19784	40.54470	0.02466	8.02155	0.12466
19		18	5.55992	0.17986	45.59911	0.02193	8.20141	0.12193
20		19	6.11591	0.16351	51.15909	0.01955	8.36492	0.11955
21		20	6.72750	0.14864	57.27500	0.01746	8.51356	0.11746

图 4-6　六个等值计算公式系数 i 为 10% 的 Excel 计算图

等值计算公式表　　　　　　　　　　　　　　　　　　　　　　表 4-10

名　称	系数表示	公　式	名　称	系数表示	公　式
一次支付终值系数	$(F/P,i,n)$	$(1+i)^n$	一次支付现值系数	$(P/F,i,n)$	$(1+i)^{-n}$
等额支付终值系数	$(F/A,i,n)$	$\dfrac{(1+i)^n-1}{i}$	等额支付偿债基金系数	$(A/F,i,n)$	$\dfrac{i}{(1+i)^n-1}$
等额支付现值系数	$(P/A,i,n)$	$\dfrac{1-(1+i)^{-n}}{i}$	等额支付资金回收系数	$(A/P,i,n)$	$\dfrac{i}{1-(1+i)^{-n}}$

（4）不考虑资金时间价值情况下直接比较两个方案的费用最低，如【案例 4-14】等。

二、方案的经济评价案例

【案例 4-12】背景资料：

某投资项目的现金流量如表 4-11 所示，基准收益率为 10%。

某项目现金流量表（单位：万元）　　　　　　　　　　　　　　表 4-11

t	0	1	2	3	4	5	6
现金流入量				200	600	600	600
现金流出量	200	200	350	50	100	100	100
净现金流量	−200	−200	−350	150	500	500	500

问题：

用净现值法（*NPV*）判别该项目的经济可行性。

参考答案及解析:

$NPV = (-200) + (-200)(P/F,10\%,1) + (-350)(P/F,10\%,2) + 150(P/F,10\%,3) + 500(P/A,10\%,3$ 表示连续 3 个 500$)(P/F,10\%,3$ 表示距离 0 时刻 3 个刻度$)$

查表 4-10 的系数值得:

$$NPV = -200 - 200 \times 0.90909 - 350 \times 0.82645 + 150 \times 0.75131 + 500 \times 2.48685 \times 0.75131$$
$$= -200 - 181.818 - 289.256 + 112.70 + 500 \times 1.8684$$
$$= -671.074 + 112.697 + 934.200 = 375.823 \text{ 万元}$$

该方案 $NPV > 0$,说明该方案经济可行。

需要说明的是,上式最后一项连续 3 个 500 先等值折算到连续开始的前一个时刻,即 3 时刻;然后已知 F 求 P,再由时刻 3 等值折算到 0 时刻(即现在)。同理,连续 3 个也可以先等值折算到 6 刻度再折算到 0 时刻,表示为 $(F/A,10\%,3)(P/F,10\%,6$ 表示距离 0 时刻 6 个刻度$) = 3.31 \times 0.56447 = 1.8684$,其计算结果与 $(P/A,10\%,3)(P/F,10\%,3)$ 值相同。

【案例 4-13】背景资料:

某承包人参与一项工程的投标,在其投标文件中,基础工程的工期为 4 个月,报价为 1200 万元,主体结构工程的工期为 12 个月,报价为 3960 万元,该承包人中标并与发包人签订了施工合同。合同中规定,无工程预付款,每月工程款均于下月末支付,提前竣工奖为 30 万元/月,在最后 1 个月结算时支付(注:当月结算但是下一月付款)。

签订施工合同后,该承包人拟订了以下两种加快施工进度的措施:

①开工前夕,采取一次性技术措施,可使基础工程的工期缩短 1 个月,需技术措施费用 60 万元;

②主体结构工程施工的前 6 个月,每月采取经常性技术措施,可使主体结构工程的工期缩短 1 个月,每月末需技术措施费用 8 万元。

假定贷款月利率为 1%,各分部工程每月完成的工作量相同且能按合同规定收到工程款,两种措施的各计算周期折现系数见表 4-12。

两种措施的各计算周期折现系数表 表 4-12

n	1	2	3	4	5	6	11	12	13	14	15	16	17
$(P/A,1\%,n)$	0.990	1.970	2.941	3.902	4.853	5.795	10.368	11.255	12.134	13.004	13.865	14.718	15.562
$(P/F,1\%,n)$	0.990	0.980	0.971	0.961	0.951	0.942	0.896	0.887	0.879	0.870	0.861	0.853	0.844

问题:

(1)若按原合同工期施工,该承包人基础工程款和主体结构工程款的现值分别为多少?

(2)该承包人应采取哪种加快施工进度的技术措施方案使其获得最大收益?

(3)画出在基础工程和主体结构工程均采取加快施工进度技术措施情况下的该承包人的现金流量图。

参考答案及解析:

(1)承包人基础工程款和主体结构工程款的现值计算:

①基础工程持续时间 4 个月,每月工程款 $A_1 = 1200/4 = 300$ 万元,每月工程款均于下月末支付,如图 4-7 所示,并借用表 4-12 中对应的系数值,基础工程每月工程款的现值为:

$NPV_1 = A_1(P/A,1\%,4)(P/F,1\%,1) = 300 \times 3.902 \times 0.990 = 1158.89$ 万元。

②主体结构工程持续时间为 12 个月,每月工程款 $A_2 = 3960/12 = 330$ 万元,如图 4-7 所示,

并借用表4-12中对应的系数值，主体结构工程款的现值为：

$$NPV_2 = A_2(P/A,1\%,12)(P/F,1\%,5) = 330 \times 11.255 \times 0.951 = 3532.16 \text{万元}。$$

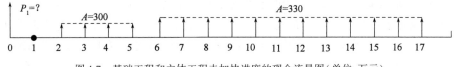

图4-7　基础工程和主体工程未加快进度的现金流量图(单位:万元)

（2）两种加快进度方案的比较：

①开工前夕，采取一次性技术措施仅加快基础工程的施工进度，其现金流量图如图4-8所示。

图4-8　仅加快基础工程现金流量图(单位:万元)

$$NPV_{\text{加快基础}} = 400(P/A,1\%,3)(P/F,1\%,1) + 330(P/A,1\%,12)(P/F,1\%,4) + 30(P/F,1\%,16) - 60 = 400 \times 2.941 \times 0.990 + 330 \times 11.255 \times 0.961 + 30 \times 0.853 - 60 = 4699.53 \text{万元}。$$

②仅加快主体结构工程的施工进度，其现金流量图如图4-9所示。

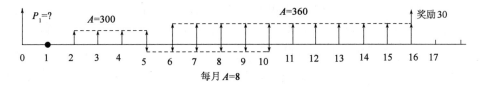

图4-9　仅仅加快主体工程现金流量图(单位:万元)

$$NPV_{\text{加快主体}} = 300(P/A,1\%,4)(P/F,1\%,1) + 360(P/A,1\%,11)(P/F,1\%,5) + 30(P/F,1\%,16) - 8(P/A,1\%,6)(P/F,1\%,4) = 300 \times 3.902 \times 0.990 + 360 \times 10.368 \times 0.951 + 30 \times 0.853 - 8 \times 5.795 \times 0.961 = 4689.52 \text{万元}。$$

③既加快基础工程的施工进度，又加快主体结构工程的施工进度，其现金流量图如图4-10所示。

图4-10　既加快基础工程又加快主体结构工程的施工进度现金流量图(单位:万元)

$$NPV_{\text{加快基础+主体}} = 400(P/A,1\%,3)(P/F,1\%,1) + 360(P/A,1\%,11)(P/F,1\%,4) + 60(P/F,1\%,15) - 60 - 8(P/A,1\%,6)(P/F,1\%,3) = 400 \times 2.941 \times 0.990 + 360 \times 10.368 \times 0.961 + 60 \times 0.861 - 60 - 8 \times 5.795 \times 0.971 = 4698.19 \text{万元}。$$

由计算结果可以看出，仅加快基础工程施工进度的技术措施方案能获得较大收益。

（3）基础工程和主体结构工程均采取加快施工进度技术措施情况下的该承包人的现金流量图如图4-10所示。

【案例 4-14】背景资料：

某桥梁工程上部构造设计为 40m 跨径的预应力混凝土 T 形梁，有两种方案可供选择。方案 A 为预制安装 T 形梁，方案 B 为搭设支架现浇 T 形梁。

每片梁的混凝土数量为 $25m^3$，每孔由 6 片梁组成，混凝土拌和站的场地处理费用为 25 万元，拌和站的设备摊销及维修费用为 15000 元/月；现浇 T 形梁混凝土的费用为 610 元/m^3，预制安装 T 形梁混凝土的费用为 720 元/m^3；现浇混凝土运输费用为 20 元/m^3，预制构件运输费用为 25 元/m^3；大型预制构件底座的费用为 26000 元，现场支架的费用为 130 元/m^3；现浇一孔 T 形梁时间为 50 天，每片梁的预制周期为 8 天。

问题：

(1) 作为监理工程师你认为当混凝土数量为多少时，A、B 两个方案的施工成本相同？

(2) 如该桥梁的跨径总长为 400m，作为监理工程师你认为 A、B 两个方案哪个更经济？

参考答案及解析：

本案例主要考查 T 形梁采用预制安装与直接现浇两种施工方案的费用比选。

根据题意，T 形梁的预制安装成本要考虑拌和场地、拌和设备摊销及维护、大型预制构件底座费用和每预制安装 $1m^3$ 混凝土的费用。而现浇混凝土的成本为场地处置费用、现浇混凝土费用、混凝土运输及现场支架等费用。其中，要特别注意现浇或预制混凝土需要时间不同对摊销的影响。

(1) 假设当 T 形梁数量为 Q 片时，A、B 两个方案的施工成本相同，则：

方案 A 的施工成本：$250000 + 15000 \times Q \times 8 \div 30 + 25 \times Q \times (720 + 25) + 26000$。

方案 B 的施工成本：$250000 + 15000 \times Q \times 50 \div 30 + 25 \times Q \times (610 + 20 + 130)$。

解得，$Q = 48$ 片梁。

则 T 形梁的混凝土数量为：$48 \times 25 = 1200m^3$，即当混凝土数量为 1200 m^3 时，A、B 两个方案的施工成本相同。

(2) 当桥梁跨径总长度为 400m 时，孔数为 $400 \div 40 = 10$ 孔，即应为 10 孔，则 T 形梁数量为：$10 \times 6 = 60$ 片梁。此时：

方案 A 的施工成本：$250000 + 15000 \times 60 \times 8 \div 30 + 25 \times 60 \times (720 + 25) + 26000 = 1633500$ 元。

方案 B 的施工成本：$250000 + 15000 \times 60 \times 8 \div 30 + 25 \times 60 \times (610 + 20 + 130) = 1640000$ 元。

由于 163.35 万元 < 164 万元，因此方案 A 比方案 B 更经济，应采用预制安装的施工方案。

【案例 4-15】背景资料：

某高速公路沥青路面项目，路线长 36km，行车道宽度 22m，沥青混凝土厚度 18cm。在距路线两端 1/3 处各有一处较为平整场地适宜设置沥青拌和场，上路距离均为 200m，根据经验估计每设置 1 处拌和场的费用约为 90 万元。施工组织提出了设置 1 处和 2 处拌和场的两种施工组织方案进行比选。假设施工时工料机价格水平与定额基价相同，30t 自卸汽车每 $1000m^3$ 运费第一个 1km 为 5262 元，每增运 0.5km 增加 434 元。

问题：

请从经济角度出发，以定额基价分析运输费用，选择费用较低的施工组织方案。

参考答案及解析：

本案例主要考查综合平均运距、运量及运价的计算。计算中要注意以下几点：

综合平均运距计算,实际上就是平均运距×运量的权重,与式(3-9)和式(3-10)含义相同,下面案例就是根据式(3-10)计算平均运距。

自卸汽车运输稳定土混合料、沥青混合料和水泥混凝土,综合平均运距在 15km 以内时,当运距超过第一个定额运距单位,其运距位数不足一个增运定额单位的半数时不计,大于或等于半数时按照一个增运定额运距单位计算。可参考表 3-3 中注的说明。

沥青混合料运输基价参照《公路工程预算定额》(上册)第 248 页的相关内容。

(1)混合料综合平均运距计算。

①设置一处拌和场。

拌和场设置在路线 1/3 处,距离路线起终点分别为 12km 和 24km。

$$平均运距 = \frac{1}{2} \times (12^2 + 24^2) \div 36 + 0.2 = 10.2km。$$

0.2km 不足一个增运定额单位(0.5km)的一半,平均运距按 10km 计算。

②设置两处拌和场。

拌和场设置在距路线两端 1/3 处,两个拌和场供料范围均为 18km,每个拌和场距其供料路段最远端距离 12km 最近端距离 6km。

$$平均运距 = \frac{1}{2} \times (12^2 + 6^2) \div 18 + 0.2 = 5.2km。同理,平均运距按 5km 计算。$$

(2)混合料运输费用计算。

混合料工程量为:0.18(厚度)×22(宽度)×36000(长度)=142560m^3。

①设置一处拌和场时综合运输费用:$\left(5262 + 434 \times \frac{10-1}{0.5} \right) \times 142560 \div 1000 = 1863829$ 元。

②设置两处拌和场时综合运输费用:$\left(5262 + 434 \times \frac{5-1}{0.5} \right) \times 142560 \div 1000 = 1245119$ 元。

(3)两方案的经济性比较(应考虑建设拌和场的费用 90 万元)。

①设置一处拌和场时综合费用:90 万元 + 186.3829 万元 = 276.3829 万元。

②设置两处拌和场时综合费用:90 万元×2 + 124.5119 万元 = 304.5119 万元。

因为 276.3829 万元 < 304.5119 万元,从经济角度出发,推荐设置一处拌和场的施工组织方案。

【案例 4-16】背景资料:

某桥梁工程全长 460m,上部构造为尺寸 15m×30m 预应力 T 形梁,上部构造施工有两种方案可供选择。方案 A 为现场预制 T 形梁,方案 B 为购买半成品 T 形梁。

每片 T 形梁的混凝土数量为 25m^3,每孔桥梁由 6 片梁组成。半成品 T 形梁的购买单价为 15000 元/片,运输至工地费用为 20 元/m^3。现场预制梁混凝土拌和站安拆及场地处理费为 30 万元,预制底座费用为 3 万元/个,现场混凝土预制费用为 400 元/m^3,现场预制其他费用 2 万元/月。每片梁预制周期为 10 天。假设全桥 T 形梁预制工期为 8 个月。

问题:

从经济性角度比较 A、B 两个方案的优劣。

参考答案及解析:

本案例主要考查现场预制 T 梁和购买 T 梁之间的差别。根据题意,现场预制应考虑拌和站的安拆及此地处理费用、预制底座费用、混凝土预支费用即其他费用。而预制底座费用与预制周期即其他费用和工期有关,在计算时应予以重视。

（1）预制底座数量计算

①T 形梁片数量的计算：$15 \times 6 = 90$ 片。

②T 形梁混凝土数量的计算：$90 \times 25 = 2250 m^3$。

③T 形梁预制周期为 10 天，8 个月工期每个底座可预制 $\frac{30}{10} \times 8 = 24$ 片。

④预制底座数量的计算：$90 \div 24 = 3.75$ 个，因此，应取 4 个预制底座。

（2）方案 A 与方案 B 的经济性比较

①方案 A 费用的计算：30 万元 + 3 万元 × 4 + $2250 \times \frac{400}{10000}$ + 2 万元 × 8 = 148 万元。

②方案 B 费用的计算：$\left(1.5 + 20 \times \frac{25}{10000}\right) \times 90$ 片 = 139.5 万元。

139.5 万元 < 148 万元，因此从经济性角度比较，方案 B 优于方案 A。

【案例 4-17】背景资料：

某公路工程公司承担基坑土方施工，基坑深为 4.0m，土方量为 $15000 m^3$，运土距离按平均 5km 计算，计划要求为 10d 内完成。公司现有斗容量 $0.5 m^3$、$0.75 m^3$、$1.00 m^3$ 液压挖掘机各两台及 4t、8t、25t 自卸汽车各 10 台，其主要参数如表 4-13 和表 4-14 所示。

挖 掘 机 参 数 表　　　　　　　　　　　　　　表 4-13

型号	WY50	WY75	WY100
斗容量（m^3）	0.5	0.75	1.00
台班产量（m^3）	420	558	690
台班费（元／台班）	475	530	705

自卸汽车参数表　　　　　　　　　　　　　　表 4-14

承载能力	4t	8t	15t
运距 5km 台班产量（m^3）	40	62	103
台班费（元／台班）	296	411	719

问题：

（1）挖掘机与自卸汽车按表中型号只能各取 1 种，如何组合最经济？其每立方米土方挖、运、卸的直接费为多少元？

（2）若按两班制组织施工，则需要配备哪种型号的几台挖掘机和几台自卸汽车？

（3）按照确定的机械配备，完成基坑土方开挖任务需要多长时间？费用为多少？

参考答案及解析：

本题主要考查机械设备的经济组合，应按单位反映最低的原则选取机械型号，计算直接费和机械需要量。

（1）①各型号挖掘机开挖 $1 m^3$ 土的费用分别为：

a. WY50：$475 \div 420 = 1.13$ 元／m^3。

b. WY75：$530 \div 558 = 0.95$ 元／m^3。

c. WY100：$750 \div 690 = 1.02$ 元／m^3。

②各型号自卸汽车运输 $1 m^3$ 土的费用分别为：

a. 4t：$296 \div 40 = 7.40$ 元／m^3。

b. 8t:411 ÷ 62 = 6.63 元/m³。

c. 15t:719 ÷ 103 = 6.98 元/m³。

因此,按照最经济的组合是 WY75 挖掘机配 8t 自卸汽车,其每立方米土方挖、运、卸的直接费为 0.95 + 6.63 = 7.58 元/m³。

(2)根据最经济组合,每天需要的挖掘机台数与自卸汽车台数的比例为:558 ÷ 62 = 9,即每台 WY75 配备 9 台 8t 自卸汽车。

挖掘机应配置数量为:15000 ÷ (558 × 10 天 × 2 班制) = 1.34 台。

取每天配 2 台 WY75 挖掘机,则每天需要 8t 自卸汽车为 2 × 9 = 18 台。由于该施工单位只有 10 台自卸汽车,不够 18 台的数量;所以要另外增加几台 15t 自卸汽车以满足运、卸土方需要(注:6.98 元/m³ < 7.40 元/m³)。(18 - 10) × 62 ÷ 103 = 4.82 台,故取 5 台配置。

因此,每天配备 WY75 挖掘机 2 台,8t 自卸汽车 10 台,15t 自卸汽车 5 台。

(3)①按挖掘机计算的持续时间:15000 ÷ (558 × 2 台 × 2 班制) = 6.72 天。

②按自卸汽车计算的持续时间:15000 ÷ (62 × 10 × 2 + 103 × 5 × 2) = 6.61 天。

③完成基坑土方开挖需要 6.72 天。

④完成基坑土方开挖需要的费用:(530 × 2 + 411 × 10 + 719 × 5) × 6.72 × 2 = 110678.4 元。

第五章 变更费用估价和价格调整以及建筑安装工程费计算

第一节 工程变更与变更费用估价的相关规定和注意事项

一、工程变更的程序

工程变更的程序主要包括变更提出、变更审批、发变更令、变更估价,如图 5-1 所示。对于设计变更程序应执行《公路工程设计变更管理办法》(中华人民共和国交通部令 2005 年第 5 号)的相关规定。

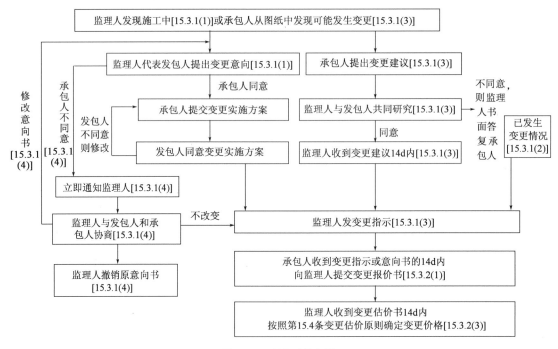

图 5-1 工程变更程序图

二、工程变更的内容和审核以及变更指示的签发

1. 工程变更的范围和内容(根据《2018 版施工合同》第 15.1 条)

除专用合同条款另有约定外,在合同履行中发生以下情形之一时,应按照本条规定进行变更。

(1)取消合同中任何一项工作,但被取消的工作不能转由发包人或其他人实施,由于承包人违约造成的情况除外。

（2）改变合同中任何一项工作的质量或其他特性。

（3）改变合同工程的基线、高程、位置或尺寸。

（4）改变合同中任何一项工作的施工时间或改变已批准的施工工艺或顺序。

（5）为完成工程需要追加的额外工作。

2. 工程变更的审核与变更指示的签发（根据《2018 版施工合同》第 15.2 条）

（1）即使变更需建设单位批准，但变更指示只能由监理人发出。而且根据《2016 版监理规范》，工程变更审核应由总监理工程师及总监办负责，所以此处"监理人"是指总监理工程师签发工程变更指示。

（2）变更指示应说明变更的目的、范围、变更内容以及变更的工程量及其进度和技术要求，并附有关图纸和文件。承包人收到变更指示后，应按变更指示进行变更工作。

三、变更估价的主要原则

（1）直接套用原单价。即已标价工程量清单中有适用于变更工作的子目的，采用该子目的单价。

（2）间接套用原单价。即已标价工程量清单中无适用于变更工作的子目，但有类似子目的，可在合理范围内参照类似子目的单价，由监理人按第 3.5 条商定或确定变更工作的单价。

（3）重新定价，并且按照中标下浮比例下调相应单价原则。即已标价工程量清单中无适用或类似子目的单价，可在综合考虑承包人在投标时所提供的单价分析表的基础上，由监理人按第 3.5 条商定或确定变更工作的单价。

四、变更过大使原单价不合理时单价调整

原来公路工程合同有以下规定：如果变更的工程的性质或数量，占整个工程的比例较大，使涉及的工程细目原有的单价或总额价因此而不合理或不适用时，由监理工程师和承包人议定一个合适的单价或总额价并报建设单位批准。当不能达成协议时，监理工程师应根据情况在报建设单位批准后，定出他们认为合理的单价或总额价，并通知承包人，抄送建设单位。但是，如果合同的工程量清单中某一个支付子目所列的"金额"或"合价"超过签约时合同价格的2%，而且该支付细目变更后的工程实际数量超过或少于工程量清单中所列数量的25%，则该支付子目的单价应予以调整。

但从 2009 年至今，该条款已经从通用合同条款中删除。但许多建设单位在项目专用合同条款中有类似规定。在案例分析考试题的背景资料中也有类似规定，具体数量比例有的改为15% 或 10%，一般没有某一个支付子目所列的"金额"超过签约时合同价格的2%的限制。

另外，以往公路施工合同规定，在工程交工验收时，合同有效总价超过15%，可以进行合同总价调整。目前，该条款也已经从通用合同条款中删除。在案例分析考试中一般不涉及此调整合同总价内容。

五、公路工程设计变更的相关规定

根据《公路工程设计变更管理办法》第 5 条和第 6 条规定，公路工程设计变更分为重大设计变更、较大设计变更和一般设计变更；公路工程重大、较大设计变更实行审批制。

（1）重大设计变更有下列情形之一时，应由交通运输部审批。

①连续长度 10km 以上的路线方案调整的。

②特大桥的数量或结构形式发生变化的。

③特长隧道的数量或通风方案发生变化的。

④互通式立交的数量发生变化的。

⑤收费方式及站点位置、规模发生变化的。

⑥超过初步设计批准概算的。

（2）较大设计变更有下列情形之一时，应由省级交通运输主管部门审批：

①连续长度2km以上的路线方案调整的。

②连接线的标准和规模发生变化的。

③特殊不良地质路段处置方案发生变化的。

④路面结构类型、宽度和厚度发生变化的。

⑤大中桥的数量或结构形式发生变化的。

⑥隧道的数量或方案发生变化的。

⑦互通式立交的位置或方案发生变化的。

⑧分离式立交的数量发生变化的。

⑨监控、通信系统总体方案发生变化的。

⑩管理、养护和服务设施的数量和规模发生变化的。

⑪其他单项工程费用变化超过500万元的。

⑫超过施工图设计批准预算的。

（3）一般设计变更是指除重大设计变更和较大设计变更以外的设计变更，应由项目法人负责进行审查。

第二节　工程变更案例分析

【案例5-1】背景资料：

某城市郊区新建一级公路长3km，路面设计宽度15m，含中型桥梁一座。路面面层结构为沥青混凝土。粗粒式下面层厚8cm，中粒式中面层厚6cm，细粒式上面层4cm。

经批准的路面施工方案为：沥青混凝土由工厂集中厂拌（不考虑沥青拌和厂设备安装拆除费、场地平整、碾压及地面垫层等费用），8t自卸汽车运输，平均运距3.98km，摊铺机分两幅摊铺。细粒式沥青混凝土预算定额分项（直接费）如表5-1所示。

细粒式沥青混凝土预算定额直接费表　　　　　表5-1

序　号	定额号	名　　　称	单位	单价(元)
1	2-2-11-18	细粒式沥青混合料拌和(生产能力160t/h)	m³	810.026
2	2-2-13-7	15t内自卸车运沥青混合料	m³	6.404
3	2-2-13-8	15t内自卸车每增加0.5km	m³	0.538
4	2-2-14-44	9.0m内摊铺机摊铺沥青混合料	m³	27.455
5	2-2-15-4	沥青混合料拌和设备安拆	座	521043

合同中路基回填土方量为11000m³，综合单价为20元/m³，且规定实际工程量增加或减少的比例大于或等于10%时可调整单价，单价分别调整为18元/m³和22元/m³。

在工程开工前，施工单位向监理单位提交了桥梁施工进度计划，如图5-2所示（时间单位：天），监理工程师批准了该进度计划。

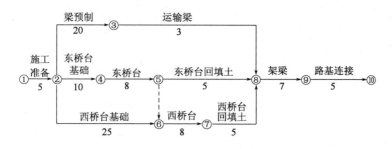

图 5-2　桥梁工程施工进度计划

施工过程中发生了如下事件：

事件 1：经监理工程师计量，施工单位实际完成的路基回填土方量为 13000m³。

事件 2：东桥台施工过程中，基础出现裂缝，裂缝产生的原因是设计方案不完善，监理工程师立即下达了该工作暂停令。经监理工程师审核，裂缝处理费用增加 21 万元，工期增加 10 天，停工期间窝工费用补偿 1 万元/天。

事件 3：基础施工完成后，建设单位要求增加一小型圆管涵。施工单位接到监理指令后立即安排施工。由于原合同无可参考价格，施工单位按照定额计价并及时向监理工程师提交了圆管涵的报价单。监理工程师审核后认为报价太高，多次与施工单位协商未达成一致，最后总监理工程师做出价格确定。施工单位不接受监理审批的价格，立即停止圆管涵施工，并书面通知监理工程师，明确提出只有在圆管涵价格可接受后才能继续施工。

问题：

（1）按表 5-2 的形式计算细粒式沥青混凝土的直接工程费（表 5-2 中序号与表 5-1 的序号一致，计算结果保留至小数点后一位）。

细粒式沥青混凝土的直接工程费　　　　　　　　　　　　　　表 5-2

序　　号	单价（元）	工程量（m³）	合计（元）
1			
2			
3			
4			
5			
直接费总计			

（2）针对事件 1，根据合同规定是否可以调整单价？并说明理由。路基回填土石方的结算工程款为多少万元？

（3）按照施工单位提交的桥梁施工进度计划，计算桥梁的计划工期，并写出关键线路。

（4）针对事件 2，计算施工单位可以获得的工期索赔和费用索赔。

（5）针对事件 3，施工单位停工的做法是否正确？并说明理由。

参考答案及解析：

（1）计算细粒式沥青混凝土的直接工程费如表 5-3 所示。其中，细粒式沥青混凝土工程量为：3000（长）×15（宽）×0.04（厚）=1800m³。

细粒式沥青混凝土增运数量为：(3.98−1)÷0.5=6 增运单位，3000×15×0.04×6=10800m³。

细粒式沥青混凝土的直接工程费计算表　　　　　表 5-3

序　号	单价(元)	工程量(m³)	合计(元)
1	810.026	1800	1458046.8
2	6.404	1800	11527.2
3	0.538	10800	5810.4
4	27.455	1800	49419.0
5			0
直接费总计			1524803.4

(2)对超出 10%的部分,单价调整为 19 元/m³。

理由:$\dfrac{13000-11000}{11000}=0.18>10\%$。

结算工程款 $=11000\times1.1\times20+(13000-11000\times1.1)\times19=259100$ 元 $=25.91$ 万元。

(3)工期 $=5+25+8+5+7+5=55$ 天,关键线路为①→②→⑥→⑦→⑧→⑨→⑩。

(4)针对事件 2,可以获得工期索赔 8 天和费用索赔 $21+15\times1=36$ 万元。因为图纸设计方案不完善而引起工期延误属于建设单位的原因和责任,工期和费用都应索赔,设计原因对东桥台施工影响时间 $=5+10=15$ 天,但是东桥台总时差 $=7$ 天,所以 $15-7=8$ 天,索赔 8 天。但是费用索赔不扣除总时差,应按 15 天索赔费用。

(5)针对事件 3,施工单位停工的做法不正确。理由:根据《2018 版施工合同》第 15.1 条和第 15.2 条规定,对于工程变更施工单位无权拒绝,应当继续施工,双方应暂时按照总监确定的价格进行中间结算,如果双方在交工结算时仍然达不成一致按争议解决处理。虽然工程变更属于合同变更的组成部分之一,但施工单位对变更价格有争议时也应当执行变更,这点就是工程变更与合同变更的最大区别。

【案例 5-2】背景资料:

某段高速公路桩号为 K0+000~K13+700,交通荷载等级为重交通,K9+362 处有一座 7×30m 预应力混凝土 T 形梁桥,桥梁造价 1000 万元(含桥面铺装、交通安全设施等所有工程),K9+100~K9+600 线路纵断面示意图如图 5-3 所示。

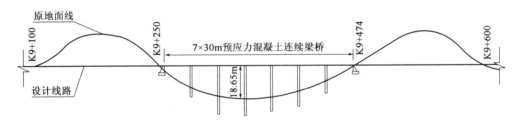

图 5-3　线路纵断面示意图

施工单位中标进场后,经初步考查,拟组织下列机械进场:A 挖掘机、B 缆索式起重机、C 羊足碾、D 旋挖钻机、E 架桥机、F 打桩机、G 平地机、H 大吨位千斤顶、I 压路机、J 自卸汽车等。

在编制实施性施工组织设计时,施工单位发现 K9+100~K9+600 段弃方共计 140000m³,弃方平均运距 450m,且弃方场占用良田较多;桥头两端挖方体经取样检测,甲类土 CBR 值为 4.2%,乙类土 CBR 值为 8.1%,土体均匀。经建设单位、设计、监理、施工等单位现场考察,综合各方面因素,建设单位提出设计变更,将桥梁变更为路堤,变更后的路基填方横断面示意图如图 5-4 所示。变更后,桥位段增加填方125000m³(均来自 K9+100~K9+600 段路基挖方),

增加的其他所有防护、排水工程、路面、交通安全设施等工程造价为 680 万元。该合同段路基挖方单价为 14.36 元 /m³,填方单价为 7.02 元 /m³。

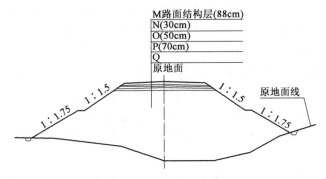

图 5-4 路基填方横断面示意图

桥位段地表为旱地,原状土强度满足填方要求,设计要求清除表土深度为 15cm。变更申请批复后,施工单位先将桥位段树木、表土、坟墓等清理完成,在基底填筑前,进行平整、碾压,并进行了相关检查或检测,然后逐层进行填筑施工。

问题:

(1)计算路基方案和桥梁方案的造价差额(单位:万元,计算结果保留 2 位小数)。根据《公路工程设计变更管理办法》,判定该设计变更属于哪级变更,并说明理由。该设计变更应由什么单位审批?

(2)写出图 5-4 中 N、O、P、Q 各部位的名称。如果桥头两端挖方体作为填料,甲类土可以直接用于图 5-4 中哪些部位的填筑(以字母代号表示)?

(3)施工单位填筑前,对原地面还应如何处理?并说明理由。

(4)施工单位完成原地面处理后,正式填方前通常应对处理后的原地面进行哪些检查或检测?

(5)施工单位在进行该段(K9 + 100 ~ K9 + 600)变更后的路基工程施工时,从前期拟组织进场的机械中配置哪些比较合理(以字母代号表示)?

参考答案及解析:

(1)造价差额 = 680 + 125000 × 7.02/10000 - 1000 = - 232.25 万元,属于较大设计变更,因为该段变更为"大中桥数量发生了变化"(或将桥梁变更为路堤),根据《公路工程设计变更管理办法》,该变更属于较大设计变更;较大设计变更应由省级交通运输主管部门负责审批。

(2)N 为上路床,O 为下路床,P 为上路堤,Q 为下路堤。甲类土可以直接用于图 5-4 中 P、Q 部位的填筑。

(3)应按设计要求挖台阶(或设置成坡度向内并大于 4%、宽度大于 2m 的台阶)。因为从图 5-3 路线纵断面示意图可以看出,原地面高差为 18.86m,长度约为(474 - 250)/2 = 112m,桥位地面纵坡坡度约为 18.65 ÷ 112 ≈ 17%,大于 12%。

(4)应检查清除表土范围和清除表土深度,检测原地面压实度。

(5)进场的机械中配置 A、C、G、I、J 比较合理。

【案例 5-3】背景材料:

某高速公路施工项目实行公开招标,以预算价作招标控制价。其中第一合同段(起止桩号 K0 + 000 ~ K10 + 000)由 G 公司中标,其中标价比招标控制价下浮 15%。该合同段签约合同价为 1.32 亿元,合同段设计图中 A 区(K0 + 000 ~ K1 + 200)路基需作为软基处理,路基底宽 42m,淤泥厚度平均为 1.5m,采取清淤回填石渣方案,综合价为 40 元/m³。进场后,经监理单位、建设单位、施工单位进行联合调查,发现 A 区的淤泥平均厚度达到 2m,B 区(K8 + 000 ~ K8 + 200)也存在软基,平均深度达 8m。经建设单位委托,由设计单位确定如下处理方案:A 区采取清淤回填石渣方案不变,B 区采取粉喷桩处理方案。

现承包人根据项目专用合同条款的内容:"如果合同的工程量清单中某一个支付子目所列的金额超过签约合同价的 2%,而且该支付子目的实际数量大于或少于工程量清单中所列数量的 25%,则对该支付子目的单价予以调整";提出原清淤换填投标单价是亏本价,干的越多亏的越多,要求调整清淤回填石渣的单价;而粉喷桩没有投标报价,要求重新确定该单价。

问题:

(1)A 区和 B 区施工前,作为监理工程师在合同管理方面按照工程变更的规定应如何处理?

(2)根据项目专用合同条款的有关规定,A 区路基的清淤换填是否可以重新商定单价?并说明理由。

(3)根据目前公路工程变更定价的惯例,第一合同段软基处理单价应如何确定?

参考答案及解析:

(1)A、B 区施工前,作为监理工程师在合同管理方面按照工程变更的规定应做如下处理:

①B 区根据设计单位的设计处理方案应由监理工程师下达变更指示,并应与建设单位和承包人协商粉喷桩的单价。

②A 区设计单位明确依然按照原设计方案,虽然平均深度由 1.5m 变化为 2m,可以不需下达变更指示。在施工中应按照实际清淤换填数量计量,对于实际清淤回填石渣数量的记录和有关资料要建设、监理、施工单位共同签字确认。

(2)根据项目专用合同条款的规定,A 区路基的清淤换填石渣超过 25% 的部分可以重新商定单价。因为数量超过 1/3 的同时该清单子目所列金额占签约合同价超过 2%,满足调整单价条件,具体计算过程如下:

①该子目金额占签约合同价的比例 = $\dfrac{1200 \times 42 \times 1.5 \times 40}{132000000}$ = 0.023 > 2%。

②该子目数量变化率 = (2 - 1.5) ÷ 1.5 = 0.333 > 25%,只能调整超过 25% 的那一部分价格。

(3)根据目前公路工程变更定价的惯例,第一合同段软基处理单价按如下方法确定:

①A 区:1200 × 42 × 1.5 × 1.25 × 40 元 + 1200 × 42 × 0.125 × 新单价。

一般在正常报价情况下,数量增加新单价下调,数量减少新单价上调。而背景资料表明,清淤换填 40 元/m³ 的单价偏低,从公平合理角度,可以上调超出 25% 部分的单价,做到相对合理。

②B 区:重新确定"粉喷桩"单价。根据合同规定,在综合考虑承包人在投标时工程量清单中所提供的单价分析表的预算价格基础上,考虑下浮 15% 的因素;由监理人按第 3.5 条商定或确定粉喷桩的单价。

【案例 5-4】背景资料:

某工程项目由于发包人进行设计变更,使得利用土方填方增加 10000m³,且增加直径 1m 的圆管涵 2 道共 60m。合同中,利用土方填方的单价为 16.8 元/m³,直径 1m 的圆管涵(含基础)的单价为 2678 元/m。

问题：

(1)以上两项变更工程子目填方和1m圆管涵的单价分别是多少？

(2)处理的依据和特点分别是什么？

参考答案及解析：

(1)上述变更由于工程量清单中有相应子目单价，因此，应采用工程量清单中的相应子目单价作为计价依据。填方单价为16.8元/m³，直径1m的圆管涵(含基础)的单价是2678元/m。

(2)这样处理的依据是合同条款的第15.4.2条"已标价工程量清单中有适用于变更工作的子目的，采用该子目的单价"。采用工程量清单中相应工程子目的单价作为计价依据，能充分体现单价合同的作用，减少变更工程承包人和发包人协商定价的分歧，尽快确定变更工程单价，及时办理变更工程的计量支付。所以，只要变更工程数量不大，都可以采用工程量清单中相应工程子目的单价作为计价依据。

【案例5-5】背景资料：

某公路路面施工中，原设计要求的规格为20cm厚水泥稳定碎石基层，单价为48元/m²。发包人考虑到未来交通量的增加和载重车辆超载因素，决定将结构层厚度变更为36cm。

问题：

(1)根据合同条款第15.4条变更估价原则，35cm厚的水泥稳定碎石基层单价为多少？

(2)针对本案例，这样处理所确定的单价，对合同当事人哪一方更不利？并说明理由。如果变更为40cm厚度呢？

参考答案及解析：

(1)根据合同条款第15.4条变更估价原则，35cm厚的水泥稳定碎石基层单价为：(48÷20)×35＝84元/m²，这是根据同体积原理进行单价折算。

(2)①针对本案例，按照这样的方法确定的单价，对承包人更不利。

②因为20cm厚度水泥稳定碎石基层用18~20t压路机只需铺一层，而变更为36cm厚度后，根据技术规范要求应分为两层铺筑。所以在同样体积的情况下，承包人铺筑的成本更高。

③如果变更为40cm厚度，承包人的成本与20cm厚度的成本基本相同，多劳多得对承包人更有利，因为合同单价正常情况下是包含利润的。

所以采用已有类似单价估价只能相对合理，不可能绝对准确。

【案例5-6】背景资料：

某公路工程合同段中，桥梁工程的挖孔桩只有两种直径规格，其单价分别是直径1.3m为1280元/m和直径1.8m为2348元/m。施工中因线路改变，新增一座桥梁，桥梁的基础工程为直径1.5m的挖孔桩。

问题：

根据合同条款第15.4.3条变更估价原则，直径1.5m的挖孔桩的单价为多少？

参考答案及解析：

直径1.3m的单价为1280÷(3.14×1.3²÷4)＝1280÷1.327＝964.58元/m³。

直径1.8m的单价为2348÷(3.14×1.8²÷4)＝2348÷2.543＝923.32元/m³。

(1)理论上可以假设在线性关系下，采用直径内插方法确定1.5m直径的每立方米单价为：

$$923.32 + (964.58 - 923.32) \times \frac{1.8 - 1.5}{1.8 - 1.3} = 948.08 \ 元/m^3$$

（2）如果按照面积内插，直径 1.5m 桩的截面积 $= 1/4 \times 3.14 \times 1.5^2 = 1.766 \text{m}^2$，单价内插为：

$$923.32 + (964.58 - 923.32) \times \frac{2.543 - 1.766}{2.543 - 1.327} = 949.68 \text{ 元/m}^3$$

（3）算数平均值 $= (964.58 + 923.32) \div 2 = 943.95 \text{ 元/m}^3$。

三者相比于直径内插值与面积内插值相差不大，相对来说直径内插更合理些。

直径 1.5m 的变更单价 $= 1/4 \times 3.14 \times 1.5^2 \times 948.08 = 1674.31 \text{ 元/m}$，相对合理就行。

【案例 5-7】背景资料：

在某合同工程中要使用的钻孔灌注桩有如下 3 种：直径为 1.0m 的桩共计桩长 1501m，直径为 1.2m 的桩共计长 8178m，直径为 1.3m 的桩共计长 2017m。原合同约定选择直径为 1.0m 的钻孔灌注桩做静载破坏试验，并列出了相应费用。不过从不同桩径装的数量来看，显而易见，选择直径为 1.2m 的钻灌注孔桩做静载破坏试验，对工程更具有代表性和指导意义。因此，监理人决定进行变更。

问题：

对于变更为 1.2m 直径的钻孔灌注桩，做静载破坏试验的费用如何确定？

参考答案及解析：

在原工程量清单中仅有直径 1.0m 的桩静载破坏试验的价格，没有可以直接套用的价格。经过认真分析，监理人认为钻孔灌注桩静载破坏试验的费用主要由两部分组成，其一为试验费用，其二为桩的费用，而试验方法及设备并未因试验桩直径的改变而发生变化。因此，费用增减主要是由钻孔灌注桩直径的变化而引起的，而试验费用可认为没有变化。由于普通钻孔灌注桩的单价在工程量清单中可以找到，故改用直径为 1.2m 钻孔灌注桩进行静载破坏试验的费用 = 直径 1.0m 桩静载破坏试验费 + 直径 1.2m 钻孔灌注桩的清单价格。

【案例 5-8】背景资料：

某公路工程合同价为 1.55 亿元，投标的报价不存在不平衡报价。路基填筑利用土方的工程量为 100 万 m^3，在施工过程中，由于设计变更而使得其实际数量达到 140 万 m^3。项目专用合同条款对工程量变化可以调整单价的约定为："如果合同的工程量清单中某一个支付子目所列的金额超过签约合同价的 2%，而且该支付子目的实际数量大于或小于工程量清单中所列数量的 25%，则该支付子目的单价可予以调整"。

承包人在完成 100 万 m^3 土方情况下的单价为 15.5 元/m^3 是正常报价，其价格组成是：可变成本（直接成本）12.8 元/m^3，固定成本（间接成本）2 元/m^3，利润 0.7 元/m^3。

问题：

（1）该土方填筑增加的变更数量是否满足调整单价的要求？并说明理由。

（2）增加的 40 万 m^3 应如何办理结算？

（3）如果承包人在完成 100 万 m^3 土方情况下的单价为 14.8 元/m^3，即利润为零，此时增加的 40 万 m^3 可以如何办理结算？

（4）如果承包人在完成 100 万 m^3 土方情况下的单价为 13.0 元/m^3，即亏本单价，此时增加的 40 万 m^3 可以如何办理结算？

参考答案及解析：

（1）①根据合同约定单价调整的原则，增加的 40 万 m^3 超出 25% 部分工程量满足变更工程调整单价的条件。

②因为利用土方该子目的金额为 = 15.5 × 100 = 1550 万元,该合同的总价为 1.55 亿元,占合同价的 10% > 2% 的限制要求;而且,利用土方子目由于变更使得工程量增加了 40 万 m³,其增幅为 40% > 25% 的限制要求;在两个同时满足调整单价的条件下,所以超出 25% 部分的 15 万 m³ 土方可以调整单价。

(2)增加的 40 万 m³ 结算可以按照如下办理:

利用土方的填方单价满足调整条件,但是否一定要进行调整,则应分析工程量清单中其单价是否真实地反映了承包人为完成工程所需要的成本和利润,参考图 5-5 的盈亏平衡分析。根据背景资料,15.5 元/m³ 是正常报价和费用组成,所以对超出 25% 数量的 15 万 m³ 利用土方取消其固定成本(间接成本)2 元/m³。

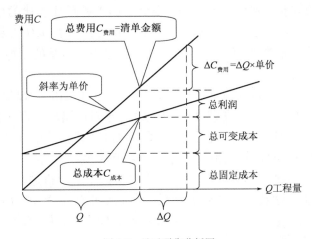

图 5-5 盈亏平衡分析图

增加的 40 万 m³ 结算价 = 15.5 × 25 + (12.8 + 0.7) × 15 = 590 万元。注意审题,是问增加 40 万 m³ 的结算费用,而不是问调整后的单价是多少,即不能回答 13.5 元/m³。

(3)如果承包人在完成 100 万 m³ 土方情况下的单价为 14.8 元/m³,即利润为零,此时新增的 40 万 m³ 结算价可以是 = 14.8 × 25 + (12.8 + 0.7) × 15 = 572.5 万元,属于比较合理的人性化考虑。

(4)如果承包人在完成 100 万 m³ 土方情况下的单价为 13.0 元/m³,即亏本单价且又没有不平衡报价的情况下,此时新增的 40 万 m³ 结算价从人性化角度可以是 = 13.0 × 25 + (12.8 + 2 + 0.7) × 15 = 557.5 万元。

参见图 5-5,对于 15.5 元/m³ 报价,在正常报价情况下,由于工程量的增加,承包人会增大规模效益,同时多赚了新增工程量的固定成本的摊销,因此,在对超出 25% 部分的增加工程量计价时,对原有合同单价应予以降低,当单价内如果存在不平衡报价而超出 15.5 元/m³ 时更应适当调低。

对于 14.8 元/m³ 即利润为零的报价,尽管承包人并未承诺对变更工程继续向发包人让利,因此其单价可维持不变,但对于超过 25% 部分的 15 万 m³,利用土方既然满足合同的约定,从公平合理角度还是给予 15 万 m³ 的 10.5 万元的利润补偿。

对于 13.0 元/m³(即亏本单价)的报价,在不存在不平衡报价的情况下,由于其单价为亏损价,因此继续使用合同单价对超出 25% 部分的增加了工程量计价是不公平的,宜采用 15.5 元/m³ 或 14.8 元/m³ 的价格对超出 25% 部分的变更工程计价。

基于以上分析可知,设置单价变更条款,其主要原因在于:

①工程量清单中可能存在不平衡报价或毁损报价现象,因而对变更工程按不平衡单价或亏损单价结算显得不合理,尤其对报价较高的不平衡单价进行调低,有利于建设单位掌握调价主动权。同时,由于施工单位为了竞争中标,承包人对投标报价的亏损有一定承受能力,但如果变更的工程量变化太大就无法承受过大的亏损。例如某旧公路拓宽改造工程,原来两车道改为四车道,承包人的报价预计亏损2亿元,结果施工期间变更为八车道,承包人无法承受如此亏损;而且新增工程为避免重新审批的麻烦,地方政府要求交通运输主管部门不允许重新招标,按工程变更处理,此时又没有变更调价合同条款,建设单位即使同意调整合同单价,因无合同调整单价的依据也要面临未来审计的麻烦。

②即使不存在不平衡报价现象,施工规模的经济性及规模效益的变化也会使得在工程变更过程中,其发生的管理费等费用并不一定与变更后的工程量成正比的变化。当工程量增加时,承包人的施工成本并不一定成比例增加,而当工程量减少时,承包人的成本不一定成比例减少,因而对变更工程按原单价办理结算不合理时,使之单价调整的更加合理有利于工程的顺利进行,保证工程的质量。

出现上述情况时,原则上首先应维护合同的严肃性和可操作性,以保持单价不变为前提。只有当变化太大,即超出当事人一方难以承受时,才考虑对超出部分带来的影响进行调整或考虑。此时,如原单价偏高,应予以降低;反之,应予以提高。其新的单价可根据现行《公路工程预算定额》(JTG/T 3832)及现行《公路工程建设项目概算预算编制办法》(JTG 3830)确定。

读者可根据图5-5的盈亏平衡原理,参照以上单价调整的分析过程,此时 Q 为工程量清单数量100万 m^3, ΔQ 为变更新增数量(-35 万 m^3),当实际结算数量为65万 m^3 时,在满足合同调整单价条件下,按照正常报价15.5元/ m^3 的成本和利润组成,从经济合理的角度考虑,该65万 m^3 土方的最终结算价是多少?

【案例5-9】背景资料:

某公路工程合同段的路面工程,措施费中施工辅助费率为0.818%,其余措施费综合费率为5.653%,企业管理费综合费率为2.942%,规费综合费率36.6%,利润率为7.32%,增值税税率9%;沥青混合料平均运距为5km;设备购置费和专项费不计。

沥青路面采用30t/h以内拌和细粒式沥青混凝土混合料,10t以内自卸车运输沥青混合料5km,机械摊铺细粒式沥青混凝土混合料(30t/h以内)。人工费为16.92元/ m^3 ,定额人工费为17.80元/ m^3 ;材料费为1245.20元/ m^3 ;机械使用费为134.89元/ m^3 (含12工日1.21元/ m^3),定额施工机械使用费为146.09元/ m^3 。

原合同设计路面为厚4cm沥青混凝土面层,其单价为58元/ m^2 。承包人在该项目投标时采用了不平衡报价法,使得路面的报价偏低。由于设计变更,使得其厚度增加到5cm。

问题:

(1)按照合同第15.4.3条规定,设计变更后的沥青路面厚度5cm的单价是多少?

(2)以预算方法确定该沥青路面厚度5cm的单价是多少?

参考答案及解析:

(1)根据原合同路面单价,按照合同第15.4.3条规定可得出变更后路面的单价为:(5÷4)×58=72.5元/ m^2 。

按照合同规定的上述方法,得出变更后的沥青路面单价为72.5元/ m^2 ,比原单价增加了14.5元/ m^2 。由于承包人在该子目投标时采用了不平衡报价法,使得该报价偏低,因而,按此方法求出的新设计的路面单价也偏低。本例中,新增加的1cm部分为14.5元/ m^2 的费用,而如果按照预算价应增加 16.5 元/m^2（即预算价为 82.5 元/m^2）才比较合理,不过在市场经济条件下,要严格按照合同约定的单价结算而不是预算价结算,这个考点请考生牢记!

(2)以预算基价为基础结合实际材料价确定厚度 5cm 的单价是 82.5 元/m^2,计算过程为:预算方法是以现行《公路工程预算定额》(JTG/T 3832)(第 233、248 和 251 页)及《公路工程建设项目概算预算编制办法》(JTG 3830)作为定价依据,产生的价格相对合理,能真实地反映完成变更工程的成本和利润。其缺点是不同的施工方案,施工方法会有不同的单价,另外该方法无法反映投标竞争产生的原有招标成果的作用,特别是当承包人有不平衡报价时,该方法会加剧总造价的不合理性。使用该方法时,应先确定沥青路面的施工方案和施工方法,进行资源价格的预算,之后按现行《公路工程预算定额》(JTG/T 3832)及相应的编制办法,确定其预算单价。

路面本子目变更后沥青路面(5cm)预算单价的计算过程为:首先查现行定额得到定额直接费主要由拌和、运输、摊铺碾压的相应基价组成,分别对应 2-2-11-15 的 827.824 元/m^3、第 1km 运费 2-2-13-4 的 7.423 元/m^3、增运费 2-2-13-8 的 $0.645 \times (5-1) \div 0.5 = 5.16$ 元/m^3、2-2-14-32 的 41.832 元/m^3,共计 882.24 元/m^3。其中定额人工费为 17.80 元/m^3,定额施工机械使用费为 146.09 元/m^3,定额材料费为 $(882.24 - 17.8 - 146.09) = 718.35$ 元/m^3。参见表 5-6 建筑安装工程费计算如下:

①定额直接费:827.824 元/m^3。

②直接费:16.92(人工费)+1245.20(材料费)+134.89(机械费)=1397.01 元/m^3。

③措施费:$827.824 \times 0.818\%$(辅助率)+$(17.80 + 146.09) \times 5.653\%$(其余率)=16.48 元/$m^3$。

④企业管理费:827.824(定额直接费)$\times 2.942\%$(企管费率)=25.96 元/m^3。

⑤规费:$(16.92 + 1.21) \times 36.6\%$(规费综合费率)=6.63 元/$m^3$。

⑥利润:$(827.824 + 16.48 + 25.96) \times 7.32\%$(利润率)=67.69 元/$m^3$。

⑦税金:$(1397.01 + 0 + 16.48 + 25.96 + 6.63 + 67.69) \times 9\%$(税率)=136.24 元/$m^3$。

⑧建筑安装工程费:$1397.01 + 0 + 16.48 + 25.96 + 6.63 + 67.69 + 136.24 + 0 = 1650.02$ 元/m^3。

所以 5cm 厚综合单价为 $1650.02 \times 0.05 = 82.50$ 元/m^2,比前述间接套用定价的方法(72.5 元/m^2)高出 10 元/m^2,它表明原合同工程量清单的沥青路面(4cm)的单价 58 元/m^2 偏低。

【案例 5-10】背景资料:

以预算方法为基础定价方法。设某项目有挖方、填方以及路面三项工程,其工程量和招标控制价以及平衡与不平衡报价如表 5-4 所示。当承包人采用平衡报价或不平衡报价时,其报价结果有所不同(承包人采用不平衡报价是基于路基工程开工早,适当报高有利于资金周转及提前受益)。现假定路面厚度在施工中由 4cm 变更为 5cm,则采用不同的定价方法时会有不同的计算结果。

变更工程造价分析表

表 5-4

工程子目	单位	数量（万 m^2）	标底或控制价		平衡报价		不平衡报价		备 注
			单价（元）	金额（万元）	单价（元）	金额（万元）	单价（元）	金额（万元）	
挖方	m^2	100	14.5	1450	14.0	1400	15.5	1550	
填方	m^2	100	6.5	650	6.2	620	7.0	700	投标时的价格
路面(厚度4cm)	m^2	26	70.0	1820	63.0	1638	58.0	1508	
合计				3920		3658		3758	

工程子目	单位	数量 (万 m²)	标底或控制价		平衡报价		不平衡报价		备　注
			单价 (元)	金额 (万元)	单价 (元)	金额 (万元)	单价 (元)	金额 (万元)	
变更路面 (厚度5cm)	m²	26	82.5	2145	79.12	2057.12	72.5	1885	以第一种利润为0 的让利方法定价时
合计			不变	4245		4077.12		4135	
变更路面 (厚度5cm)	m²	26	82.5	2145	82.5	2145	82.5	2145	以第二种等于或高 于利润方法定价时
合计			不变	4245		4165		4395	
变更路面 (厚度5cm)	m²	26	82.5	2145	79.5	2067	74.5	1937	以投标价和第二种 加权定价法定价时
合计			不变	4245		4087		4187	

问题：

（1）路面厚度变更为5cm的情况向监理人协商确定单价有几种方法？其特点是什么？

（2）针对案例5-9而言，监理人确定合理的单价是多少？

参考答案及解析：

（1）①从表5-1中可以看出，如果采用平衡报价，则依据第一种方法定价时其结算总价为4077.12万元。该价格的不合理之处在于，对增加的路面（1cm）工程量，同样要求承包人向发包人让利，而承包人在投标及签约时并未作此承诺。如果合同单价是一种不平衡报价，则采用第一种方法结算时其结算总价为4135万元。其不合理之处在于，对增加的路面（1cm）工程量同样要求承包人以低于招标限价12%的水平结算，而承包人在投标时并未作此承诺。

②而采用第二种方法结算时，其结算总价为4165万元。该价格的不合理之处在于，由于采用路面的预算单价作结算价，使得承包人在投标及签约时作出的让利10%的承诺没有真实执行（承包人的路面报价是63元/m²，招标限价是70元/m²，故让利10%）。当采用第二种方法结算时，其结算总价为4395万元，结算总价已大大高于预算（招标限价）总价（4245万元）。其不合理之处在于原合同路面（4cm）的降价和不平衡报价因素使得路面单价偏低的现象被新确定的路面单价完全消除，而挖方和填方报价偏高的现象仍继续存在。

（2）用加权定价法确定更合理些。

针对以上两种方法均存在不足，合理的定价方法是在考虑路面（厚度5cm）的单价时，在保持原有报价不受实质影响的前提下，对新增工程部分按概预算方法定价，以此加权确定路面的单价。针对案例5-9而言，其合理的单价应为：$58 + 82.5 \div 5 = 74.5$ 元/m²。

以上介绍了确定变更工程单价的四种方法（间接套单价法和本例三种方法）。通过协商确定单价是基于工程量清单中没有或者虽有但不合适的情况所采取的一种方法。在这种情况下，监理人应与发包人和承包人就变更工程的价格及费率进行协商，但如果他们的意见不一致，监理人将决定变更工程的单价（除非合同另有约定）。特别要注意的是，一旦监理人决定的价格不太合理，或缺乏说服承包人的依据，则承包人有权就此向发包人提出费用索赔（即工程变更引起的一种索赔形式）。因此，监理人在协商和决定变更价格时，要充分熟悉和掌握工地情况和基础技术资料，并通过综合分析，合理判断，做到心中有数。如果按上述步骤处理，变更单价或总额价仍不能协商一致时，监理人可以暂时确定单价或总价，作为暂时付款列入根据第 17.3 条规定签发的期中支付证书中,待将来商定一致后在未来的支付证书中调整。

对于报价单中没有参考单价的变更项目,为了加快工程进程,减少矛盾,避免纠纷和索赔,应尽量采用既有真实性和代表性,又有权威性的价格参考资料。京津塘高速公路项目在决定变更价格时采用部委和省市一级颁布的定额及文件,作为协商单价的依据,例如采用当时北京市城乡建设委员会发布的《北京市市政工程单位估价汇总表》以减少纠纷。

【案例 5-11】背景资料:

某公路工程施工项目,合同的工程量清单中某一子目的工程量为 10000m³,而施工中由于变更,该子目工程量实际完成数量为 7000m³,合同约定,清单子目工程量变化超过 15% 时,该子目单价可做适当调整。

问题:

(1)承包人要求按原合同的工程量清单中的 10000m³ 计量,监理工程师如何处理? 处理的依据是什么?

(2)《公路工程标准施工招标文件》(2018 年版)专用合同条款对变更的估价是如何约定的?

(3)工程量清单中本子目(即单项工程)的变更价格如何确定?

参考答案及解析:

(1)承包人要求按原工程量清单中的 10000m³ 的数量计量不能接受,应按实际完成的工程数量 7000m³ 计量(2 分)。

依据:现行《公路工程标准施工招标文件》通用合同条款第 17.1.4 条规定,已标价工程量清单中的单价子目工程量为估算工程量。结算工程量是承包人实际完成的,按合同约定的计量方法进行计量的工程量(3 分)。

(2)对于变更的估价,专用合同条款第 15.4 条变更估价原则是这样约定的:

①如果取消某项工作,则该项工作的总额价不予支付(2 分)。

②已标价的工程量清单中有适用于变更工作子目的,采用该子目的单价(2 分)。

③已标价的工程量清单中无适用于变更工作子目的,但有类似子目的,可在合理范围内参照类似子目的单价,由监理人与合同当事人协商商定或确定变更工作的单价(2 分)。

④已标价的工程量清单中无适用或类似子目的单价,可在综合考虑承包人在投标时所提供的单价分析表的基础上,由监理人与合同当事人协商商定或确定变更工作的单价(2 分)。

⑤如果该工程的变更指示是因承包人过错、承包人违反合同或承包人责任造成的,则这种违约引起的任何额外费用应由承包人承担(2 分)。

(3)本子目(即单项工程)的变更价格原则上应按以上②执行(2 分),但考虑工程数量变更(减少)较多,超过 15%,按背景资料中合同约定,该清单子目工程量变化超过 15% 时,单价可做适当调整,因此正常情况下可适当调高单价(3 分)。

【案例 5-12】背景资料:

某高速公路第 3 合同段长 13km,合同工期 24 个月,建设单位与 A 施工单位、监理单位分别签订了施工合同和监理合同,并于 2019 年 10 月正式开工。工程施工中,发生以下事件:

事件 1:专业监理工程师在巡视一处涵洞时发现,施工人员正在处理地下障碍物。经认定,该障碍物确属地下文物,总监办及时按有关程序进行了处理。

事件 2:施工单位在基础工程施工时发现,现场条件与施工图不符,遂向总监办提出变更申请。总监理工程师指令施工单位暂停施工并立即与设计单位联系,设计单位同意变更,但同时表示无法及时提交变更后的施工图。总监理工程师将此事报告建设单位,建设单位随即要求总监理工程师修改施工图并签署变更指令,指示施工单位实施变更。

事件3:A 施工单位将部分工程分包给 B 施工单位。监理工程师巡视时发现,B 施工单位未按审查后的施工方案施工,工程存在工程质量安全隐患。监理工程师分别向 A、B 施工单位发出整改通知,A、B 施工单位既不整改也未回函答复。

事件4:一座现浇连续箱梁桥,在支架预压作业时,临时抽调 6 名民工沿支架一侧排开,就近摆放预压砂袋,突然支架倾倒,其中 3 名民工坠落,并受重伤。

事件5:专业监理工程师在巡视一座通道桥工地时发现,施工单位在钻孔桩施工中,直接把泥浆排入附近的河道中,专业监理工程师立即责令施工单位停止作业,并要求按相关规定处理废弃泥浆。

事件6:某桥灌注桩清孔后沉淀层仍超过规定厚度,二次清孔后,孔深增加,浇筑混凝土的实际桩长比设计桩长增加 0.9m。施工单位要求对增加的桩长给予计量。

问题:

(1)写出事件 1 总监办对地下文物的处理程序。

(2)事件 2 中,总监理工程师和建设单位的做法是否正确?并说明理由。

(3)事件 3 中,监理工程师的做法是否正确?并说明理由。在发出整改通知后,针对施工单位的反应,监理工程师应采取什么措施?

(4)事件 4 中,事故发生的主要原因是什么?

(5)事件 5 中,钻孔灌注桩施工,废弃泥浆应如何处理?

(6)事件 6 中,监理工程师是否应同意计量增加的桩长?并说明理由。

参考答案及解析:

(1)监理单位应通知施工单位采取措施保护现场;监理单位应及时通知建设单位,并报告文物主管部门。

(2)事件 2 中,总监理工程师和建设单位的不正确之处以及正确处理变更的程序如下:

①总监理工程师做法的不正确之处:总监理工程师指令施工单位暂停施工后,应立即与设计单位联系。

②建设单位做法的不正确之处:建设单位要求总监理工程师修改施工图并签署变更文件,指示施工单位实施变更。

③该设计变更的正确处理程序为:

a.施工单位向监理机构提出书面变更建议。

b.监理工程师收到施工单位书面建议后,应与建设单位共同研究,确认存在变更的,应由建设单位转交原设计单位编制设计变更文件。

c.监理单位向施工单位发出变更指令。

(3)①向 A 施工单位发出整改通知正确。

理由:A 施工单位属于总承包人,和建设单位存在合同关系,监理工程师的所有指令均可发给施工合同的当事人 A 施工单位即总承包人。

②向 B 施工单位发出整改通知不正确。

理由:B 施工单位与建设单位之间没有合同关系。应采取的措施为:

a.监理工程师应下达工程暂停令,要求 A 施工单位停工整改。

b.整改完毕后经监理工程师复查,符合规定要求后,应及时签署工程复工通知。

（4）事故发生的主要原因包括：

①现场临时抽调民工，民工无支架预压施工的知识，不懂得此项作业的安全规定。

②现场没有技术人员指导和监督农民工作业。

③现场安全检查不到位。

④上岗前未进行安全技术交底，一字排开就近摆放砂袋，造成偏压。

（5）钻孔桩必须设置泥浆沉淀池，不得将泥浆直接排入河水或河道中，经沉淀后上清水排放，减少悬浮固体的排放量。

废弃的钻孔泥浆以及其他废弃物应运至事先准备好的沉淀池临时储存，待吹干后运往指定的弃渣场进行永久处置，避免由于水土流失或可能的有毒盐土风化等因素导致造成农田和水系污染，弃渣不得弃于河道或河滩地。

（6）监理工程师应不同意对增加的桩长给予计量。

理由：施工单位应严格按合同设计图纸施工，由于施工单位的原因超过设计范围的那部分工程量不予计量，或工程量应以净值为准，或未经监理工程师批准，由于超钻而大于所需的桩长部分，不予计量。

第三节　合同价格调整的相关规定和注意事项

一、合同价格调整的两大内容（根据《2018 版施工合同》第 16 条）

合同价格调整是指物价波动引起的价格调整和后继法规变更引起的价格调整。

1. 物价波动引起的价格调整公式计算

（1）价格指数法的计算公式：

$$\Delta P = P_0 \left[A + \left(B_1 \times \frac{F_{t1}}{F_{01}} + B_2 \times \frac{F_{t2}}{F_{02}} + B_3 \times \frac{F_{t3}}{F_{03}} + \cdots + B_n \times \frac{F_{tn}}{F_{0n}} \right) - 1 \right]$$

（2）价格指数法的要点：

①调整的内容主要包括劳务和主要材料设备（即产权为发包人的工程设备，而不是施工设备）的价格。

②指数的类型包括定基指数和环比指数，用相乘的方法可将环比指数换算为定基指数。

③价差的两个时间点，分子为现行（即当期）价格指数，分母为基本价格指数（即基准日期的价格指数），两指数都是定基指数而且参考点相同。

④不调因子和可调因子权重系数的和为1，即式中 $A = 1 - (B_1 + B_2 + B_3 + \cdots + B_n)$。

⑤P_0 为进度款，不包括价格调整、不计质量保证金的扣留和支付、预付款的支付和扣回，第15 条约定的变更及其他金额已按现行价格计价的，也不计在内（注：但是变更工作套用原子目单价的，就不是现行价格）。

2. 后继法规变更的引起价格调整

根据《2018 版施工合同》第16.2 条规定，在基准日后，因法律变化导致承包人在合同履行中所需要的工程费用发生除第 16.1 条约定以外的增减时，监理人应根据法律、国务院或省（自治区、直辖市）有关部门的规定，按第3.5 条商定或确定需调整的合同价款。

二、价格调整的注意事项

（1）价格指数法（公式法）有 5 个考点：

①调整内容是劳务和材料不含机械台班费。

②价格指数的定基与环比的换算与计算。

③不调与可调权重系数和为1。

④可调整进度款的组成。

⑤P(调整后进度款)与 ΔP(调价款)概念描述的区别。

（2）应用第16.2条进行后继法规引起几个调整时，应注意排除情况（即不包括第16.1条中物价波动引起的调整），即不包括类似于增加工资这种国家规定，因为工资增加会反映在第16.1条的劳动力价格指数的增长。

第四节　合同价格调整案例分析

【案例5-13】背景资料：

某公路工程，合同价为4000万元，合同工期为9个月，合同条款约定为：

（1）工程预付款为合同价的10%，开工当月一次性支付。

（2）工程预付款扣回时间为第5个月和第6个月平均扣回。

（3）工程进度款按月支付。

（4）工程质量保证金按月进度工程款的3%扣留。

（5）钢材、水泥、沥青按调值公式法调价，权重系数分别为0.3、0.2、0.1。其中钢材基期价格指数为100，水泥的基期价格为300元/t，沥青的基期间价格指数为105。

工程施工到第5个月工程进度款为800万元，钢材的现行价格指数为110，水泥材料的价格为310元/t，经过5个月的时间沥青价格指数环比增长2%。

问题：

（1）按照调值公式法，列式计算第5个月的调价款是多少（结果精确至元）？

（2）列式计算第5个月实际支付的款项是多少（结果精确至元）？

参考答案及解析：

（1）该题有4个难点：

①水泥价格不是指数调价时，可以直接用材料价格计算。

②沥青价格的环比指数如何换算为定基指数而且基期是105。

③调价进度款 P_0 是否要扣除200万元预付款和3%质量保证金。

④调价款的概念。

根据合同规定，调价进度款不考虑200万元的预付款和3%的质量保证金扣除。

最简单的沥青价格的定基指数计算，将沥青定基设为1，环比5次 $= (1.02)^5 = 1.104$，不是2%的5倍。如果将定基设为105也可以，则 $[105(1+2\%)/105]^5$ 结果是一样的。

第5个月调整价格后的工程款 $= 800 \times (0.4 + 0.3 \times 1.1 + 0.2 \times 310/300 + 0.1 \times 1.104) = 837.6533$ 万元。

第5个月的调价款 $= 837.6533 - 800 = 37.6533$ 万元 $= 376533$ 元。

使用公式法计算一定要注意当期指数和基期指数，这两个指数的参考时间一定要相同。当然经常为了计算简便，常常将基期设为1或100，此时当期相对基期就可以套用公式了。

（2）按照通用条款第17.4.1条的规定，质量保证金计算金额不含调价款，所以，第5个月实际支付的款项 $= 837.6533 - 200 - 800 \times 3\% = 613.6533$ 万元 $= 6136533$ 元。

【案例 5-14】背景资料：

某施工单位承接了某一级公路水泥混凝土路面"白改黑"工程施工,该工程路基宽 2 × 12m,路面宽度 2 ×10m,长 45.5km,工期 4 个月。施工内容包括:旧路面病害的治理、玻纤格栅铺设、6cm 厚 AC-20 下面层摊铺、5cm 厚 AC-16 中面层摊铺、4cm 厚 SBS 改性沥青 SMA 上面层摊铺。设计中规定上面层 SMA 混合料必须采用耐磨值高的玄武岩碎石。

施工单位采用厂拌法施工。为保证工期,施工单位配置了 2 台 3000 型间歇式沥青混凝土拌和站(假设 SMA 沥青混合料的压实密度为 2.36t/m³,每台 3000 型拌和站每拌制一满盘料的质量为 3000kg)、4 台 10m 可变宽摊铺机、8 台双钢轮压路机及 4 台胶轮压路机。

玻纤格栅采用人工铺设,先洒一层热沥青作粘层油(0.4 ~ 0.6kg/m),然后用固定器将一端固定好,用人工将玻纤格栅拉平、拉紧后,用固定器固定另一端。

施工单位采用马歇尔试验配合比设计法通过三阶段确定了混合料的材料品种、配合比、矿料级配及最佳沥青用量,用以指导施工。

该工程施工期间,原材料价格波动很大。施工合同中约定只对沥青、柴油及玄武岩采用调值公式法进行价差调整。

基期为当年 5 月份,工程款按月计量,每月调整价差。该工程投标函投标总报价中,沥青占 35%,柴油占 15%,玄武岩占 20%。各月的现行价格见表 5-5。

各月的现行价格表 表 5-5

月 份	沥青(元/t)	柴油(元/升)	玄武岩(元/m³)
5 月(基期)	3800	5.9	200
7 月	4050	6.13	195
8 月	4280	6.13	215

施工单位 7 月份完成工程产值 3156 万元,8 月份完成工程产值 4338 万元。

问题：

(1)该工程中,铺设玻纤格栅的主要作用是什么?

(2)指出并改正玻纤格栅施工的错误之处。

(3)配合比设计包含了哪三个阶段?

(4)该工程 SMA 沥青混合料最少需要拌制多少盘?并列式计算。

(5)8 月份调价之后的当月工程款是多少?并列式计算。

参考答案及解析：

(1)防止基层的裂缝及老路面上的裂缝或接缝会在新铺沥青面层上的相同位置重新出现反射裂缝。

(2)"先洒一层热沥青作黏层油"错误,玻纤网应先铺设,再洒布热沥青作黏层油。

(3)包括目标配合比设计、生产配合比设计和生产配合比验证。

(4)$n = 2 \times 10 \times 45.5 \times 1000 \times 0.04 \times 2.36 \times 1000 \div 3000 = 28635$(取整)。

(5)$P = 4338 \times \left(0.3 + 0.35 \times \dfrac{4280}{3800} + 0.15 \times \dfrac{6.13}{5.9} + 0.2 \times \dfrac{215}{200} \right) = 4338 \times 1.065 = 4619.97$ 万元。

【案例 5-15】背景资料：

某高速公路施工项目于 2011 年 5 月 1 日签订合同,工程计划开工日(即工期起算日)为 2011 年 6 月 19 日,合同工期为 3 年。合同价(不含安全生产费、建筑工程一切险及第三者责任险的保险费)为 3 亿元。2012 年 2 月 14 日财政部和安全监管总局发布《企业安全生产费用提取和使用管理办法》,将公路安全生产费提取系数由 1.0% 提高为 1.5%。

问题:

该合同段在第 100 章中公路施工安全生产费应增加多少?

参考答案及解析:

(1)可进行调整价格时间段为 2012 年 2 月 14 日到 2014 年 4 月 31 日。

可调的时间段比例 $= \dfrac{14+31+30+2\times365}{3\times365} = \dfrac{805}{1095} = 0.73516$。

(2)可调价的合同价部分金额 $= 30000 \times 0.71536 = 22054.7945$ 万元。

(3)调整增加金额 $= 22054.7945 \times 0.5\% = 110.2740$ 万元。故安全生产费应增加 110.2740 万元。

【案例 5-16】背景资料:

从 2019 年 4 月 1 日开始,国家规定将工程施工增值税由 10% 下调为 9%。某公路工程 2018 年 6 月签约合同价 1000 万元,2019 年 4 月 1 日前完成工程进度款 300 万元,合同最终结算价为 900 万元。

问题:

该合同价格应扣除多少?

参考答案及解析:

(1)需下调增值税金额 $= 900 - 300 = 600$ 万元。

(2)600 万元增值税的减少金额,按照增值税一般计税法的计算公式为:

$$应交增值税金额 = [应纳税额 \div (1+增值税税率)] \times 增值税税率$$

600 万元因税率下调减少的增值税金额 $= 600 \div (1+10\%) \times 10\% - 600 \div (1+9\%) \times 9\% = 54.5455 - 49.5413 = 5.0042$ 万元

因为施工合同签订时,国家的增值税税率为 10%,因此合同价 1000 万元中含 10% 的增值税按预算编制办法是发包人给的。因为国家减税因此承包人比原来少交 5.0042 万元,所以应还给发包人,即对合同总价最终结算时应扣除承包人 5.0042 万元。

第五节 公路工程建筑安装工程费的组成和计算

一、公路工程建筑安装工程费的组成和计算(表 5-6)

公路工程建设各项费用的计算程序及计算公式 表 5-6

序 号	项 目	说明及计算公式
(1)	定额直接费	Σ人工消耗量×人工基价 + Σ(材料消耗量×材料基价 + 机械台班消耗量×机械台班基价)
(2)	定额设备购置费	Σ设备购置数量×设备基价
(3)	直接费	Σ人工消耗量×人工单价 + Σ(材料消耗量×材料预算单价 + 机械台班消耗量×机械台班预算单价)
(4)	设备购置费	Σ设备购置数量×预算单价

序 号	项 目	说明及计算公式
(5)	措施费	(1)×施工辅助费费率+定额人工费和定额施工机械使用费之和×其余措施费综合率
(6)	企业管理费	(1)×企业管理费综合费率
(7)	规费	各类工程人工费(含施工机械人工费)×规费综合费率
(8)	利润	[(1)+(5)+(6)]×利润率
(9)	税金	[(3)+(4)+(5)+(6)+(7)+(8)]×9%
(10)	专项费用	
	施工场地建设费	[(1)+(2)×40%+(5)+(6)+(7)+(8)+(9)]×累进费率
	安全生产费	建筑安装工程费(不含安全生产费本身)×(≥1.5%)
(11)	定额建筑安装工程费	(1)+(2)×40%+(5)+(6)+(7)+(8)+(9)+(10)
(12)	建筑安装工程费	(3)+(4)+(5)+(6)+(7)+(8)+(9)+(10)

二、公路工程建筑安装工程费案例分析

【案例 5-17】背景资料:

某路基工程人工费为 59840 元,定额人工费为 60000 元;材料费为 120566 元,定额材料费为 130000 元;机械使用费为 83334 元,定额机械使用费费为 90000 元;施工辅助费率综合为 2.12%,其余措施费综合费率为 16.6%,规费费率为 10%,企业管理费综合费率为 8%,利润率 7.42%,增值税税率为 9%。

问题:

该项目的建筑安装工程费是多少元?

参考答案及解析:

参考表 5-6,建筑安装工程费计算如下:

(1)定额直接费=6+13+9=28 万元=280000 元。

(2)直接费=59840+120566+83334=263740 元。

(3)措施费=定额直接费×施工辅助费费率+定额人工费和定额施工机械使用费之和×其余措施费综合费率=280000×2.12%+(60000+90000)×16.6%=5936+24900=30836 元。

(4)企业管理费=定额直接费×企业管理费综合费率=280000×8%=22400 元。

(5)规费=各类工程人工费×规费综合费率=59840×10%=5984 元。

(6)利润=(定额直接费+措施费+企业管理费)×利润率=(60000+30836+22400)×7.42=113236×7.42%=8402 元。

(7)增值税税金=(直接费+设备购置费+措施费+企业管理费+规费+利润)×9%=(263740+0+30836+22400+5984+8402)×9%=331362×9%=29823 元。

(8)施工场地建设费=(定额直接费+定额设备购置费×40%+措施费+企业管理费+规费+利润+税金)×累进费率=280000+0+30836+22400+5984+8402+29823=377445 元,查《公路工程建设项目概算预算编制办法》表3.1.11,费率为5.338%,故施工场地建设费=377445×5.338%=20148 元。

（9）安全生产费 = 建筑安装工程费（不含安全生产费本身）×（≥1.5%）=（直接费 + 设备购置费 + 措施费 + 企业管理费 + 规费 + 利润 + 税金 + 施工场地建设费）×1.5% =（263740 + 0 + 30836 + 22400 + 5984 + 8402 + 29823 + 20148）×1.5% = 381333×1.5% = 5720 元。

（10）建筑安装工程费 = 直接费 + 设备购置费 + 措施费 + 企管费 + 规费 + 利润 + 税金 + 专项费用 = 263740 + 0 + 30836 + 22400 + 5984 + 8402 + 29823 + 20148 + 5720 = 387053 元。

【案例 5-18】背景资料：

某公路工程项目施工承包签约合同价为 6500 万元，工期为 18 个月，承包合同规定：

（1）发包人在主要设备进场后的当期向承包人支付签约合同价 10% 的开工预付款。

（2）开工预付款自工程开工后的第 8 个月起分 5 个月等额抵扣。

（3）工程进度款按月结算，工程质量保证金为承包合同价的 3%，发包人从承包人每月的工程款中按比例扣留。

（4）当分项工程实际完成工程量比清单工程量增加 10% 以上时，超出部分的相应单价调整系数为 0.9。

（5）新增工程按现行《公路工程预算定额》（JTG/T 3832）及《公路工程建设项目概算预算编制办法》（JTG 3830）的规定计算建筑安装工程费，以此建筑安装工程费为新增工程的单价，措施费中的施工辅助费费率为 5%，其余措施费综合费率为 7%，规费综合费率为 35%，企业管理费费率为 10%，利润率为 7%，税率为 9%，设备费及专项费用不计。

在施工过程中，发生了以下事件：

事件 1： 工程开工后，发包人要求变更设计，增加一项现浇混凝土挡土墙工程，按现行《公路工程预算定额》（JTG/T 3832）的消耗量及价格信息资料计算的每立方米现浇混凝土挡土墙的人工费为 120 元，材料费为 310 元，施工机械使用费为 240 元（其中机上作业人员人工费 40 元），定额人工费 150 元，定额材料费 300 元，定额机械使用费 260 元。

事件 2： 在工程进度至第 8 个月时，承包人按计划进度完成了 500 万元建安工作量，同时还完成了发包人要求增加的一项浆砌片石挡土墙工程。经监理人计量后的该工作工程量为 460m³，经发包人批准的单价为 352 元/m³。

事件 3： 施工至第 14 个月时，承包人向发包人提交了按原单价计算的该项月已完工程量结算报 600 万元。经监理人计量，其中某分项工程因设计变更实际完成工程数量为 680m³（原清单工程数量为 500m³，单价为 1200 元/m³）。

问题：

（1）计算该项目的工程开工预付款（计算结果以万元为单位）。

（2）列式计算现浇混凝土挡土墙的单价。

（3）列式计算第 8 个月的应付工程款（计算结果以万元为单位）。

（4）列式计算第 14 个月的应付工程款（计算结果以万元为单位）。

（以上计算结果均保留两位小数）

参考答案及解析：

（1）工程预付款：6500×10% = 650 万元。

（2）参考表 5-6，现浇混凝土挡土墙的单价计算如下：

①直接费的单价：120（工）+ 310（料）+ 240（机）= 670 元/m³。

②定额直接费：150（工）+ 300（料）+ 260（机）= 710 元/m³。

③措施费：710（定额直）×0.05（辅助率）+ 410（定额工机）×0.07（其余措施率）=

64.20 元$/m^3$。

④企业管理费：710(定额直接费)×0.1(企业管理费率)=71 元$/m^3$。

⑤规费：(120＋40)工加机械人工×0.35 规费综合费率=56 元$/m^3$。

⑥利润：(710 定额直＋64.2 措施费＋71 企管费)×0.07 利润率=59.16 元$/m^3$。

⑦税金：(670 直＋0 设备＋64.2 措施＋71 企管＋56 规＋59.16 利润)×0.09=82.83 元$/m^3$。

⑧建筑安装工程费单价：直＋设备＋措施＋企管＋规费＋利润＋税金＋专项费用=670＋0＋64.2＋71＋56＋59.16＋82.83=1003.19 元$/m^3$。

(3)①第 8 月增加工作的工程款：460(挡墙)×352(单价)=16.19 万元。

②第 8 月应付工程款：(500 进度款＋16.19 新增)×(1－3% 质量保证金)－650 预付款÷5=370.70 万元。

(4)第 14 个月该分项工程增加工程量后的差价(即减少额)：(680 实际量－500 清单量×1.1)×1200 单价×(1－0.9)=1.56 万元。

或该分项工程的实际工程款：[500×1.1×1200＋(680－500×1.1)×1200×0.9]=80.04 万元。

承包人结算报告中 600 万元中该分项工程的工程款：680×1200=81.6 万元。

承包人多报的该分项工程的工程款：81.6－80.04=1.56 万元。

第 14 个月应付的工程款：(600 承包人提交－1.56)×(1－3%)=580.49 万元。

【案例 5-19】背景资料：

某实施监理的工程，招标文件中工程量清单标明的混凝土工程量为 2400m^3，投标文件综合单价分析表显示：人工单价 100 元/工日，人工消耗量 0.40 工日$/m^3$；材料费单价 2755 元$/m^3$；机械台班单价 1200 元/台班(每台班机械消耗 1 个工日)，机械台班消耗量 0.025 台班$/m^3$。采用建筑安装工程费的单价签订工程合同。人工基价 106.28 元/工日，材料费基价 260 元$/m^3$；机械台班基价 1100 元/台班，施工辅助费费率为 1.5%，其余措施费费率为 8%，规费费率为 40%，企业管理费费率为 8%，利润率为 5%，增值税率为 9%，安全生产费费率为 1.5%，其他费用不计。施工合同约定，实际工程量超过清单工程量 15% 时，混凝土全费用综合单价调整为 420 元$/m^3$。施工过程中发生以下事件：

事件 1：基础混凝土浇筑时局部漏振，造成混凝土质量缺陷，专业监理工程师发现后要求施工单位返工。施工单位拆除存在质量缺陷的混凝土 60m^3，发生拆除费用 3 万元，并重新进行了浇筑。

事件 2：主体结构施工时，建设单位提出改变使用功能，使该工程混凝土量增加到 3000m^3。施工单位收到变更后的设计图样时，变更部位已按原设计浇筑完成的 150m^3 混凝土需要拆除，发生拆除费用 5.3 万元。

问题：

(1)计算混凝土工程的签约合同单价。

(2)事件 1 中，拆除混凝土发生的费用是否应计入工程价款？并说明理由。

(3)事件 2 中，该工程混凝土工程量增加到 3000m^3，对应的工程结算价款是多少万元？

(4)事件 2 中，拆除混凝土发生的费用是否应计入工程价款？并说明理由。

(5)计入结算的混凝土工程量是多少？混凝土工程的实际结算价款是多少万元？(计算结果保留两位小数)

参考答案及解析:

(1)参考表5-6费用组成,每立方米混凝土工程的签约合同单价计算如下:

①直接费 = 100(单价)×0.4(消耗工日)+275(料)+1200(单价)×0.025(消耗台班)= 345.00元。

②定额直接费 = 106.28×0.4(工)+260(料)+1100×0.025(机)= 330.01元。

③定额人工费与定额施工机械使用费之和 = 106.28×0.4+1100×0.025 = 70.01元。

④人工费(含施工机械人工费)= 100×0.4+100×1工日/台班×0.025台班 = 42.5元。

⑤措施费 = 330.01(定额直接)×0.015(辅助率)+70.01(定额工机和)×0.08(其余率)= 10.55元。

⑥企业管理费 = 330.01(定额直接费)×8%(企管费率)= 26.40元。

⑦规费 = 42.5(工与机械工之和)×40%(规费率)= 17.00元。

⑧利润 = (330.01定额直+10.55措施费+26.40企管费)×5%利润率 = 18.35元。

⑨税金 = (345直+0设备+10.55措施+26.40企管+17规+18.35利润)×9% = 37.56元。

⑩安全生产费 = (345定额直+0定额设备40%+10.55措施+26.40企管+17规+18.35利润+37.56税金)×1.5% = 6.82元。

⑪建筑安装工程费 = 345+0(设备)+10.55+26.40+17+18.35+37.56+6.82(安全)= 461.68元。

(2)事件1中,拆除混凝土发生的费用不应计入工程价款。理由:施工质量缺陷属于施工单位责任范围,返工增加的费用由施工单位承担,工期不予顺延。

(3)事件2中,由于[(3000-2400)/2400]×100% = 25% >15%,因此,混凝土工程的结算价款对于超过15%部分执行420元/m³。

对应的工程结算价款 = 461.68×2400×1.15+420×240 = 1274236.8+100800 = 1375036.8元。

(4)事件2中,拆除混凝土发生的费用应计入工程价款。理由:因设计变更导致合同价款增减及造成施工A单位损失由建设单位承担,延误的工期相应顺延。

(5)计入结算的混凝土工程量 = 3000+150 = 3150m³。考虑超过15%的情况,混凝土工程的实际结算价 = 461.68×2400×1.15+420×390+53000 = 1274236.8+163800+53000 = 1443336.8元。

【案例5-20】背景资料:

某工程的建设单位和施工单位按《公路工程标准施工招标文件》(2018年版)的通用条款签订了施工合同,合同约定以下几点:

(1)签约合同价为3245万元;预付款为签约合同价的10%,当施工单位实际完成金额累计达到合同总价的30%时开始分6个月等额扣回预付款。

(2)措施费单独计算不包含在分部分项工程费中,措施费按分部分项工程费的5%计(赶工不计取措施费),企业管理费率取12%(以人工费、材料费、施工机具使用费之和为基数),利润率取7%(以人工费、材料费、施工机具使用费及企业管理费之和为基数),规费综合费率取8%(以分部分项工程费、措施费及其他项目费之和为基数)。

(3)人工费为80元/工日,机械台班费为2000元/台班。

施工过程中发生以下事件:

事件1:由于不可抗力造成下列损失:

①修复在建分部分项工程费18万元。

②进场的工程材料损失12万元。

③施工机具闲置25台班。

④工程清理花费人工100工日(按计日工计,单价150元/工日)。

⑤施工机具损失55万元。

⑥现场受伤工人的医药费0.75万元。

事件2:为了防止工期延误,建设单位提出加快施工进度的要求,施工单位上报了赶工计划与相应费用。经协商,赶工费不计取利润。监理工程师审查确认赶工增加人工费、材料费和施工机具使用费合计为15万元。

事件3:用于某分项工程的某种材料暂估价4350元/t,经施工单位招标及监理工程师确认,该材料实际采购价格为5220元/t(材料用量不变)。施工单位向监理工程师提交了招标过程中发生的3万元招标采购费用的索赔,同时提交了综合单价调整申请,其中使用该材料的分项工程综合单价调整如表5-7所示,在此单价内该种材料用量为80kg。

分项工程综合单价调整表   表5-7

已标价清单综合单价(元)					调整后综合单价(元)				
综合单价	人工费	材料费	机械费	管理费和利润	综合单价	人工费	材料费	机械费	管理费和利润
599.20	30	400	70	99.20	719.04	36	480	84	119.04

问题:

(1)该工程的工程预付款、预付款起扣时施工单位应实际完成的累计金额和每月应扣预付款各为多少万元?

(2)针对事件1,根据《公路工程标准施工招标文件》(2018年版)通用条款不可抗力风险承担的规定,逐条指出各项损失的承担方。建设单位应承担的金额为多少万元?

(3)针对事件2,协商确定赶工费不计取利润是否妥当?监理工程师应批准的赶工费为多少万元?

(4)针对事件3,施工单位对招标采购费用的索赔是否妥当?监理工程师应批准的调整综合单价是多少元?分别说明理由。

(计算部分应写出计算过程,并保留2位小数)

参考答案及解析:

(1)该工程的工程预付款、预付款起扣时累计金额以及扣回金额:

①工程预付款:$3245 \times 10\% = 324.50$ 万元。

②工程预付款起扣金额:$3245 \times 30\% = 973.50$ 万元。

③每月应扣回顶付款:$324.5 \div 6 = 54.08$ 万元。

(2)针对事件1,根据《公路工程标准施工招标文件》(2018年版)第21.3.1条规定,各自承担相应的损失为:①、②、④情况应由建设单位承担,③、⑤、⑥情况应由施工单位承担。

建设单位应该承担的金额为:

①修复在建分部分项工程费用的措施费:$18 \times 5\% = 0.90$ 万元。

②工程清理的计日工费:$100 \times 150 \div 10000 = 1.50$ 万元。

③工程损失金额不含企业管理费和利润:$(18 + 0.90 + 12$ 材料 $+ 1.5) \times (1 + 8\%$ 规费$) \times$

（1＋9％增值税率）＝38.14 万元。

（3）针对事件 2，回答如下：

①妥当。

②批准的赶工费为：15×（1＋12％企管费率）×（1＋8％）×（1＋9％）＝19.78 万元。

（4）针对事件 3，回答如下：

①施工单位对招标采购费用的索赔不妥当。

理由：应由施工单位作为暂估价的招标方承担。

②调整后综合单价内材料价差：（5220－4350）×（80÷1000）＝69.60 元。

监理工程师应批准的调整综合单价：599.20＋69.60＝668.80 元。

理由：暂估价材料单价确定后，在综合单价中只能取代原暂估价。

第六章 监理组织机构的职责和监理计划、细则、月报的编制

第一节 监理组织机构和监理计划细则月报内容

一、监理组织机构的设置要求

1. 监理现场组织机构设置考虑的因素

根据《公路工程标准施工监理招标文件》(2018 年版)(以下简称《2018 版监理合同》)第 5.5 条规定,监理人应根据工程规模、难易程度、合同工期安排、现场条件等因素设置现场监理的组织机构并满足合同要求。委托人对监理人的机构设置要求在项目专用合同条款中约定。

2. 监理现场组织机构级别分类和设置要求

根据《2016 版监理规范》第 3.0.3 条规定,监理机构设置应符合下列规定:

(1)公路工程项目监理均应设总监理工程师办公室(以下简称总监办),100km 以上的高速公路、一级公路工程可设驻地监理工程师办公室(以下简称驻地办)。当不设驻地办时(实践中可以设驻地组,但不是驻地办),总监办应同时履行本规范规定的驻地办职责。

(2)监理机构内部的组织和规模可根据工程特点和规模等因素确定。

(3)监理机构完成监理合同约定的任务后可撤离现场。

3. 监理机构的监理人员配备要求

根据《2016 版监理规范》第 3.0.4 条规定,监理人员配备应符合下列规定:

(1)监理机构中监理人员应由总监理工程师(以下简称总监)、监理工程师、试验检测人员和必要的监理员等组成。

(2)监理人员的数量和专业结构,应根据监理内容、工程规模、合同工期和施工阶段等因素,按保证有效监理的原则确定。

(3)高速公路、一级公路等宜按每年每 7500 万元建筑安装工程费配备监理工程师 1 名(注:是指有注册监理工程师证书人员),并可根据工程特点和实际需要在 0.8~1.2 系数范围内调整。

(4)遇重大工程变更等情况,应经建设单位同意后调整监理人员配备,并签订补充协议。

(5)监理单位变更总监或监理工程师时,应经建设单位书面同意。

二、监理组织机构和监理人员的主要职责和权力

1. 总监理工程师及总监办的职责

根据《2016 版监理规范》第 3.0.5 条规定,总监理工程师及总监办应履行下列主要职责:

（1）确定监理机构岗位职责及人员，建立工地试验室，并须达到项目专用合同条款中约定的检查项目及频率要求。

（2）主持编制监理计划，审批监理细则。

（3）主持召开第一次工地会议、监理交底会。

（4）审批施工组织设计（含安全环保要求）及总体进度计划，审验主要（即重要工程）原材料和混合料以及审批混合料配合比。

（5）签发工程开工令、单位工程和合同段的停工令及复工令，审核付款申请签发支付证书。

（6）组织检查施工单位质量、安全和环保等管理体系的建立及运行情况（包括审核工地试验室，抽查控制桩点复测、测定地面线和工程划分及驻地办工作）。

（7）审查交工验收申请，评定工程质量，参加交、竣工验收。

（8）审核、评估和处理工程分包、工程变更、工程延期和费用索赔等合同事项。

（9）参与或配合工程质量、安全事故的调查和处理以及事故隐患的处理与报告。

（10）组织编写监理月报和监理工作报告，编制监理竣工资料。

（11）提供建设单位委托的其他工程管理咨询服务。

更细化的总监办监理内容参见《2018 版监理合同》第 5.3.1 条。除了上述职责是总监办监理内容外，还有：

①熟悉合同文件，调查施工环境条件。

②审批承包人提交的分项、分部、单位工程划分。

③根据工程需要主持召开专题工地会议。

④组织编制工程监理竣工文件，并督促承包人按合同约定编制和整理竣工资料。

⑤在合同工程的缺陷责任期内，检查承包人剩余工程的实施；巡视检查已完工程，指示承包人修复发生的工程缺陷，调查、确认缺陷责任及修复费用。

⑥缺陷责任期结束，经检查符合条件时，签发合同工程缺陷责任终止证书。

2．驻地监理工程师和驻地办的职责

根据《2016 版监理规范》第 3.0.6 条规定，驻地监理工程师（监理工程师考试科目 1 称为"总监代表"）及驻地办应履行下列职责（注：《2016 版监理规范》和《2018 版监理合同》对驻地办的职责和权力弱化些）：

（1）根据监理计划在相应工程开工前，主持编制监理细则。

（2）主持召开工地会议（不包含第一次工地会议，参见第 8.2.1 条）。

（3）审批月进度计划，审查一般原材料和混合料。

（4）审批分部分项工程开工申请，签发分部分项工程停工令及复工令。

（5）核查施工单位测量、施工放线成果并进行复测。

（6）采取巡视、旁站、抽检和验收等方式，检查施工质量、安全和环保等情况。

（7）组织分项工程（中间）交工质量检验评定，进行分部工程质量评定（单位工程和合同段质量评定是总监办的职责，参见《2016 版监理规范》第 5.2.7 条）。

（8）核算工程量清单，对已完工程进行计量。（注：不是审核付款申请和签发支付证书，最多是初审付款申请或交工结账证书）

（9）组织填写监理日志，编写本驻地监理标段监理月报和监理工作报告，归集监理资料。

更细化的驻地办监理内容参见《2018 版监理合同》第 5.3.2 条，而项目专用合同条款

第 5.3 条监理内容中约定,驻地办可以设置或不设置工地试验室,驻地办设置工地试验室时总监办的工地试验室的检测频率可以低些。驻地办监理内容除了上述职责外,还有:

①熟悉合同文件,调查施工环境条件。

②在总监办的安排下,参与编制监理计划,提供本驻地办相关资料。

③参加设计交底。

④初审本驻地监理标段承包人提交的施工组织设计(安全环保等)和总体进度计划以及施工中进行的调整计划。

⑤确认承包人提交的场地占用计划。

⑥按合同约定对工程分包计划和协议进行审查,审查分包合同中是否明确了承包人与分包人各自在安全生产方面的责任。

⑦审查承包人的施工组织和人员配备以及进场的施工机械设备,验收构配件或设备。

⑧参加本驻地监理标段的合同段交工验收。

⑨对关键工序进行签认。

⑩对发生的质量缺陷、质量隐患和质量事故进行调查、处理或对不属于监理人权限处理的质量事故督促承包人按规定报告有关部门。

如果不设驻地办,则驻地办的职责由总监办承担,具体内容见《2018 版监理合同》第 5.3.3 条。

三、监理计划、监理细则和监理月报以及监理工作报告的内容和规定

1. 监理计划(监理工程师考试科目 1 称为"监理规划")

根据《2016 版监理规范》第 4.1.1 条规定,监理计划应由总监主持编制,经监理单位审核后报建设单位批准。当工程监理实施情况发生重大变化时,监理计划应及时修订。监理计划应包括下列主要内容:

(1)工程概况。

(2)监理工作的依据、范围、内容和目标。

(3)监理机构的组织形式,监理人员岗位职责,监理人员和设备配备及进退场计划。

(4)监理工作制度、监理程序及工作用表。

(5)工程质量、安全、环保、费用和进度等监理工作方案,应明确巡视、旁站、抽检和验收等具体计划要求。

(6)合同事项管理和信息管理工作方案。

(7)监理设施等。

2. 监理细则(监理工程师考试科目 1 称为"监理实施细则")

根据《2016 版监理规范》第 4.1.2 条规定,对技术复杂、专业性较强的分部分项工程,尚应编制专项监理细则,并报总监理工程师审批。监理过程中,监理细则应根据工程实际变化情况进行补充、修改。监理细则应包括下列主要内容:

(1)工程内容和特点。

(2)监理工作流程。

(3)监理工作要点。

(4)监理工作方法和措施。

(5)巡视、旁站和抽检等计划。

3.《2016版监理规范》第4.1条的其他规定

（1）监理机构应组织监理人员熟悉有关技术标准、合同文件、监理计划和工程设计文件。当发现施工图设计文件有差错时，应及时书面通知建设单位。

（2）监理工程师应现场了解、核查施工环境和条件。

（3）监理机构应按规定填写工程质量责任登记表，如实登记监理人员。

（4）监理机构应按合同约定配备必要的试验检测仪器设备，建立工地试验室。

（5）建设单位应按合同约定提供监理必要的工作、生活等设施。

4. 监理月报的内容

根据《2016版监理规范》第9.2.7条规定，监理月报应包括下列主要内容：

（1）当月工程实施情况。

（2）当月监理工作情况。

（3）当月工程质量、安全、环保、费用、进度监理和合同事项管理等情况统计。

（4）发现施工存在的主要问题及处理情况。

（5）下月监理工作重点。

5. 监理工作报告的内容

根据《2016版监理规范》第9.2.8条规定，监理工作报告应包括下列主要内容：

（1）工程概况。

（2）监理工作概况，包括组织机构、人员、设备和设施情况等。

（3）监理工作成效，包括质量、安全、环保、费用和进度监理及合同事项管理等措施，施工过程中检查情况，工程质量评定情况及问题和事故处理情况等。

（4）交工验收时存在的问题及处理情况。

（5）监理工作体会、说明和建议。

四、工地会议的相关内容和规定

1. 工地会议的形式

根据《2016版监理规范》第8.1条规定，监理工地会议根据召开时间、会议内容及参加人员等，可分为第一次工地会议、工地例会和专题会议等。工地例会及专题会议可采用视频会议形式。监理机构应做好会议记录，会议纪要应由各参加单位签认。会议决定执行的有关事项，应按规定的监理程序办理。

2. 第一次工地会议

（1）第一次工地会议应按照以下规定组织：

①会议应在工程正式开工前召开。

②会议应由总监主持（注：监理工程师考试科目1是"建设单位主持"）。

③总监办应事先将会议议程及有关事项通知建设单位、施工单位及其他有关单位并做好会议准备，宜邀请工程质量监督部门参加。

④建设单位、施工单位法定代表人或授权代表应出席，各方在工程项目中的主要管理、技术人员等必须参加。

（2）第一次工地会议应包括下列主要内容：

①各方应介绍各自的人员、组织机构、职责范围及联系方式。建设单位应宣布对总监理工

程师的授权,施工单位应提交对项目经理的授权书。

②施工单位应陈述开工的各项准备工作情况。

③监理机构应说明监理工作准备情况。

④监理工程师应说明主要监理程序、质量和安全事故报告程序、文件往来程序和工地例会等要求。

⑤建设单位应说明工程占地、拆迁等与开工条件有关的事项。

⑥总监应进行会议总结,明确施工准备工作存在的主要问题和解决措施、要求。

⑦具备开工条件的,可下达工程开工令。

3. 工地例会

(1)工地例会应由总监或驻地监理工程师主持,宜每月召开1次,建设单位代表、施工单位项目经理、技术负责人及有关人员应参加。

(2)会议应检查上次例会议定事项的落实情况,并对工程质量、安全、环保、费用、进度和合同事项等情况进行讨论,提出解决问题的措施并确定下一步工作安排。

4. 专题会议

(1)专题会议可由监理工程师主持,建设单位、施工单位代表及有关人员参加,必要时可邀请有关专家参加。

(2)会议应针对工程技术、质量、安全、环保、费用、进度和合同事项等方面的重点、难点及需要协调的问题进行讨论,提出解决方案并形成意见。

五、《2016版监理规范》施工准备阶段监理工作的主要内容

参见图6-1,根据《2016版监理规范》第4.2条,监理工作的具体内容如下。

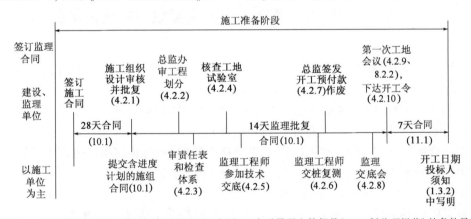

图6-1 施工准备阶段监理工作(图中号码除"合同"二字后号码之外都是《2016版监理规范》的条款号)

(1)总监应对施工单位报审的施工组织设计进行审查,并在规定期限内批复。审查应包括下列基本内容:

①施工组织设计的编审程序。

②质量、安全、环保、进度和费用等目标。

③技术、质量、安全和环保等保证体系。

④安全技术措施、专项施工方案和施工现场临时用电方案。

⑤桥梁和隧道施工安全风险评估的工程项目清单。

⑥施工人员、资金、主要材料和机械设备等资源供应计划。

⑦施工总平面布置、交通导改方案、事故应急救援预案。

（2）总监办应审核施工单位提交的单位、分部、分项工程划分，并报建设单位。

（3）监理机构应对施工单位的工程质量责任登记表进行初审，对施工单位的技术、质量、安全和环保等保证体系的建立情况进行检查。

（4）监理机构应核查施工单位工地试验室的人员、仪器设备和试验检测能力是否满足施工合同要求及工程施工管理需要，管理制度是否健全。

（5）监理工程师应参加设计交底，掌握工程设计意图、设计标准和要点，了解对施工质量、安全和环保控制的要求，澄清有关问题。

（6）监理工程师应参加工程交桩，对施工单位提交的原始基准点的复测结果进行核查和平行复测，监督施工单位在原始地面线未被扰动前测定地面线并对其测定结果进行必要的抽测，对工程量清单复核结果及土石方工程量计算资料进行核查。

（7）总监应在施工单位完成施工准备、提交开工预付款担保后，按施工合同约定的金额签署开工预付款支付证书，报建设单位审批。（注：根据《2018 版施工合同》规定，改由签合同时的履约担保替代开工预付款担保，而且开工令下达前不支付开工预付款）

（8）总监应在合同段开工前主持召开由施工单位项目经理和技术、质量、安全负责人，工地试验室负责人，其他主要管理人员及主要监理人员等参加的监理交底会，介绍监理计划的相关内容。

（9）总监应主持召开第一次工地会议。会议内容和组织应符合本规范的有关规定。

（10）总监办收到施工单位提交的合同段开工申请后，应对合同段的开工条件进行核查。具备开工条件的，总监应签发开工令，并报建设单位。

六、《2018 版施工合同》规定监理人十种主要权力需建设单位（即发包人）批准

根据《2018 版施工合同》第 3.1.1 条规定，监理人受发包人委托，享有合同约定的权力。监理人在行使下列权力前需要经发包人事先批准：

（1）根据分包工程规定，同意分包本工程的某些非主体和非关键性工作。

（2）确定不利物质条件下产生的索赔费用增加额。

（3）根据合同段开工、暂停和复工规定，发布开工通知、暂停施工指示或复工通知。

（4）决定因发包人和恶劣气候原因造成（总）工期延误的工期延长。

（5）审查批准技术方案或设计的变更。

（6）根据工程变更程序发出的变更指令，其单项工程变更或累计变更涉及的金额超过了项目专用合同条款数据表规定的金额。

（7）按照工程变更估价原则确定变更工作的单价。

（8）按照暂列金额的规定决定有关暂列金额的使用。

（9）按照暂估价的规定确定暂估价金额。

（10）根据承包人提出的索赔按规定确定索赔额。

如果发生紧急情况，监理人认为将造成人员伤亡，或危及本工程或邻近的财产需立即采取行动的，监理人有权在未征得发包人批准的情况下发布处理紧急情况所必需的指令，承包人应予执行，由此造成的费用增加由监理人按第 3.5 条商定或确定。

根据第 3.1.2 条规定,监理人发出的任何指示应视为已得到发包人的批准,但监理人无权免除或变更合同约定的发包人和承包人的权利、义务和责任。

根据第 3.1.3 条规定,合同约定应由承包人承担的义务和责任,不因监理人对承包人提交文件的审查或批准,对工程、材料和设备的检查和检验,以及为实施监理作出的指示等职务行为而减轻或解除。

七、案例分析

【案例 6-1】背景资料:

某高速公路工程,2019 年开工里程为 110km,合同价为 54 亿元,合同工期 3 年,划分为 5 个施工合同段。建设单位通过施工监理招标,将该工程施工监理工作委托给某监理单位。监理合同签订后,监理单位立即着手组建项目监理机构。监理单位根据该工程特点设置了二级监理机构,即总监理工程师办公室(以下简称总监办)和驻地监理工程师办公室(以下简称驻地办)。

总监办配备 1 名总监理工程师和若干名监理员。驻地办配备 1 名驻地监理工程师和若干名专业监理工程师。

总监办和驻地办的主要职责如下:

总监办的主要职责有:①确定监理机构岗位职责及人员,建立工地试验室;②主持召开监理交底会;③审批施工组织设计;④签发合同工程开工令、支付证书、单位或合同工程的暂停令和复工令;⑤审核工程变更以及延期和费用索赔;⑥组织编写监理竣工文件及监理工作报告;⑦审查交工验收申请,评定工程质量,参加交、竣工验收;⑧参与或配合工程质量、安全事故的调查和处理。

驻地办的主要职责有:①主持编制监理计划;②主持召开第一次工地会议和其他工地会议;③审批总体进度计划、审验主要原材料和混合料;④审批分项工程开工申请,签发分项分部工程暂停令和复工令;⑤日常巡视、旁站、抽检和验收,以检查施工质量、安全和环保等情况,并做好记录;⑥核算工程量清单,对已完工程进行计量;⑦组织并进行分项工程中间验收和质量评定,签发中间交工证书;⑧审查交工验收申请,评定工程质量;⑨组织编制监理月报。

问题:

(1)监理单位设置二级监理机构是否可以?为什么?

(2)根据规定,现场监理机构宜配备多少名监理工程师?最少和最多分别可以是几人?列出计算过程。

(3)总监办和驻地办配备的监理人员是否合理?若不合理,请说明理由。

(4)试说明总监理工程师、驻地监理工程师的任职条件。

(5)指出本题所述的二级监理机构中总监办和驻地办的职责有何不妥之处,并补充完善总监办和驻地办的职责。

参考答案及解析:

(1)监理单位设置二级监理机构是可以的(1 分)。

原因:根据《公路工程施工监理规范》(JTG G10—2016)第 3.0.1 条规定,公路工程项目监理均应设总监办,100km 以上的高速公路、一级公路工程可设驻地办。当不设驻地办时,总监办应同时履行本规范规定的驻地办职责。该项目高速公路开工里程为 110km,超过 100km,符合设置二级监理机构的条件,而且有 5 个施工合同段,可以设置二级监理机构,即设总监办和驻地办(1分)。

（2）现场监理机构宜配备 24 名(1分)监理工程师,最少 20 人(1分),最多 29 人(1分)。根据《公路工程施工监理规范》(JTG G10—2016)第 3.0.4 条规定,高速公路、一级公路等宜按每年每 7500 万元建筑安装工程费配备监理工程师 1 名,并可根据工程特点和实际需要在 0.8~1.2 系数范围内调整;540000÷3÷7500 = 24 人,按照 0.8~1.2 的调整系数,24×0.8 = 19.2 人,取 20 人;24×1.2 = 28.8 人,取 29 人。

（3）①总监办配备的监理人员不合理(1分)。理由:总监办应配备 1 名总监理工程师和若干名专业监理工程师以及试验检测人员和监理员(1分)。

②驻地办配备的监理人员不合理(1分)。理由:驻地办应至少配备 1 名驻地监理工程师作为驻地办负责人和若干名专业监理工程师及监理员(1分)。

（4）总监理工程师应具有交通运输部(或人社部与交通运输部联合)颁发的公路施工监理工程师证书及相应专业的高级技术职称,五年以上的现场工程监理经历,担任过两项以上同类工程的驻地监理工程师或总监理工程师职务(1分)。

驻地监理工程师应具有交通运输部(或人社部与交通运输部联合)颁发的公路施工监理工程师证书及相应专业的中级或高级技术职称,同类工程三年以上的监理经历(1分)。

（5）本题所列总监办的各项职责都正确(2分),还需补充:本题驻地办职责中的①、②、③、⑧、⑨(1分),还要补充组织检查施工单位质量、安全和环保等管理体系的建立及运行情况(1分)。

本题所列驻地办职责中的①、②、③、⑧、⑨不妥(1分),这些职责应是总监办的职责(1分)。职责中⑦有错,多了"并进行",正确的表示为"组织分项工程(中间)交工质量检验评定,进行分部工程质量评定"(1分);驻地办的主要职责还需补充:主持编制监理细则;审批月进度计划、审验一般原材料和混合料;核查施工单位测量、施工放线成果并进行复测;组织填写监理日志,编写监理工作报告,归集监理资料(3分)。

【案例 6-2】背景资料:

《公路工程标准施工招标文件》(2018 年版)合同条款中,明确赋予监理人在质量、安全、环保、费用、进度等方面的监理职权。同时,又对监理人在十种情况下行使权力作出了"需经发包人事先批准"的规定和限制。

问题:

（1）监理人在行使权力前需经发包人事先批准的十种情况分别是什么?

（2）如果属于上述十种情况,但事态紧急,有可能造成人员伤亡、危及本工程或邻近财产安全,监理人应该怎么做?

参考答案及解析:

（1）这十种情况分别是:

①同意分包本工程的某些非主体和非关键性工作(2分)。

②确定不利物质条件下产生的索赔费用增加额(1分)。

③根据合同段开工、发布开工通知、暂停施工指示或复工通知(3分)。

④决定因发包人和恶劣气候原因造成(总)工期延误的工期延长(2分)。

⑤审查批准技术方案和设计的变更(1分)。

⑥根据工程变更程序发出的变更指示,其单项工程变更或累计变更涉及的金额超过了项目专用合同条款数据表规定的金额(2分)。

⑦按照工程变更估价原则确定变更工作的单价(1分)。

⑧按照暂列金额的规定决定有关暂列金额的使用(2分)。

⑨按照暂估价的规定确定暂估价金额(2分)。

⑩根据承包人提出索赔的规定确定索赔额(1分)。

(2)在此情况下,监理人应立即采取行动,有权在未征得发包人批准的情况下,发布处理紧急情况所必需的指令(3分)。

【案例6-3】背景资料:

某合同段公路工程招标文件约定的计划开工日为2018年6月1日。合同签约日2018年4月13日,根据合同约定结合监理规范按照正常时间召开第一次工地会议,原本应在召开第一次工地会议时下达开工令。由于检查后发现是建设单位原因不具备开工条件,此时承包人已经进场。该工程直到2018年7月1日才满足开工条件。

问题:

(1)按照合同约定结合监理规范正常时间召开第一次工地会议的具体日期是哪天?并说明理由。

(2)总监办下达合同段开工令的日期是哪天?并说明理由。

(3)合同段开工日期(即工期起算日)应该是哪天?如何实现?并说明理由。如果是施工单位的原因不具备开工条件呢?

(4)在不具备开工条件承包人还未进场的情况下,根据现行《最高人民法院关于审理建设工程施工合同纠纷案件适用法律问题的解释(一)》,监理工程师可以怎样处理开工令的下达?并说明理由。

参考答案及解析:

(1)按照合同约定结合监理规范正常时间召开第一次工地会议的具体日期是2018年5月24日。

理由:根据《公路工程标准施工招标文件》(2018年版)第11.1.1条规定,监理人应在开工日期7天前向承包人发出开工通知。根据《公路工程施工监理规范》(JTG G10—2016)第8.2.2条规定,第一次工地会议应包括下列主要内容:具备开工条件的,可下达工程开工令。所以6月1日的前7天是5月24日,参见图4-2。

(2)总监办下达合同段开工令的日期是2018年7月1日。

理由:2018年7月1日才具备开工条件。根据《公路工程施工监理规范》(JTG G10—2016)第4.2.10条规定,总监办收到施工单位提交的合同段开工申请后,应对合同段的开工条件进行核查。具备开工条件的(注:即满足4.2.1~4.2.7条),由总监理工程师签发工程开工令。

(3)①开工日期(即工期起算日)应是2018年6月1日。

②只需在开工令中写明开工日期为2018年6月1日即可。

③理由:根据《公路工程标准施工招标文件》(2018年版)第11.1.1条规定,工期自监理人发出的开工通知中载明的开工日期起计算。而且根据《公路工程施工监理规范》(JTG G10—2016)第3.0.9条规定,公路工程监理应根据工程管理过程划分为以下三个阶段:监理合同签订之日至工程开工令确定的开工之日为施工准备阶段。

④如果是施工单位的原因不具备开工条件,也是按如此处理,开工令的日期是2018年7月1日,开工日期(即工期起算日)是2018年6月1日

(4)在不具备开工条件、承包人还未进场的情况下,根据2021年1月1日起施行的《民法

典》和最新《最高人民法院关于审理建设工程施工合同纠纷案件适用法律问题的解释(一)》，监理工程师可以通知或建议建设单位通知承包人不要马上进场，等待建设单位具备条件后承包人的设备和人员再进入现场。

理由：根据该司法解释第8条规定，当事人对建设工程开工日期有争议的，人民法院应当分别按照以下情形予以认定：

①开工日期为发包人或者监理人发出的开工通知载明的开工日期；开工通知发出后，尚不具备开工条件的，以开工条件具备的时间为开工日期；因承包人原因导致开工时间推迟的，以开工通知载明的时间为开工日期。

②承包人经发包人同意已经实际进场施工的，以实际进场施工时间为开工日期。

③发包人或者监理人未发出开工通知，亦无相关证据证明实际开工日期的，应当综合考虑开工报告、合同、施工许可证、竣工验收报告或者竣工验收备案表等载明的时间，并结合是否具备开工条件的事实，认定开工日期。

因此，按照②和③在未下达开工令的情况下，在具备开工条件后通知承包人进场，以承包人实际进场时间为开工日期。

【案例 6-4】背景资料：

2019 年，某省拟建一条高速公路，建设单位与 B 监理单位签订了监理合同。总监理工程师要求监理人在进驻施工现场前要熟悉相关资料，认真审核施工单位提交的有关文件、资料等。

问题：

(1)监理工程师应熟悉的主要资料有哪些？

(2)监理工程师在承包人进入施工现场到工程开工这一阶段的监理工作重点是什么？

(3)公路工程现场监理机构设置应考虑哪些因素？

参考答案及解析：

(1)监理工程师应熟悉的主要资料有：①合同文件内容；②了解现场用地占有权和使用权的解决情况；③核查设计图纸；④复核定线数据；⑤制订监理程序；⑥审查承包人的自检系统；⑦落实承包人的材料来源、施工设备及技术状况等。

(2)承包人进入施工现场到工程开工这一阶段属于施工招标阶段的监理，其主要监理工作内容为：

①审查承包人的施工方案和施工组织设计。

②审核施工单位提交的单位、分部、分项工程划分，并报建设单位。

③对施工单位的技术、质量、安全和环保等保证体系的建立情况进行检查。

④核查施工单位工地试验室的人员、仪器设备和试验检测能力是否满足要求，管理制度是否健全。

⑤参加设计交底，了解对施工质量、安全和环保控制的要求，澄清有关问题。

⑥参加工程交桩，对施工单位提交的原始基准点的复测结果进行核查和平行复测，监督施工单位在原始地面线未被扰动前测定地面线并对其测定结果进行必要的抽测，对工程量清单复核结果及土石方工程量计算资料进行核查。

⑦总监应在合同段开工前主持召开由施工单位项目经理和技术、质量、安全负责人，工地试验室负责人，其他主要管理人员及主要监理人员等参加的监理交底会，介绍监理计划的相关内容。

⑧总监应主持召开第一次工地会议。

⑨总监办收到施工单位提交的合同段开工申请后，应对合同段的开工条件进行核查。具

备开工条件的,总监应签发开工令,并报建设单位。

(3)公路工程现场监理机构设置应考虑的因素有工程规模、难易程度、合同工期安排、现场条件等。

【案例6-5】背景资料:

2017年,某监理单位承担了某一级公路施工阶段的监理业务,并根据监理招标文件要求按二级监理机构设置总监办和驻地办。由于总监理工程师在另外一个项目还有一点工作需要处理,总监委托驻地监理工程师主持编制了监理计划和监理细则并报送建设单位批准。

由于工期紧迫,总监理工程师授权驻地监理工程师先审批了承包人提交的施工组织设计并签发合同工程开工令,随后建设单位主持召开了第一次工地会议。

工程开工后,总监每月组织编写监理月报并签认后报送建设单位和上级监理单位。

根据驻地监理工程师安排,本项目的分项工程中间验收和质量评定由专业监理工程师负责组织,并在验收合格后签发中间交工证书。

问题:

(1)你认为以上哪些做法不妥?并说明理由。

(2)第一次工地会议一般有哪些人员参加?

(3)监理月报一般应包括哪些主要内容?

参考答案及解析:

(1)不妥做法如下:

①主持编制监理计划是总监理工程师的职责,不能委托驻地监理工程师。

②编制完成的监理计划直接报建设单位批准不妥,应先报送监理单位技术主管部门审核后再报建设单位批准。

③编制完成的监理细则由总监理工程师审批,而不是报建设单位审批。

④施工组织设计的审批和合同工程开工令的签发是总监理工程师的职责,不能委托驻地监理工程师执行。

⑤建设单位主持第一次工地会议的做法不妥,这是总监理工程师的职责,不应由建设单位代行职责,而且第一次工地会议一般在开工令签发前召开。

⑥由专业监理工程师组织分项工程中间验收和质量评定的做法不妥,这是驻地监理工程师的职责,而且驻地办只是组织而不进行分项工程质量评定。

(2)参加第一次工地会议的人员一般有建设单位或建设单位代表、承包人的法定代表人或授权代表、总监理工程师、各方将要在工程项目中担任主要职务的人员及分包单位负责人等。

(3)监理月报的主要内容一般包括:①当月工程实施情况;②当月监理工作情况;③当月工程质量、安全、环保、费用、进度监理和合同事项管理等情况统计;④发现施工存在的主要问题及处理情况;⑤下月监理工作重点。

【案例6-6】背景资料:

某高速公路工程建设项目,路线全长36.6km,建设单位是某市交通事业发展中心,工程设两个施工合同段、一个总监办。

2020年12月20日,建设单位在该市公共资源交易中心平台上发布招标公告后,有17家施工单位递交了施工投标文件,有8家监理单位递交了监理投标文件。2021年2月2日17时评标结束,2021年2月3日开始公示评标结果。

2021年3月20日建设单位项目副主任主持召开了第一次工地会议,会议共有以下五项

内容:

①建设单位与中标的施工单位和监理单位进行合同签约。

②建设单位项目主任任命了施工合同段的项目经理和监理机构的总监理工程师,并对总监理工程师进行了授权。

③施工项目经理、总监理工程师汇报了各自的驻地建设和开工准备情况,已具备开工条件。

④建设单位项目主任点评了工程施工、监理准备情况,认为具备开工条件并下达了工程开工令,并提出各参建单位要充分重视本项目工作。

⑤建设单位项目主任进行了会议总结并明确了召开工地例会的时间、程序、纪律等。

问题:

(1)请写出建设单位在第一次工地会议上的不妥之处,并写出正确的做法。

(2)根据《公路工程施工监理规范》(JTG G10—2016),第一次工地会议应按哪些规定组织?

参考答案及解析:

(1)建设单位在第一次工地会议上的不妥之处如下:

①建设单位项目副主任主持第一次工地会议,不妥。

正确做法:第一次工地会议应由总监理工程师主持。

②会议上签订施工、监理合同,不妥。

正确做法:中标通知书发出之日30日内签订施工和监理合同,建设单位、监理单位、施工单位准备开工相关工作(参见图8-1);具备一定条件再组织召开第一次工地会议。

③建设单位任命项目经理和总监理工程师,不妥。

正确做法:施工单位法定代表人授权并任命施工单位项目经理,监理单位法定代表人授权并任命总监理工程师。

④建设单位项目主任下达开工令,不妥。

正确做法:开工令应由总监理工程师签发(参见图4-2)。

⑤建设单位项目主任进行会议总结,不妥。

正确做法:应由总监理工程师进行会议总结。

(2)第一次工地会议应按以下规定组织:

①会议应在工程正式开工前召开。

②会议应由总监理工程师主持。

③总监办应事先将会议议程及有关事项通知建设单位、施工单位及其他有关单位做好会议准备,宜邀请工程质量监督部门参加。

④建设单位、施工单位法定代表人或授权代表人应出席,各单位在工程项目中的主要管理、技术人员等必须参加。

第二节 监理工程师质量、安全、费用监理的主要职责

一、施工期监理的一般规定(根据《2016 版监理规范》第 5.1 条规定)

(1)监理机构应对施工单位提交的分部工程及主要分项工程开工申请进行审查,并在规

定期限内批复。审查应包括下列基本内容：

①施工方案及主要施工工艺控制要点等是否符合有关技术标准。

②技术、质量和安全管理人员及主要操作人员等的配备是否满足施工合同要求和施工需要。

《2016 版监理规范》对该条的说明是：对分部工程及主要分项工程，同时审查施工方案、主要工艺和人员配备等。因为按相同方案施工的一些分项工程的审查内容重复，所以仅审批首次申请。原规范条文说明中也已明确，"对分项工程的开工申请的批准，不仅仅是对某一特定分项工程的审批，也包括在同一合同工程中相同单位工程、分部工程中相同分项工程的审批，但分项工程开工条件有变化的除外。"结合分项工程划分表，本条规定容易掌握。现行《公路工程质量检验评定标准 第一册 土建工程》(JTG F80/1)附录 A 表内标注＊号者为主要工程。

(2)在施工过程中，监理机构应对施工单位主体责任的落实情况、施工合同的执行情况和质量安全等保证体系的运行情况进行监督检查。

(3)监理工程师应采取以巡视为主的方式进行施工现场监理，按计划定期或不定期巡视施工现场，对施工的主要工程每天不少于 1 次，并填写巡视记录(格式见附录 B.1)。巡视应包括下列主要内容：

①施工现场管理人员特别是质量、安全管理人员是否到位，特种作业人员是否持证上岗。

②使用的原材料或混合料、构配件和主要施工机械设备是否与批准的一致。

③是否按技术标准、工程设计文件、批准的施工组织设计和方案施工。

④质量、安全、环保和施工标准化等措施是否落实，施工自检和工序交接是否符合规定。

(4)监理机构应安排监理人员对附录 A 所列旁站项目的施工过程进行旁站，对主要工程的关键项目进行检测见证，并填写旁站记录(格式见附录 B.2)，签认检测见证结果。

二、质量监理的主要职责(根据《2016 版监理规范》第 5.2 条规定)

(1)监理工程师应审查施工单位提交的施工测量放线数据和成果，对从基准点引出的工程控制桩的重点桩位应复测不少于 30%，经复测不符合规定时应要求其重新测设。

(2)监理机构应审查施工单位报审的原材料和混合料试验资料，对主要原材料独立取样进行平行试验，对主要混合料的配合比和路基填料的击实试验结果进行验证，审验合格、经批复后方可在工程上使用。

(3)监理机构应在施工单位自检合格的基础上按下列规定进行抽检，并填写抽检记录(格式见附录 B.3)：

①对钢筋、水泥、沥青、石灰和碎石等原材料及水泥混凝土、沥青混合料和无机结合料稳定材料等混合料，抽检频率按批次应不低于规定施工检验频率的 10%。

②对分项工程中的关键项目和结构主要尺寸，抽检频率应不低于规定施工检验频率的 20%。

③当监理工程师对工程材料或实体质量有疑问时，应进行抽检。

(4)对施工单位外部采购和委托制作的主要工程构配件或设备，监理工程师应核查产品合格证明文件和施工单位自检报告，进场后对关键项目进行抽检，验收合格后方可使用。对在施工现场不具备检测条件的，监理工程师应按合同约定到厂监督检验。

(5)监理工程师应对施工单位报验的隐蔽工程进行检查验收、留存影像资料，未经验收或验收不合格的不得进行下一道工序施工。

(6)驻地办在收到分项工程交工或中间交工验收申请后，应对施工单位的检验评定资料进行检查,组织施工单位在监理抽检、检测见证和隐蔽工程验收的基础上进行质量评定,对评定合格的签发《分项工程(中间)交工证书》(格式见附录C)。同一个分项工程,中间验收不宜超过2次。

(7)驻地办应及时对已完分部工程进行质量检验评定,总监办应及时组织对单位工程和合同段进行质量评定。

(8)监理机构在监理过程中发现施工不符合法律法规、技术标准及施工合同约定的,应要求施工单位改正,并应符合下列规定:

①质量不合格的材料、构配件不得在工程上使用。

②对工程质量缺陷,监理机构应签发监理指令单(格式见附录D),要求施工单位整改。

③对质量不合格的工程,监理机构应签发监理指令单,要求施工单位返工处理。

④对可能危及结构安全或存在重大隐患的质量问题,监理机构应签发停工令并向建设单位报告。

⑤当发生质量事故时,监理机构应依法按有关规定报告和处理。

⑥监理机构应建立质量问题处理台账。

三、安全监理的主要职责(根据《2016版监理规范》第5.3条规定)

(1)监理机构应确定主要安全监理人员并明确其岗位职责、监理内容等。

(2)安全监理工程师应审查施工组织设计中的安全技术措施或专项施工方案是否符合工程建设强制性标准,应同时审查应急预案、桥梁和隧道等施工安全风险评估报告。对危险性较大工程的专项施工方案中需专家论证、审查的,应检查施工单位组织专家论证、审查的情况。需编制专项施工方案和组织专家论证的条件见表6-1。

《公路工程施工安全技术规范》(JTG F90—2015)附录A 危险性较大的分部分项工程　表6-1

类　别	需要编制专项施工方案	需要专家论证、审查	
基坑开挖、支护、降水工程	深度≥3m的基坑(槽)开挖、支护、降水工程	对应3m改5m为界	√
	深度小于3m,但地质条件和周围环境复杂的基坑(槽)的土方开挖、支护、降水工程		√
滑坡处理和填、挖方路基工程	滑坡处理和填、挖方路基工程	中型及以上	√
	边坡高度≥20m路堤或地面斜坡坡率陡于1:2.5的路堤,或处于不良地质地段、特殊岩土地段的路堤	"或"改"且"	√
	土质挖方边坡高度>20m、岩质挖方边坡高度>30m,或处于不良地质地段、特殊岩土地段的路堤		√
基础工程	桩基础	深度≥15m挖孔桩	√
	挡土墙基础	高≥6m且1200m²	√
	沉井等深水基础	≥20m各类深基础	√
大型临时工程	围堰工程	水深≥10m	√
	各类工具式模板工程	墩高40m,塔100m	√
	支架高度≥5m;跨度≥10m,施工总荷载不小于10kN/m²;集中线荷载≥15kN/m	对应8m;18m,15kN/m²;20kN/m	√
	搭设高度24m及以上的落地式钢管脚手架工程,附着式整体和分片提升脚手架工程,悬挑式脚手架工程,吊篮脚手架工程,自制卸料平台、移动操作平台工程,新型及异型脚手架工程	50m及以上,满堂支撑体系单点集中荷载7kN以上,另外猫道、移动模架	√

类　别	需要编制专项施工方案	需要专家论证、审查	
大型临时工程	挂篮		
	便桥、临时码头		
	水上作业平台		
桥梁工程	桥梁工程中的梁、拱、柱等构件施工	预制梁长 40m 运安、钢箱梁吊装、跨度 150m 钢管拱安装、墩柱高 40m(塔 100m)施工	√
	打桩船作业		
	施工船作业		
	边通航边施工作业	三级通航水上水下	√
	水下工程中的水下焊接、混凝土浇筑等		
	顶进工程		
	上跨或下穿既有公路、铁路、管线施工	转体施工	√
隧道工程	不良地质隧道	V 级 10% 且 100m，Ⅵ级	√
	特殊地质隧道	软岩高应力、黄土等	√
	浅埋、偏压及邻近建筑物等特殊环境条件隧道	埋深 <1 倍跨度等	√
	Ⅳ 级及以上软弱围岩地段的大跨度隧道	跨度≥18m 特大跨径	√
	小净距隧道	连拱；<1 倍跨小净距；>100m 偏压棚洞	√
	瓦斯隧道	浓度高或突出	√
起重吊装工程	采用非常规起重设备、方法，且单件起吊重量在 10kN 及以上的起重吊装工程	单件 100kN 及以上	√
	采用起重机械进行安装的工程		
	起重机械设备自身的安装、拆卸	300kN 及以上	√
拆除、爆破工程	桥梁、隧道拆除工程	大桥、一级公路隧道	√
	爆破工程	C 级爆破、水下爆破	√

注：√表示该项需要进行专家论证、审查，其中的数值和等级表示规模范围的调整。

（3）监理机构应检查施工单位安全生产责任制、安全生产规章制度的建立和落实情况，以及重大危险源安全管理和生产安全事故隐患排查治理情况；应核查施工单位项目负责人、专职安全生产管理人员和特种作业人员的资格，以及施工机械设备和设施的安全许可验收手续。

（4）监理机构应检查施工单位危险性较大工程的专项施工方案的实施情况。发现未按专项施工方案实施时，应签发监理指令单，要求施工单位整改。

（5）监理机构在监理过程中发现存在安全事故隐患的，应要求施工单位整改；情况严重的，应要求施工单位停止施工，并及时报告建设单位。施工单位拒不整改或者不停止施工的，监理机构应及时向有关监管部门报告。

（6）分项工程交验时，安全事故的现场处理未完成的，不得签发分项工程（中间）交工证书。

（7）监理机构应由专人负责建立安全监理台账，及时记录安全专项检查和巡视、旁站中涉及施工安全管理的情况、存在问题、监理指令及施工单位处理情况等。

（8）安全生产费细节没有硬性规定的，可以按照《公路工程安全生产标准化指南》的规定进行计量，见表6-2。

安全生产费清单细化内容

表6-2

序号	类　　别	细化内容	清单内容
1	设置、完善、改造和维护安全防护设施设备支出	指为保障工程安全生产而设置的相关安全防护设施、设备，以及对其进行技术、性能、质量等方面的完善、改造和维护等费用。 设置费用主要指直接用于项目安全生产的相关设施设备购置、制作、安装等费用； 完善费用主要指因正常损耗或因工程变更导致的安全防护设施设备的补充购置、制作、安装费用； 改造费用主要指为增加安全防护设施设备的安全系数，增强施工安全，对现有安全防护设施设备进行的设计、试验与制作加工等费用； 维护费用主要指对现有安全防护设施设备的日常保养费用	（1）施工现场安全防护费。安全防护设施包括临边、临口、临水的危险部位防坠、防滑、防溺水等设施；防止物体、人员坠落而设的安全网、棚；其他与工程有关的交叉作业防护、防火、防爆、防尘、防毒、防雷、防风、防汛、防台、防地质灾害、有害气体监测、通风、临时安全防护等。 （2）警示、照明等灯具费。该设施包括施工车辆、船舶、机械、构造物的警示灯、危险报警闪光灯、施工区域内夜间警示灯、照明灯的灯具。 （3）警示标志、标牌费。该设施包括各类警告提醒指示。 （4）安全用电防护费。该设施包括各种用电专用开关、室外使用的开关、防水电箱、高压安全用具、漏电保护的设施。 （5）施工现场围挡费。该设施包括改扩建工程施工围挡，施工现场高压电塔、电杆围护，施工现场光缆围挡等。对施工围挡有特殊要求路段的围挡费不在此列。 （6）其他安全防护设备与设施费。应计入安全生产费的其他安全防护设备与设施的完善、改造和维护等费用
2	配备、维护、保养应急救援器材、设备支出和应急演练支出	指施工单位应急救援器材、设备的购置、使用、维护、更新以及按照合同约定所组织的应急演练等所发生的相关费用。 应急救援是指在应急响应过程中，为消除、减少事故危害，防止事故扩大或恶化，最大限度地降低事故造成的损失或危害而采取的救援措施或行动。 应急救援器材、设备指在应急救援过程中需要使用的消防、急救等常用小型器材与设备，不含消防车、救生船等由社会专业救援机构配备的大型救援设备或非常用器材。 应急演练是指由建设单位或施工单位依据应急预案，模拟应对突发事件组织的应急救援活动	（1）应急救援器材与设备的配备（或租赁）、维护、保养费。这些器材及设备包括灭火器、消防斧等小型消防器材、急救箱、急救药品、救生衣、救生圈、应急灯具、救援梯、救援绳等小型救生器材与设备，特殊季节或特殊环境下拖轮调遣拖运、警戒船只的租赁费用。救生船、消防车、救护车等大型救援设备所发生的相关费用不在此列。 （2）应急演练费。由建设单位或施工单位依据应急预案，模拟应对突发事件组织的应急救援活动中，应由施工单位分担或由施工单位自行负责的部分或全部费用

序号	类 别	细化内容	清单内容
3	重大危险源和事故隐患评估、监控和整改支出	指针对重大危险源和事故隐患进行评估、监控和整改所发生的费用。 重大危险源指影响因素比较复杂,事故发生可能性较大或事故严重程度较高,必须从结构、环境、施工工艺、安全管理等多角度进行控制和防范的危险源。对于重大危险源的识别,根据危险源的性质、场所、设备、设施等的不同,结合公路水运工程实际情况,重大危险源应当重点关注以下几类:易燃、易爆、有毒物质的存储区(如工地贮油气罐、火药库、沥青罐库等),具有爆炸危险的生产场所(如爆破作业区、隧道洞内开挖作业区等),危险性较大的分部分项工程。 安全生产事故隐患(简称事故隐患)是指生产经营单位违反安全生产法律、法规、规章、标准、规程和安全生产管理制度的规定,或者因其他因素在生产经营活动中存在可能导致事故发生的物的危险状态、人的不安全行为和管理上的缺陷。事故隐患分为一般事故隐患和重大事故隐患。一般事故隐患,是指危害和整改难度较小,发现后能够立即整改排除的隐患。重大事故隐患,是指危害和整改难度较大,应当全部或者局部停产停业,并经过一定时间整改治理方能排除的隐患,或者因外部因素影响致使生产经营单位自身难以排除的隐患	(1)重大危险源和事故隐患评估费。由建设单位、相关行政主管部门组织的,或者施工单位委托专业安全评估单位对项目重大危险源、重大事故隐患进行评估所发生的相关费用。 (2)重大危险源监控费。对项目重大危险源进行日常监控所发生的相关费用。施工监控不在此列。 (3)重大事故隐患整改费。根据建设单位、相关行政主管部门或者专业安全评估单位出具的评估报告对项目重大事故隐患进行整改所发生的相关费用
4	安全生产检查、评价、咨询和标准化建设支出	安全生产检查指承包人日常安全生产工作检查以及聘请专业安全机构或专家对项目安全生产情况进行的检查;安全生产评价指承包人聘请专业安全机构或专家对项目进行的施工安全风险评估,或者对其安全方案、安全工作情况进行评价,并出具相应评价报告;安全生产咨询是指就安全生产工作中存在的问题向相关专业安全机构、咨询单位或专家进行咨询,由其给出咨询意见;安全生产标准化建设是指承包人按照有关规定或者合同约定进行的安全方面的标准化建设	(1)日常安全检查费。承包人专职安全员日常安全巡视所发生的车辆与相关器材使用费,车辆与器材的购置费用不在此列。 (2)专项安全检查费。承包人聘请专业安全机构或专家对项目安全生产过程中的特殊部位、特殊工艺、特别设备的施工安全进行检查所支付的相关费用。 (3)安全生产评价费。承包人聘请专业安全机构或专家对项目安全施工专项方案进行讨论、论证、评估、评价所支付的相关费用,不包括新建、改建、扩建项目安全评价。 (4)安全生产咨询费。承包人就安全生产工作中存在的问题向相关专业安全机构、咨询单位或专家进行咨询所支付的相关费用。 (5)安全生产标准化建设费。因为承包人按照有关规定或者合同约定进行安全方面的标准化建设所增加的费用

序号	类　别	细化内容	清单内容
5	配备和更新现场作业人员安全防护用品支出	指为保障现场施工人员人身安全和身体健康而配备的,供现场施工人员使用的防护必需品所发生的费用	(1)安全防护物品配备费。承包人根据有关规定在日常施工中必须配备的安全帽、安全绳(带)、手套、雨鞋、工作服、口罩、防毒面具、防护药膏等安全防护物品的购置费用。 (2)安全防护物品更新费。承包人对安全防护物品的正常损耗进行必要补充所产生的费用
6	安全生产宣传、教育、培训支出	是指承包人在施工现场对安全生产进行的宣传,对施工人员进行的安全知识教育、安全技术交底、安全操作规程培训等所发生的费用	(1)安全生产宣传费。包括制作安全宣传标语、条幅、图片、视频等宣传资料所发生的费用。 (2)安全生产教育、培训费。包括承包人对施工人员进行安全技术交底、安全操作规程培训、安全知识教育等支出的课时费,安全报纸、杂志订阅或购置费,安全知识竞赛、技能竞赛、安全专题会议等活动费用,安全经验交流、现场观摩等费用
7	安全生产适用的新技术、新标准、新工艺、新装备的推广应用支出	是指承包人配合相关科研机构,对其安全生产方面的新技术、新标准、新工艺、新装备等研究成果进行试用而发生的相关费用	增设隧道门禁系统、隧道内风险控制监控系统、桥梁作业面远程监控系统等所发生的相关费用
8	安全设施及特种设备检测检验支出	是指承包人邀请法定检测检验机构对相关安全设施及特种设备进行安全性检测检验所发生的相关费用	安全设施及特种设备检测检验支出由以下清单细目构成: (1)安全设施检测检验费。承包人对拟投入本项目的安全设施送交或邀请具有相关资质的检测检验机构进行检测检验,并出具相关报告所发生的费用。 (2)特种设备检测检验费。承包人根据有关规定对拟投入本项目的特种设备邀请具有相关资质的检测检验机构进行检测检验,并出具相关报告所发生的费用
9	其他安全生产费用支出	指不在以上范围内,由承包人根据项目实际情况,在投标书中列支的相关安全生产费用	(1)办公用品费。专职安全员办公用计算机、照相器材等办公必需的设施配备费用。 (2)雇工费。为保障施工安全,对施工现场进出口部位进行交通管制而雇佣交通协管人员进行看护所支出的人工费用。 (3)其他费用。指在招投标时不可预见的,在施工过程中经发包人与监理人认可,可在安全生产费中列支的其他与安全生产直接相关的费用

(9)品质工程。

公路品质工程主要涉及三个文件,《交通运输部办公厅关于印发公路水运品质工程评价标准(试行)的通知》(交办安监〔2017〕199号)、《关于打造公路水运品质工程的指导意见》

(交安监发〔2016〕216号)和交通运输部办公厅于2018年11月19日印发的《"平安百年品质工程"建设研究推进方案》。

①公路品质工程的含义。

公路水运品质工程的项目,应当满足优质耐久、安全舒适、经济环保、社会认可的建设目标,工程管理或技术达到行业同时期同类工程的领先水平,示范引导作用显著。

品质工程具体内涵是建设理念体现以人为本、本质安全、全寿命周期管理、价值工程等理念;管理举措体现精益建造导向,突出责任落实和诚信塑造,深化人本化、专业化、标准化、信息化和精细化;技术进步展现科技创新与突破,先进技术理论和方法得以推广运用,包括先进适用的新技术、新工艺、新材料、新装备和新标准的探索与完善;质量管理以保障工程耐久性为基础,体现建设与运营维护相协调、工程与自然人文相和谐,工程实体质量、功能质量、外观质量和服务质量均衡发展;安全管理以追求工程本质安全和风险可控为目标,促进工程结构安全、施工安全和使用安全协调发展;工程建设坚持可持续发展,体现在生态环保、资源节约和节能减排等方面取得明显成效。

②品质工程的评价范围与内容。

列入国家和地方交通基本建设计划的在建和已交工或竣工验收的公路水运工程项目,均可参加品质工程评价,不局限工程建设规模和等级。品质工程评价分为示范创建项目品质工程评价、交竣工品质工程示范项目评价、农村公路(三四级)品质工程示范项目评价,评价对象为工程项目整体。

注:二级及以上农村公路属于前两项评定。

③打造品质工程的主要措施。

根据《关于打造公路水运品质工程的指导意见》,打造品质工程的主要措施有:提升工程设计水平、提升工程管理水平、提升工程科技创新能力、提升工程质量水平、提升工程安全保障水平、提升工程绿色环保水平、提升打造品质工程的软实力。

④平安百年品质工程概念的提出。

2018年11月15日,交通运输部提出了平安百年品质工程概念,其目的是引领推进交通基础设施高质量发展,提高工程耐久性和使用寿命,建立实践性、操作性强的技术研究机制,引导科研成果落地见效,实现"平安百年品质工程"目标。其意义在于推进国家重大工程高质量建设,全力打造精品工程、样板工程、平安工程、廉洁工程。

⑤品质工程与平安百年品质工程的关系。

品质工程是方方面面的要求,其核心体现在"一个追求"和"四个目标","一个追求"是追求内在质量和外在品味的有机统一,"四个目标"包括优质耐久、安全舒适、经济环保、社会认可。

平安百年品质工程是突出技术方面的突破,平安是底线、百年是高限,品质则反映了人民群众对美好生活的向往。

(10)安全事故等级(表6-3)。

安 全 事 故 等 级   表6-3

事 故 等 级	死 亡 人 数	重伤或中毒人数	直接经济损失(万元)
特别重大事故	人数≥30	人数≥100	损失≥10000
重大事故	10≤人数≤29	50≤人数≤99	5000≤损失<10000
较大事故	3≤人数≤9	10≤人数≤49	1000≤损失<5000
一般事故	1≤人数≤2	1≤人数≤9	100≤损失<1000

（11）质量事故等级（表6-4）。

质量事故等级 表6-4

事故等级	直接经济损失（万元）	或桥梁工程	或隧道工程	或路基工程
特别重大事故	损失≥10000	无	无	无
重大事故	5000≤损失＜10000	特大桥主体结构垮塌	特长隧道结构垮塌	无
较大事故（高速公路）	1000≤损失＜5000	中桥或大桥主体结构垮塌	中隧道或长隧道结构垮塌	路基（行车道宽度）整体滑移
一般事故（非高速公路）	100≤损失＜1000			无

四、费用监理的主要职责（根据《2016版监理规范》第5.5条规定）

（1）监理机构应以质量合格、手续齐全且符合结构安全和环保要求作为计量支付的先决条件，未经总监理工程师批准不得支付。

（2）监理机构在按合同约定进行计量、支付时，计量、支付项目应不重、不漏，数量应准确。

（3）监理机构收到施工单位计量申请后应按下列规定及时进行计量：

①应根据施工合同约定、核定的工程量清单和签发的《分项工程（中间）交工证书》等进行计量，确定实际完成的工作量。

②对路基基底处理、结构物基础基底处理等有争议需要现场确认的项目，应会同建设、设计、施工等单位现场计量确定。

（4）监理机构收到施工单位提交的工程支付申请后，应按合同约定进行复核，经总监审核后签发支付证书，并报建设单位。

（5）监理机构应建立计量支付台账，按月对计量支付数量与计划数量进行比较分析，发现明显差异时应提出调整建议，并报建设单位。

第三节　监理工程师质量、安全、费用监理的职责案例

一、质量监理的主要职责案例

【案例6-7】背景资料：

某路面工程项目，建设单位与施工单位签订了施工承包合同，合同中规定沥青材料由建设单位指定生产厂家，施工单位负责采购，生产厂家负责运输到工地。当第一批沥青运到工地时，发生如下情况：

（1）施工单位项目经理认为：沥青生产厂家由建设单位指定，材料进场后，施工单位只需检查出厂合格证明、出厂试验报告、装运数量、装运时间、订货数量等，而不需重新进行检验。若沥青材料不合格导致质量问题，则应由沥青生产厂家负责。

（2）监理工程师认为：每批沥青材料进场后，均应重新进行取样和试验，经检验合格后方可用于工程。

（3）建设单位代表认为：本项目工期紧张，施工单位意见可取。同时表示，如果监理工程师坚持要求取样和试验，一旦试验结果证明该批沥青材料合格，则所有试验费用和工期延误导致的损失，均由监理单位承担。

问题：

请对施工单位项目经理、监理工程师、建设单位代表三方意见分别作出判断，并说明理由。

参考答案及解析：

施工单位项目经理的意见是不正确的(2分)，监理工程师的意见是正确的(2分)，建设单位代表的意见是不正确的(2分)。

理由：

(1)《公路工程标准施工招标文件》(2018年版)和《公路沥青路面施工技术规范》(JTG F40—2004)等明确规定，运到现场的每批沥青除应附有生产厂家的合格证明、出厂试验报告、装运数量、装运日期、订货数量等之外，还应重新进行取样和试验，且取样和试验应符合《公路工程沥青及沥青混合料试验规程》(JTG E20—2011)的规定(5分)。

(2)施工单位应在施工场地设置专门的质量检查机构，配备专职的质量检查人员，建立完善的质量检查制度；应在合同约定的28天内，提交工程质量保证措施文件，包括质量检查机构的组织和岗位责任、质检人员的组成、质量检查程序和实施细则等，并报送监理人审批。施工单位应于施工开始前28天将拟用的沥青样品和上述证明及试验报告提交监理人批准(3分)。

(3)沥青生产厂家虽由建设单位指定，但进场沥青材料的质量应由施工单位检验、把关，并承担相应的责任和费用(3分)。

(4)工期紧张，不应成为放弃必要检验、放松质量要求的理由。如果因为必要的材料试验而影响了工期，其损失不应由监理单位来承担(3分)。

【案例6-8】背景资料：

某高速公路一座特大桥工程，原设计图纸中第17号墩盖梁顶部正确高程为17.000m，由于设计图纸标注错误，标注为17.300m。后因变更设计及桥改路等原因，该墩高程调整为16.800m。原设计图纸、变更图纸均由设计单位提供，经建设单位下发给驻地办、施工单位，并要求对图纸进行审核。收到图纸后施工单位及驻地办在审核中均未发现该墩高程的变化，随后按原高程17.300m完成该墩左幅盖梁施工，在检查支座垫石高程时才发现盖梁顶部高程问题。专业监理工程师没有将此情况及时报告驻地办及建设单位。后被人举报，经查证情况属实。事后，该墩盖梁拆除重建，直接损失8.72万元。建设单位根据项目质量管理办法的规定，除对该施工单位给予严厉处理外，还对驻地办及驻地监理工程师进行了通报批评，并扣除质量违约金1万元，将专业监理工程师清除出场。

问题：

(1)专业监理工程师在此事故中有哪些失职行为？

(2)该质量事件在公路工程质量事故等级划分中属于哪一类？事故发生后，事故发生单位应在什么时间向哪些单位报告？

(3)作为专业监理工程师，在收到该施工图纸后，应对设计图纸上的哪些重要数据进行复核？

参考答案及解析：

(1)专业监理工程师在此次事故中的失职行为有：①图纸审核时，未发现设计错误；②对施工单位未按变更设计图纸进行墩的施工未予制止；③发现盖梁顶部高程问题后未采取措施解决，也未向驻地办和建设单位报告。

(2)按照现行《公路水运建设工程质量事故等级划分和报告制度》规定，此次质量事件直接经济损失小于100万元不属于质量事故，而属于质量问题。问题发生后，现场有关人员应立即向施工单位负责人报告，问题发生单位应在2天内书面上报建设单位、监理单位。按照现行规定，一般及以上工程质量事故均应报告。事故报告责任单位应在接报2小时内，核实、汇总并向负责项目监管的交通运输主管部门及其工程质量监督机构报告。

（3）作为专业监理工程师,在收到该桥设计图纸后,应对以下重要数据进行复核:①各结构部位的高程、坐标验算;②桥梁几何尺寸;③预应力孔道坐标;④主要材料用量;⑤基础、下部、上部结构工程数量。

【案例6-9】背景资料:

某公路工程施工项目,建设单位通过监理招标方式于2019年1月10日与中标的某监理单位签订了监理委托合同。建设单位对工程施工进行招标,在施工招标阶段,招标人在图纸中未直接指定取土场位置,并于2019年4月25日与中标的某施工单位签订了施工合同。在施工过程中发生了以下事件:

事件1:路基工程施工时,施工单位无法在工程现场附近找到满足技术规范要求的施工料源,施工中所需砂石料严重缺乏。因此,施工单位只得到极远的地方去挖运这些大宗材料,导致成本费用增加。施工单位认为建设单位没有在招标文件中将这种情况预先告知,故应补偿施工单位由此而造成的工期和费用损失。施工单位在合同规定的时间内提出了工程延期和费用索赔的要求。

事件2:在某小桥桥台基础施工时,施工单位为了保证工程质量,在专业监理工程师同意的情况下,将原设计要求的混凝土强度等级由C20提高到C25,导致费用增加6万元。对此,施工单位提出了费用索赔的要求。

事件3:施工期间,施工单位发现位于施工网络计划图关键线路上的某分部工程施工图纸有误,立即报告监理工程师和建设单位。由于等待图纸修改,造成停工5天,窝工费用损失2万元。对此,施工单位提出了工程延期与费用索赔的要求。

事件4:某段路基基底强度不足,按合同规定应采用强夯法进行加固处理。在工程施工过程中,当进行到施工图所规定的处理范围边缘时,乙方在取得专业监理工程师同意的情况下,为了使夯击质量得到保证,将夯击范围适当扩大,施工完成后,施工单位就扩大的夯击范围内的工程数量向监理工程师提出计量要求。

以上各项事件均发生在施工网络计划图中的关键线路上,施工单位在规定的时间内分别向监理工程师提交了索赔意向通知书和索赔通知书。

问题:

在上述事件中,施工单位提出的要求,监理工程师应如何处理?为什么?

参考答案及解析:

（1）事件1中,监理工程师应拒绝施工单位提出的工程延期和费用索赔的要求。

理由:根据《公路工程标准施工招标文件》(2018年版)合同条款第4.10.1条的规定,"发包人提供的本合同工程的水文、地质、气象和料场分布、取土场、弃土场位置等资料均属于参考资料,并不构成合同文件的组成部分,承包人应对自己就上述资料的解释、推论和应用负责,发包人不对承包人据此做出的判断和决策承担任何责任"。该条款2018版与2009版最大的不同在于增加了注释"如果在招标阶段,招标人在图纸中直接指定了取土场和弃土场位置,且作为投标人投标报价的依据,则招标人应在项目专用合同条款中对本项规定进行调整"。因此,在背景资料中有明确说明"招标人在图纸中未直接指定取土场位置",所以说明合同第4.10.1条在项目专用条款中未做调整。

本题应认为施工单位通过建设单位所提供资料及现场考察,已取得可能对投标有影响或起作用的风险、意外等的必要资料,并且在报价中考虑了这些因素的影响。同时,本题目中所述情况是一个有经验的承包人能合理预见到的。因此,施工单位应承担相关的风险责任。

（2）事件2中,监理工程师应拒绝施工单位提出的费用索赔的要求。

理由:提高基础混凝土强度是属于施工单位本身所采取的保证质量的技术措施,它既不是合同文件要求的,也不是工程变更导致的,监理工程师也没有对施工单位提出这样的要求。因此,所增加的这部分费用应由施工单位自行承担。

(3)事件3中,监理工程师应同意施工单位提出的工程延期和费用索赔的要求。

理由:施工图纸是建设单位提供的,施工图纸有误需要修改,并非施工单位的过错,该分部工程又位于关键路线上,建设单位应承担相应的风险责任。

(4)事件4中,监理工程师应拒绝施工单位提出的工程计量要求。

理由:扩大夯击部分的工程量超出了施工图的要求,也就超出了工程合同约定的工程计量范围,所以监理工程师无权处理合同以外的工程计量内容,而专业监理工程师同意的是施工单位为保证质量而采取的技术措施。一般情况下,技术措施费用应由施工单位自己承担。

【案例6-10】背景资料:

某独立特大桥项目,主桥为独塔斜拉桥,2018年6月施工中发生了以下事件:

事件1:总监理工程师签发了合同段开工申请后,施工单位立即启动了主桥钻孔平台搭设和埋设钢护筒施工。监理工程师发现后立即进行制止,要求施工单位上报分项、分部工程开工申请,待批准后方可施工。施工单位认为合同段开工申请已得到批准,且钻孔平台及钢护筒施工属临时设施,属于桩基分项工程开工前的施工准备,施工继续进行。

事件2:在主桥灌注桩施工过程中,监理工程师安排监理员进行了全过程旁站。在灌注过程中发生了一起导管拔出混凝土表面的事件,事件发生后,监理员立即要求施工单位暂停施工。施工人员解释说凭经验可将导管重新插入混凝土表面继续灌注,不会造成质量问题,监理员予以了默认,该桩继续灌注至完成。事后监理员向监理工程师详细汇报了事件经过。

事件3:监理工程师收到第三方检测单位的检测报告,发现一根桩达不到质量验收标准,且无法采取返工补救措施,经查证系事件2中的那根桩。监理工程师通过建设单位请设计单位拿出处理方案,3天后设计单位提供了补桩设计文件。由于建设单位工程部负责人未及时将该设计文件下达,耽误了7天。施工单位收到设计文件后,完成补桩施工,经检测质量合格。该事件发生在关键线路上。事后,施工单位提出了10天的延期申请,并提出给予补桩工程进行计量。

问题:

(1)事件1中,监理工程师要求施工单位暂停施工的做法是否正确?为什么?

(2)事件2中,指出监理员的错误做法,并说明正确做法。

(3)事件3中,监理工程师对该质量事故的处理程序是否正确?为什么?

(4)事件3中,施工单位提出的延期申请和计量要求能否成立?监理工程师该如何正确处理?

参考答案及解析:

(1)监理工程师的做法正确,施工单位的理由不合理。

理由:钢护筒施工属于桩基分项工程施工过程中的一道主要工序,钢护筒施工意味着桩基分项工程已开工,而监理工程师并未批准该分项工程开工。

(2)监理员的错误做法:①未及时向监理工程师报告,而是事后进行了汇报;②未坚持暂停施工的要求,放任了质量事故的发生。

正确的做法是:①要求施工单位暂停施工;②立即将现场发生的情况向监理工程师汇报;③在旁站记录、监理日记中如实做好记录。

(3)监理工程师对该事件的处理程序不正确。

正确的程序应是:

①监理工程师应要求施工单位尽快提出质量事故报告并报告建设单位。质量事故报告应

翔实反映该项目工程名称、部位、事故原因、应急措施、处理方案以及损失的费用等。

②认定质量事故等级。

③按现行事故报告要求,一般及以上工程质量事故均应报告。事故报告责任单位应在应急预案或有关制度中明确事故报告责任人。事故报告应及时、准确,任何单位和个人不得迟报、漏报、谎报或瞒报。

事故发生后,现场有关人员应立即向事故报告责任单位负责人报告。事故报告责任单位应在接报 2 小时内,核实、汇总并向负责项目监管的交通运输主管部门及其工程质量监督机构报告。接收事故报告的单位和人员及其联系电话应在应急预案或有关制度中予以明确。

重大及以上质量事故,省级交通运输主管部门应在接报 2 小时内进一步核实,并按工程质量事故快报统一报交通运输部应急办转部工程质量监督管理部门;出现新的经济损失、工程损毁扩大等情况的应及时续报。省级交通运输主管部门应在事故情况稳定后的 10 日内汇总、核查事故数据,形成质量事故情况报告,报交通运输部工程质量监督管理部门。

对特别重大质量事故,交通运输部将按《交通运输部突发事件应急工作暂行规范》由交通运输部应急办会同部工程质量监督管理部门及时向国务院应急办报告。

本题的直接经济损失估计在 100 万元以下,不属于现行标准的质量事故而是质量问题,该质量问题属于监理单位可处理的质量问题(注:"监理单位可处理的质量事故"是旧提法),可按有关监理程序开展下一步监理工作。

(4)施工单位提出的延期申请和计量要求均不成立。

监理工程师正确的处理方法是:不批准延期 10 天的申请,原设计桩位的桩因质量不合格作为废弃桩,补救的桩增加数量不予进行计量,费用由施工单位承担。该桩的计量只能按照原桩位的规格和长度正常计量。

【案例 6-11】背景资料:

某高速公路项目 2019 年开工,建设单位委托某监理单位进行施工监理,监理单位任命具有多年桥梁设计工作经验的高级工程师任项目总监理工程师。在项目实施过程中,发生以下事件:

事件 1:施工单位进场施工,发现按照设计图纸提供的取土场开始清表取土填筑路基(该合同段全为借土填方,运距 10km),当取土场取深 3m 后发现下面是岩石和不能用作填土的不良土,施工单位只能另选取土场,运距增加 2km,加修便道 2km,这样造成该施工单位运输负担沉重,进度受到影响,成本费用大量增加。施工单位根据《公路工程标准施工招标文件》(2018年版)合同第 4.10.1 条的注释,并认真参阅了项目专用合同条款第 4.10.1 条的内容约定为"本项不包括取土场位置"。为此,施工单位提出,在投标时建设单位未在标书中将该取土场的这种情况预先告知施工单位,由此增加的费用由建设单位承担。而建设单位则认为根据合同第 4.11 条现场勘察的规定,投标人已经认真进行了现场考察,对于料场应有充分考虑,拒绝任何增加费用的索赔要求。

事件 2:桥梁基础为钻孔灌注桩,按照《公路工程标准施工招标文件》(2018 年版)的要求,所有桩都要进行无破损法(超声波)检测,以确保桩基础的工程质量。当桩基进行检测时,发现有一根断桩,断桩位置处在地下水位以下,且地质资料显示该处有溶洞。由此,施工单位向项目监理机构报送了处理方案,其要点为:①补桩;②调整承台的结构钢筋,外形尺寸做部分改动。

总监理工程师根据自己多年的桥梁设计工作经验,经审核认为施工单位提交的处理方案可行,因此予以批准。施工单位随即提出索赔意向通知,并在补桩施工完成后第 5 天向项目监理机构提交了索赔报告:

①要求索赔此桩处理期间机械、人员的窝工损失。

②增加的补桩应予计量、支付，理由是此桩断桩原因是地质不良，有溶洞所致。

事件3：在施工过程中未经监理工程师事先同意，施工单位就订购了一批预应力钢绞线。钢绞线运抵施工现场后，经监理人员检查发现，存在下列问题：

①施工单位未能提交钢绞线产品合格证、质量保证书和检测证明材料。

②钢绞线外观不良，无标识。

问题：

（1）事件1中，作为监理工程师你对此有何看法？《2018版施工合同》与《2009版施工合同》在此问题有什么不同？投标报价时要重点关注哪些问题？

（2）事件2中：

①总监理工程师批准上述处理方案，在工作程序方面是否妥当？并说明理由。简述监理工程师处理施工过程中工程质量问题工作程序要点。

②施工单位提出的索赔要求总监理工程师应如何处理？并说明理由。

（3）事件3中，监理工程师应如何处理预应力钢绞线问题？

参考答案及解析：

（1）事件1：

①根据本案例所述的情况，施工单位向建设单位提出费用补偿的要求是合理的。作为监理工程师，应同意施工单位的要求。因为作为设计图纸的招标文件在图纸明确取土场的位置，而且项目专用合同条款也做了修改。因此该图纸是合同的组成，而不是参考资料。图纸的变更造成费用增加应由建设单位承担。

②《2018版施工合同》与《2009版施工合同》在这点最大的不同是2018版更加公平合理，投标阶段虽然进行了现场考察，但仍有许多情况是无法预见的，即使是有经验的承包人。根据2007版九部委的通用合同条款第4.10.1条内容"发包人应将其持有的现场地质勘探资料、水文气象资料提供给承包人，并对其准确性负责。但承包人应对其阅读上述有关资料后所作出的解释和推断负责。"分析比较，该内容还是公平合理地说明这些资料是合同的组成，业主对其准确性负责。但是2009版改为"发包人提供的本合同工程的水文、地质、气象和料场分布、取土场、弃土场位置等资料均属于参考资料，并不构成合同文件的组成部分，承包人应对自己就上述资料的解释、推论和应用负责，发包人不对承包人据此做出的判断和决策承担任何责任"。设计图纸和地质勘探资料建设单位都无法确定其准确性，将此风险转嫁给承包人显然不太公平合理。而2018版增加了该条注释"如果在招标阶段，招标人在图纸中直接指定了取土场和弃土场位置，且作为投标人投标报价的依据，则招标人应在项目专用合同条款中对本项规定进行调整"，显然更公平合理，也体现了社会的进步。

不过作为考生一定要注意，目前绝大部分考题对此类问题都是按照2009版不考虑该费用补偿，认为这是有经验承包人自己承担此风险。只有"招标图纸指定取土场"这个条件也不能补偿场地变动增加的费用，因为合同第4.10.1条注释不是合同正文，合同正文认为"设计图纸给定的料场和取土场均属于参考资料，不是合同文件的组成"，所以合同约定最大。该注释后一句话"则招标人应在项目专用合同条款中对本项规定进行调整"虽然有强制性要求，但是鉴于目前情状，许多招标人在项目专用合同条款中不做调整，因此还是不能补偿由此增加的费用。只有同时满足"招标图纸指定取土场"和项目专用合同条款第4.10.1条调整为"取消图纸指定取土场属于参考资料"这两个条件，才能说明图纸指定取土场属于合同文件组成，承包人才能补偿这个费用。编者增加这两个条件的目的是让考生注意这也是一个考点。

③施工单位在投标过程中要认真阅读招标文件,同时关注公路专用合同条款项目专用合同条款对此的规定。并对建设单位提供的资料进行研究,认真做好现场考察和调查等环节的工作,充分了解施工中可能出现和存在的风险,并在报价中体现出来,在管理中采取相应措施,从而避免和减少损失。

(2)事件2:

①工作程序不妥。

理由:该项目总监理工程师在批准处理方案时,既没有取得建设单位的同意,也没有取得设计单位的认可。

处理质量问题的工作程序要点包括:

a. 发出质量问题通知单,责令承包人报送质量问题的调查报告、处理方案等。

b. 审查质量问题处理方案,并报建设单位。

c. 跟踪检查施工单位对已批准的处理方案的实施情况。

d. 验收处理结果。

e. 向建设单位提交有关质量问题的处理报告。

f. 将完整的处理记录整理归档。

②总监理工程师对施工单位提出的索赔要求应不予受理。

理由:断桩是由于施工单位本身施工不当造成的。至于地质不良和溶洞的原因,地质资料已充分显示,施工单位应充分估计到这一点,在施工中应采取有效措施,保证桩的质量。

(3)事件3:

①由于该批钢绞线是由施工单位采购的,经监理工程师检查发现该批钢绞线外观不良、无标识,且无产品合格证等资料。故监理工程师应书面通知施工单位不得将该批钢绞线用于本工程项目,并抄送建设单位备案。

②监理工程师应要求施工单位提交该批钢绞线的产品合格证、质量保证书、材质化验单、技术指标报告和生产厂家生产许可证等资料,以备监理工程师对生产厂家和材质保证等进行书面资料的审查。

③如果施工单位提交了上述资料,经监理工程师审查符合要求,则施工单位应按技术规范要求对该批产品进行有监理人员签证的取样送检试验。如果经检测后证明材料质量符合技术规范、设计文件的要求,则监理工程师可进行质检签证,同意使用,并书面通知施工单位。

④如果施工单位不能提供第②条所述的资料,或虽提供了上述资料,但经抽样送检试验后质量不符合技术规范或设计文件的要求,则监理工程师应书面通知施工单位不得将该批钢绞线用于本工程项目并要求施工单位将该批钢绞线运出施工现场(施工方与供货厂商之间的经济、法律等问题,由他们双方协商解决)。

⑤监理工程师应将处理结果书面通知建设单位,工程材料的检测费用由施工单位承担。

二、安全监理的主要职责案例

【案例6-12】背景资料:

某高速公路一座跨线桥全长77.32m,上部构造为(20 + 32 + 20)m预应力混凝土现浇箱梁。施工单位拟采用满布支架法进行施工,单点集中荷载10kN,支架最高点离地面为10.5m。施工过程中发生以下事件:

事件1:2018年7月15日,监理工程师在审查该桥施工方案时,要求施工单位对支架施工单独编制专项安全施工方案,并组织专家对方案进行论证审查后再报送总监办。

事件2:由于时间仓促,临近雨季,施工单位随即于7月16日开始支架施工。他们将另一项目中的支架施工方案(此方案支架最高点离地面为 7.3m)仅修改了相关数据,但未进行专门验算,就于 7 月 18 日邀请三位专家进行了论证。专家提出应加强支架基础临时排水等五个问题。施工单位技术员根据自己记录的专家发言对方案进行了修改。项目经理审查后立即报送监理工程师。驻地监理工程师审查后,于当日同意按此方案实施。

问题:

(1)针对以上事件,请分析监理工程师的处理方式是否正确?请说明理由,并指出主要的依据。

(2)监理工程师在审查专项安全施工方案时应注意哪些问题?

参考答案及解析:

(1)事件 1 中:

①监理工程师要求施工单位对支架施工方法单独编制专项安全施工方案是正确的。

②组织专家对方案进行专家论证、审查后再报总监办有不妥之处。

理由:支架施工属于危险性较大的分项工程,应单独编制专项安全施工方案,可是支架高度 10.5m(>8m)、满布支架法施工单点集中荷载 10kN(>7kN)、桥跨也超过 18m,所以组织专家论证是正确的。但是整个组织专家论证的程序和审批程序严重错误;根据背景资料,在施工单位组织专家论证前需经总监签字认可后才能组织专家论证,背景资料反映将支架高 7.3m 的方案仅修改了相关数据,但未进行专门验算,总监审查时就不能同意,根本就不能组织专家论证。同时专家论证的结论不明确,总监最后无法审批,参见下面的说明。

2018 年 2 月住建部第 37 次部常务会议审议通过《危险性较大的分部分项工程安全管理规定》(住房和城乡建设部令第 37 号),对专项施工方案和专家论证做了明确和详细的规定。

第 11 条 专项施工方案应当由施工单位技术负责人审核签字、加盖单位公章,并由总监理工程师审查签字、加盖执业印章后方可实施。危大工程实行分包并由分包单位编制专项施工方案的,专项施工方案应当由总承包单位技术负责人及分包单位技术负责人共同审核签字并加盖单位公章。

第 12 条 对于超过一定规模的危大工程,施工单位应当组织召开专家论证会对专项施工方案进行论证。实行施工总承包的,由施工总承包单位组织召开专家论证会。专家论证前专项施工方案应当通过施工单位审核和总监理工程师审查。专家应当从地方人民政府住房城乡建设主管部门建立的专家库中选取,符合专业要求且人数不得少于 5 名。与本工程有利害关系的人员不得以专家身份参加专家论证会。

第 13 条 专家论证会后,应当形成论证报告,对专项施工方案提出通过、修改后通过或者不通过的一致意见。专家对论证报告负责并签字确认。专项施工方案经论证需修改后通过的,施工单位应当根据论证报告修改完善后,重新履行本规定第 11 条的程序(注:即不要再组织专家论证,按专项方案审批程序)。专项施工方案经论证不通过的,施工单位修改后应当按照本规定的要求重新组织专家论证。

事件 2 中:

①施工单位 7 月 16 日开始支架施工时,尚未编制专项安全施工方案和报审,而监理工程师未下达暂时停工指令,不妥;应立即下达暂时停工令,要求施工单位停止施工,待专项安全施工方案批准后按批准的方案施工。

②驻地监理工程师审查后即同意方案实施是不妥的。

理由:根据现行《建设工程安全生产管理条例》第 26 条规定,应当由总监审批签字,驻地

125

监理工程师没有最终审批权。同时该方案未按本工程具体情况编制,只是将另一项目的支架施工方案(比本桥支架低了3m多)修改了相关数据,且未进行验算;只经过3位(应为5位)专家论证,且无专家书面审查意见;该方案无施工单位技术负责人签认,无专业监理工程师审查意见,不符合程序性要求。

(2)监理工程师在审批该桥支架施工方案时应注意:

①施工单位应当分别编写各危险性较大的分部分项工程的专项安全施工方案,并在施工前办理监理报审。

②监理工程师应按下列方法支持审查:

a. 程序性审查,专项安全施工方案须经专家论证、审查的,是否按照程序执行,是否经施工单位技术负责人签认,对于需专家论证的专项施工方案还要遵守《危险性较大的分部分项工程安全管理规定》(住房和城乡建设部令第37号)的相关规定。不符合程序的应退回。

b. 符合性审查,专项安全施工方案必须符合强制性标准的规定并附有安全验算的结果,须经专家论证,审查的项目应附有专家审查的书面报告,专项安全施工方案应有紧急救护措施等应急救援预案。

c. 针对性审查,专项安全施工方案应针对本工程特点以及所处环境、管理模式,具有可操作性。

③专项安全施工方案经专业监理工程师审查后,在报审表上填写监理意见,由监理工程师签认。

④特别复杂的专项安全施工方案,项目监理机构应报请监理单位技术负责人主持审查。

【案例6-13】背景资料:

某高速公路总监办管理范围包括四个施工合同段和四个驻地监理办。实施监理过程中发生以下事件:

事件1:因工期紧迫,建设单位要求对控制工期的关键工程提前开始施工。根据安排,1个长大隧道、2个特大桥合同段分别开始了洞口开挖和桩基施工。

不久,建设单位主持召开了第一次工地会议。参加会议的有建设单位的法定代表人,施工单位项目经理、技术负责人,总监办上级监理单位副总经理、总监理工程师、驻地监理工程师,工程所在市的质监站副站长,设计代表,还有路线经过的两个县的分管副县长、市纪检委副书记等。会上,监理单位副总经理宣布了对总监理工程师的授权;设计代表进行了设计交底;建设单位对工程各阶段提出进度目标,并就本项目的重要性加以说明,对质量、进度、安全、监理、廉政等工作提出了要求。会后,总监办完成会议纪要后发放各参会单位。总监理工程师主持、审批了项目监理细则,报建设单位批准后执行。

事件2:在隧道施工监理中,现场监理员发现:

(1)一名当地菜农被临时雇用,担任洞口值守员,且该人员同时还兼职其他工作。

(2)出入洞登记表记录进洞人数为8人,但现场检查发现洞内有6名掘进工人、7名杂工和2名技术员。

(3)现场还发现,装有炸药、雷管的车辆同时搭载着5名上班的工人。经询问,司机为临时工且无驾驶证件;该司机每天早晨一次性领出一天使用的炸药、雷管,拉至洞内并临时存放在一个铁皮柜内。

针对上述情况,监理员立即下发监理指令并报告总监理工程师。总监理工程师到现场后,指令施工单位暂停施工,并报告了建设单位。

问题:

(1)指出事件 1 中不符合《公路工程施工监理规范》(JTG G10—2016)要求的做法。

(2)事件 2 中有哪些做法不正确?请逐项指出并写出正确做法。

参考答案及解析:

(1)事件 1 中不正确的做法有:

①1 个长大隧道、2 个特大桥合同段在第一次工地会议召开前施工。

②建设单位主持召开第一次工地会议。

③第一次工地会议参加人员中,路线经过的两个县分管副县长、市纪检委副书记参加。

④监理单位副总经理宣布对总监理工程师授权。

⑤设计代表进行设计交底。

⑥建设单位对质量、进度、安全、监理、廉政等工作提出要求。

⑦总监办完成会议纪要后发参会单位。

⑧总监理工程师主持审批监理细则,直接报建设单位批准。

(2)事件 2 中不正确的做法有:

①洞口值守员为当地临时雇用且兼职人员不妥,应是专职的、经培训合格的安全员。

②出入洞记录失真,应真实、准确记录出入洞人员姓名、人员类别、出入洞时间等。

③炸药、雷管混装且同时载人,司机为临时人员且无证驾驶不对。

正确做法:炸药、雷管分别装载、运输,由经培训合格的押运员负责,不得搭载人员。驾驶员必须有驾驶证。

④炸药、雷管一次性领出拉至洞内临时存放在一个铁皮柜内不对。

正确做法:领用一次爆破的用量,剩余的炸药、雷管要及时退库,不得在洞内临时存放。

⑤监理员下发监理指令,并直接报告总监理工程师不对。

正确做法:监理员应立即报告驻地监理工程师,由驻地监理工程师处理并报告总监理工程师。

【案例 6-14】背景资料:

某项高速公路工程桥隧相连,施工难度大。建设单位通过招标选择了监理单位和施工单位,施工合同确定的施工工期为 30 个月。其中一座长度为 2360m 的隧道施工任务由第一合同段承包人承担。隧道出口紧接一座高架桥,最高墩高为 75m,其施工任务由第二合同段承包人承担。

在施工计划排列上,第一、二合同段是全线的控制工程。隧道施工中,由于洞口施工遇到了两次较大的塌方,整个隧道施工工期经过调整后将比原计划拖后 3 个月。桥梁基础施工时,施工单位采用了人工挖孔的施工方法,使其实际进度比计划进度提前了 4 个月。基础及桥梁下部完工后,桥墩及桩基工程通过了质量验收。

建设单位结合全线各标段的施工进度情况,对全线计划进度进行了调整,将原合同工期30 个月调整为 26 个月,监理工程师未提出异议。架梁前,第二合同段在进行支座检测时,发现靠近隧道进口处的 20 号、21 号桥墩出现较大的偏斜,墩顶最大偏斜位移达 40cm。经组织专家进行现场调查、分析,查验测量资料,最终确定 20 号、21 号桥墩的偏移是由于第一合同段没有按照施工组织设计要求弃渣,而是将隧道弃渣直接倾倒在隧道出口坡脚处。因弃渣对桥墩一侧产生侧向挤压导致桥墩偏斜。建设单位组织科研、设计单位制订了对 20 号、21 号桥墩纠偏、加固的处理方案。经过处理后恢复了墩顶支座的原设计位置。

问题：

此事件中,建设单位、施工单位(第一、二合同段)、监理单位各应承担什么责任？并说明理由。

参考答案及解析：

(1)建设单位违反了招标承诺及签订的施工合同的规定,第一、二合同段是全线控制工程,应根据第一、二合同段施工进度情况对全线计划进度进行调整。将30个月的合理工期压缩成26个月,应当承担一定的管理责任。

(2)施工单位(第一合同段):施工组织设计对隧道弃渣地点做出了明确的规定,在对建设单位压缩工期没有提出异议的情况下,违背设计要求,随意倾倒弃渣,危及相邻工程,直接导致问题发生,故应承担主要责任。

(3)施工单位(第二合同段):依据《公路工程标准施工招标文件》(2018年版)规定,在整个施工期间施工单位应对其施工的工程质量负责,并对其承担照管责任和维护的责任。第一合同段隧道弃渣挤压第二合同段桥墩不是短时间的问题,第二合同段在如果及早发现并向第一合同段、监理单位提出,事件本可避免或及时得到处理。因此,第二合同段在此事件中负有次要责任。

(4)监理单位负责审批施工组织设计及总体进度计划,对于全线控制工程的两个标段,按照建设单位的意见进行不合理的工期压缩负有一定的监理失职责任。其次,监理工程师应当进行日常巡视检查,发现问题应当及时通知施工单位进行整改或停工,隧道弃渣挤压桥墩问题不是一天形成的,监理工程师没发现问题,或发现问题未要求整改,或要求整改但未督促落实,故负有一定的监理失职责任。

【案例6-15】背景资料：

某高速公路LJ8合同段签约合同价3.83亿元人民币,合同工期为1年,施工单位配备了5名持证专职安全生产管理人员,该合同内一座特大桥桩基设计为钻孔灌注桩,分项工程开工报告监理工程师已经批准。该桥平均桩长14m,最大桩长18m,水文、地质情况良好,施工单位采用人工挖孔工艺组织施工。

在挖孔施工过程中,监理工程师发现以下问题：

(1)孔口护圈用一层标准红砖并列平放在地面,坐浆砌成。

(2)孔口出渣作业工人未佩戴安全带。

(3)无送风管。

(4)提渣设备无转向限位装置。

(5)人工搅拌护壁混凝土,护壁表面蜂窝、麻面较多。

(6)现场未找到技术员和安全生产管理人员。

监理工程师立即下达监理指令,要求项目部停止挖孔施工,并立即整改;认真履行三级安全交底制度,并上报专项安全施工方案。施工单位未按要求整改,继续进行挖孔作业,结果导致出渣作业工人掉入12m深的孔内,造成一死一伤的生产安全事故。

问题：

(1)按照签约合同价,施工单位按现行规定应配备几名专职安全生产管理人员？请简述施工单位安全生产三类管理人员各自的职责。

(2)请逐一指出施工单位存在的问题。

（3）请指出驻地监理工程师在上述事件中存在的问题。

参考答案及解析：

（1）按照签约合同价，施工单位应配备 8 名专职安全生产管理人员。3.83 亿元÷5000 万元＝7.66 人，取 8 人。

安全生产三类管理人员包括施工单位的主要负责人、项目负责人和专职安全生产管理人员，其各自的职责分别为：

①施工单位主要负责人对本单位安全生产工作全面负责。

②项目负责人对所承包的项目安全生产工作全面负责，包括项目经理和项目总工程师。

③专职安全管理人员直接、具体承担本单位日常的安全生产管理工作，包括企业安全生产管理的负责人及其工作人员和施工现场专职安全人员。

（2）施工单位存在的问题有：①未按监理工程师批准的施工方案实施；②孔口护圈未高出原地面 30cm；③孔口出渣作业人员未配载安全带；④无送风设备，部分桩长大于 15m，必须加强机械通风；⑤提渣设备无转向限位装置；⑥护壁用混凝土为孔口人工搅拌；⑦现场无技术员和安全生产管理人员；⑧驻地监理工程师指令不执行，未按要求整改；⑨未编制上报挖孔桩专项施工安全方案；⑩未进行三级安全交底制度。

（3）驻地监理工程师存在的问题有：①承包人私自改变重大施工工艺时，未及时制止施工并书面报告建设单位；②下达监理指令后，未及时监督施工单位按指令整改。

【案例 6-16】背景资料：

某高速公路路基工程标段全长 6.5km，由某驻地办实施监理。施工过程中发生以下事件：

事件 1：该合同段的涵洞分布范围较广，施工位置、地势及施工条件差异很大，施工单位将 A 区域、B 区域内的涵洞施工交由两个作业队实施。在未履行开工手续的情况下，首先开始 A 区域涵洞的施工，驻地监理工程师发现后立即进行了制止，并责令施工单位履行开工手续。第二天，施工单位上报了《A 区域涵洞工程分项开工申请》，该申请包括分项工程概况、方案陈述（包括主要施工工艺）、质量保证措施、安全保证措施及环境保护保证措施等五方面内容。驻地监理工程师审查后，于第三天上午电话通知施工单位可以施工。

事件 2：为做好安全生产专项费用的专款专用，防止施工单位挤占、挪用安全生产专项资金，驻地办依据项目合同文件精神，通过制定安全生产专项资金计量支付细则，明确了计量范围和安全计量支付程序，其计量范围明确如下：

（1）通过统一制订表格，规定支出项目，规范安全防护、检测设施、设备，应急救援物资、器材、设备和现场作业人员安全防护物品等安全专项费用支出内容。

（2）为项目工程进行的重大危险源分析、风险评估、专项安全施工方案评审会以及安全培训与应急演练的相关支出，经审查后可以包括在安全专项费用之内。

问题：

（1）事件 1 中，施工单位上报的《A 区域涵洞工程分项开工申请》内容是否全面，为什么？

（2）根据《公路工程施工监理规范》（JTG G10—2016）规定，B 区域涵洞开工前是否需要再履行开工手续？为什么？

（3）事件 2 中，施工单位在工程报价中对安全生产费用如何确定？驻地办对安全生产专项费用计量范围的规定是否合理、全面？

（4）根据《公路工程标准施工招标文件》（2018 年版）中计量规定，安全生产费用应如何支付？

参考答案及解析：

（1）事件1中，施工单位上报的《A区域涵洞分项工程施工方案》内容不全面（1分）。

分项开工申请中还应包括：①进度计划（1分）；②质量控制指标及试验检测项目、频率和方法（1分）；③施工组织、管理人员及施工人员的配备（1分）；④人员、材料、机械设备等进场情况（1分）；⑤测量放线成果等（1分）。（注：此答案是按照《2006版监理规范》第5.17条说明的要求回答的）

（2）B区域涵洞需要履行开工手续（2分）。

理由：A、B区域涵洞分部工程由两个独立的作业队完成。其施工方案、工艺、技术、质量和安全管理人员及主要操作人员等的配备情况和带*的主要分项工程是基础及下部构造与主要构件预制安装或浇筑，如与A区域不同就需履行B区域的分部工程和主要分项工程开工手续（2分）。

（3）事件2中，施工单位在工程报价中应当包含安全生产费用，一般不得低于投标价的1.5%（2分），且不得作为竞争性报价（2分）；驻地办对安全生产专项费用计量范围的规定不全面，还应包括表6-2所列的其他内容（2分）。

（4）安全生产费由监理工程师签认后由建设单位支付（2分）。一般可以按照《公路工程安全生产标准化指南》的规定的内容如表6-2所示据实支付（2分）。

【案例6-17】背景资料：

某高速公路一施工合同段，主要工程有隧道2座、大桥3座（包括跨径为66m＋120m＋66m的顶应力混凝土连续刚构大桥一座）。施工单位在开工前组织了公路桥梁和隧道工程施工安全风险评估；并根据要求开展了安全教育培训，同时制定了《项目负责人施工现场带班生产制度》。

在施工过程中，发生了以下事件：

事件1：隧道在洞口临时排水工程施工中，发现隧道存在偏压现象。

事件2：连续刚构大桥合龙前，施工单位向监理工程师提交了合龙方案，方案中的合龙顺序如下：

①全过程依据监控量测单位提供的数据，进行施工控制。

②合龙自边跨向中跨进行。

③两侧边跨合龙后，将跨中紧临合龙段两侧的悬臂段进行临时刚性连接，再在两悬臂端上配重至施工控制高程。

④进行合龙段立模、钢筋绑扎、预应力管道埋设。

⑤在一天中最低温度时，浇筑完合龙段混凝土，待混凝土强度达到设计要求时卸掉配重。

⑥解除临时刚性连接，完成张拉压浆。

问题：

（1）施工单位组织的针对合同段项目的施工安全风险评估，首先要进行的工作是什么？

（2）按照《公路水运工程安全生产监督管理办法》（交通部令2017年第25号）要求，施工单位应如何开展安全生产教育培训？

（3）按照《公路水运工程施工企业项目负责人施工现场带班生产制度（暂行）》（交质监发〔2012〕576号）要求，施工单位哪些人能担任带班人员？

（4）事件1中，发现隧道存在偏压现象，按照监理工作程序，现场监理工程师应如何处理？

（5）事件2中，指出合龙方案中合龙顺序①至⑥中的错误做法，并叙述正确的做法。

参考答案及解析：

（1）开展总体风险评估。桥梁或隧道工程开工前，根据桥梁或隧道工程的地质环境条件、建设规模、结构特点等孕险环境与致险因子，估测桥梁或隧道工程施工期间的整体安全风险大小，确定其静态条件下的安全风险等级。

（2）根据《公路水运工程安全生产监督管理办法》（交通部令2017年第25号）第15条规定，从业单位应当依法对从业人员进行安全生产教育和培训。未经安全生产教育和培训合格的从业人员，不得上岗作业。

注：取消每年两次规定，改为"依法"，就是根据《建设工程安全生产管理条例》第36条第2款"施工单位应当对管理人员和作业人员每年至少进行一次安全生产教育培训，其教育培训情况记入个人工作档案。安全生产教育培训考核不合格的人员，不得上岗"。

（3）带班人应为项目经理、副经理、总工程师。

（4）监理工程师立即向总监理工程师汇报，并下发暂时停止进洞的指令，总监理工程师向建设单位汇报，建议由建设单位召集相关单位进行调查处理。

（5）合龙顺序中的③、⑤项不正确。

③应改为：先在两端的悬臂上配重至施工控制高程，再进行两侧悬臂段临时刚性连接。

⑤应改为：在一天的气温相对较低时开始浇筑且在温差变化较小的时间内完成，混凝土浇筑完成后气温开始上升。在浇筑合龙段混凝土时，悬臂上的配重应在浇筑混凝土过程中逐步等量撤除。

【案例6-18】背景资料：

某工程通过招投标确定了施工单位和监理单位并分别签订了合同。在施工过程中，发生了下列事件：

事件1： A桥为上跨高速公路的普通钢筋混凝土连续梁桥，上部构造采用满布支架施工，满布支架荷载设计计算时考虑了以下三类荷载：①模板和支架自重；②结构混凝土重力；③人员、机具荷载。按此计算结果进行预压加载后，恰逢连降阴雨，雨水使堆载土袋饱水，并在土袋凹陷部位囤积，导致支架坍塌。

事件2： 监理工程师巡视时，发现路基施工中使用未经检验的土工格栅。若继续施工，该部位将被隐蔽。监理工程师立即向施工单位下达暂停该路基施工指令，要求对该材料进行检验，并在规定时间将上述情况报告建设单位。经检验，材料各项指标满足要求可以使用。监理工程师随即指令恢复施工。该事件（处于关键线路上）造成了停工损失及工期延长。由于材料检验合格，施工单位提出了延长工期与费用索赔要求。

事件3： B桥在梁板架设（处于关键线路）过程中，受宏观经济政策影响，建设单位资金未到位，已经有3个月未拨付施工单位计量款，导致施工单位拖欠工人工资，工人撤场，施工单位被迫停止了架梁作业。为了能按期完工，建设单位要求施工单位立即恢复架梁施工。

问题：

（1）事件1中，A桥满布支架荷载设计计算是否合理？请说明理由。

（2）A桥支架预压的目的是什么？

（3）事件2中，监理工程师是否应同意施工单位提出的索赔，为什么？

（4）事件3中，按照合同规定施工单位应当采取哪些应对措施？

（5）事件3中，监理工程师如何协调、处理建设单位和施工单位的纠纷？

参考答案及解析：

（1）不合理。有如下荷载未考虑到：

①振捣混凝土时产生的振动荷载。

②新浇筑混凝土对模板的冲击力。

③其他可能的荷载如风荷载、雪荷载、冬季保温设施荷载等。

④安全系数为 $1.05\sim1.10$。

（2）检验支架的安全性；消除支架地基的不均匀沉降和支架的非弹性变形并获取弹性变形参数。

（3）不同意提出的延长工期索赔和费用索赔，因为属于施工单位自身的原因造成的。

（4）对于事件 3，施工单位此时可向建设单位发出通知，要求建设单位采取有效措施纠正违约行为。建设单位在收到施工单位通知后的 28 天内仍不履行合同义务，施工单位可以停工，并通知监理单位。施工单位暂停施工 28 天后，建设单位仍不纠正违约的，施工单位可发出解除合同通知。

（5）对于事件 3，在违约事件发生后，监理工程师应调查分析，掌握情况，依据合同规定和有关证据评估损失，提出处理意见。监理工程师应进行调解，使双方本着友好协商的态度解决好问题。

【案例 6-19】背景资料：

某高速公路长度为 150km，山势险峻，投资 215 亿元，施工合同段 8 个。其中第 6 合同段有一座主线上跨国道的桥梁，桥位位于旱地；上构设计为 $3\times30m$ 现浇箱梁，经计算施工总荷载大于 $15kN/m^2$；下构设计为 31.5m 钻孔桩，最高桥墩高度为 25.45m。第 6 合同段经理部计划 30 天后施工该桥，并向监理机构提交该桥的开工申请及包含施工方案等开工申请所需的资料。

问题：

（1）该桥施工前，是否需要编制专项施工方案，是否需要专家论证审查？为什么？

（2）施工方案有哪些主要内容？监理工程师应该从哪几个方面审查施工单位提交的施工方案？

（3）现浇箱梁应选择哪种结构类型的支架？箱梁混凝土浇筑前，安全监理工作主要有哪些？

参考答案及解析：

（1）根据《公路工程施工安全技术规范》（JTG F90—2015）规定：

①桥梁基础工程为旱地 31.5m 钻孔桩，需要编制专项方案，不需要专家论证。

②桥梁下部现浇墩柱高 25.45m，需要编制专项方案，不需要专家论证。

③桥梁上部现浇箱梁跨路施工，总荷载大于 $15kN/m^2$，需要编制专项方案，需要组织专家论证。

（2）专项施工方案的主要内容包括：

①工程概况：工程基本情况、施工平面布置、施工要求和技术保证条件。

②编制依据：相关法律法规、规范性文件、标准、规范及图纸、施工组织设计等。

③施工计划：包括施工进度计划、材料与设备计划。

④施工工艺技术：技术参数、工艺流程、施工方法、检查验收等。

⑤施工安全保证措施：分部分项工程影响质量、安全风险源、分析及组织保障、技术措施、

应急预案、监测监控、项目负责人轮流带班生产方案等施工安全保证措施。

⑥劳动力计划：专职安全生产管理人员、特种作业人员等。

⑦计算书和相关图纸等。

审查施工方案的工作要点包括：

①审查专项施工方案的内容完整性。审查方案内容是否齐全，其内容至少包含工程概况、编制依据、施工计划、施工工艺技术、施工安全保证措施、劳动力计划、计算书和相关图纸等内容。

②审查施工单位报审时间的合规性。在该工程开工之前，施工单位提交专项施工方案，交由监理工程师审查。

③审查施工单位内部编制与审核程序的合规性。施工单位技术、安全、质量等部门技术人员审核，项目技术负责人审批，其签名是否为手签，是否加盖项目经理部公章；

④审查专项施工方案是否符合强制性标准要求。是否附有安全验算结果；安全技术措施是否符合强制性标准；经专家论证的专项施工方案，施工单位项目部是否按专家意见进行修订。

⑤需专家论证的专项施工方案审批流程：施工单位提交专家论证报告及根据论证报告修改完善专项施工方案，施工单位技术负责人、总监、建设单位签字同意后，方可组织实施。

⑥应有监理审查结论。

（3）现浇箱梁应选择支架的结构类型：

①箱梁混凝土浇筑前一道工序是钢筋绑扎，在此之前才是支架搭设、预压、验收。

②该桥梁上跨国道，需要通行车辆，采用满堂式支架，选型不合适，应采用钢管立柱贝雷梁或型钢支架。

③满堂式支架太笼统，唯一适用箱梁浇筑的仅有盘扣式钢管支架，但受国道行车限制不宜采用。其余门式钢管支架、扣件式铜管支架、碗扣式钢管支架均属于交通运输行业淘汰的落后工艺，不得用于现浇箱梁施工。

箱梁混凝土浇筑前，安全监理工作主要包括：

①满堂支架搭设处场地硬化之前，应检测地基承载力是否达到专项施工方案要求，四周排水设施排水是否通畅。

②检查场地硬化厚度、混凝土强度是否满足专项施工方案要求。

③满堂支架搭设前，检查架子工等特种作业人员资格、安全培训情况。

④检查检验满堂支架钢管型号、管径、壁厚、支架模板等是否符合专项施工方案要求。检查满堂支架纵向、横向搭设间距、立杆、水平杆、扫地杆、剪力撑、斜撑设置是否符合要求。

⑤检查加载预压后，支架变形量、地基沉降量是否符合要求。

⑥检查应急预案落实情况。

⑦按照《公路水运工程平安工地建设管理办法》规定，进行危险性较大分部分项工程施工前的安全生产条件核查，将核查结果报建设单位确认。

⑧检查其他安全防护措施是否符合专项施工方案规定。

三、费用监理的主要职责案例

【案例6-20】背景资料：

某高速公路第3合同段长13km，合同工期24个月，建设单位与施工单位、监理单位分别签订了施工合同和监理合同，并于2018年10月正式开工。工程施工中，发生以下事件：

事件1:专业监理工程师在巡视一处涵洞时发现,施工人员正在处理地下障碍物。经认定,该障碍物确属地下文物,总监办及时按有关程序进行了处理。

事件2:施工单位在基础工程施工时发现,现场条件与施工图不符,遂向总监办提出变更申请。总监理工程师指令施工单位暂停施工并立即与设计单位联系,设计单位同意变更,但同时表示无法及时提交变更后的施工图。总监理工程师将此事报告建设单位,建设单位随即要求总监理工程师修改施工图并签署变更指令,指示施工单位实施变更。

事件3:甲施工单位(为中标单位)将部分工程分包给乙施工单位。监理工程师巡视时发现,乙施工单位未按审查后的施工方案施工,工程存在工程质量安全隐患。监理工程师分别向甲、乙施工单位发出整改通知,甲、乙施工单位既不整改也未回函答复。

事件4:一座现浇连续箱梁桥,在支架预压作业时,临时抽调6名民工沿支架一侧排开,就近摆放预压砂袋,突然支架倾倒,其中3名民工坠落,并受重伤。

事件5:专业监理工程师在巡视一座通道桥工地时发现,施工单位在钻孔桩施工中,直接把泥浆排入附近的河道中,专业监理工程师立即责令施工单位停止作业,并要求按相关规定处理废弃泥浆。

事件6:某桥灌注桩清孔后沉淀层仍超过规定厚度,二次清孔后,孔深增加,浇筑混凝土的实际桩长比设计桩长增加0.9m。施工单位要求对增加的桩长给予计量。

问题:

(1)写出事件1总监办对地下文物的处理程序。

(2)事件2中,指出总监理工程师和建设单位做法是否正确?请说明理由。

(3)事件3中,监理工程师的做法是否正确?请说明理由。在发出整改通知后,针对施工单位的反应,监理工程师应采取什么措施?

(4)事件4中,事故发生的主要原因是什么?

(5)事件5中,钻孔灌注桩施工,废弃泥浆应如何处理?

(6)事件6中,监理工程师是否应同意计量增加的桩长?并说明理由。

参考答案及解析:

(1)监理机构通知施工单位采取措施保护现场。监理机构及时通知建设单位,并报告文物管理部门。

(2)事件2中,总监理工程师和建设单位的不正确之处及变更的正确处理程序如下:

①总监理工程师做法的不正确之处:总监理工程师指令施工单位暂停施工后,立即与设计单位联系是错的。

②建设单位做法的不正确之处:建设单位要求总监理工程师修改施工图并签署变更文件,指示施工单位实施变更。

③该设计变更的正确处理程序为:

a.施工单位向监理机构提出书面变更建议。

b.监理工程师收到施工单位书面建议后,应与建设单位共同研究,确认存在变更的,应由建设单位转交原设计单位编制设计变更文件。

c.监理机构向施工单位发出变更指令。

(3)①向甲施工单位发出整改通知正确。

理由:甲施工单位属于总承包人,和建设单位存在合同关系,监理工程师的所有指令均可发给总承包人。

②向乙施工单位发出整改通知不正确。

理由:乙施工单位与建设单位之间没有合同关系。

③在发出整改通知后,针对施工单位的反应,监理工程师应采取的措施为:

a.监理工程师应下达工程暂停令,要求甲施工单位停工整改。

b.整改完毕后经监理工程师复查,符合规定要求后,应及时签署工程复工通知。

(4)这起事故的主要原因包括:

①现场临时抽调民工,民工无支架预压施工的知识,不懂得此项作业的安全规定。

②现场没有技术人员指导和监督农民工作业。

③现场安全检查不到位。

④上岗前未进行安全技术交底,一字排开就近摆放砂袋,造成偏压。

(5)钻孔桩必须设置泥浆沉淀池,不得将泥浆直接排入河水或河道中,经沉淀后上清水排放,减小悬浮固体的排放量。

废弃的钻孔泥浆以及其他废弃物,应运至事先准备好的沉淀池临时储存,待吹干后运往指定的弃渣场进行永久处置,避免由于水土流失或可能的有毒盐土风化等因素导致造成农田和水系污染,弃渣不得弃于河道或河滩地。

(6)监理工程师应不同意对增加的桩长给予计量。

理由:施工单位应严格按合同设计图纸施工,由于施工单位的原因超过设计范围的那部分工程量不予计量,或工程量应以净值为准,或未经监理工程师批准,由于超钻而深于所需的桩长部分,不予计量。

【案例6-21】背景资料:

某高速公路工程的合同工程量清单"说明"中列明了"工程一切险"的保险费率为0.5%;第三方责任险的投保金额为10万元,保险费率为1.0%。A施工单位投标书中的工程量清单100章填报的保险费总额为37560元。A施工单位中标后,按规定办理了投保。在施工过程中发生了几件事故,其经济损失情况如下:

(1)路基施工时,导致离路基边缘约10m的一幢旧式砖混结构民房墙体三处开裂,少量砖瓦下落,经地方协调部门协调,由A施工单位赔偿0.4万元。

(2)在一座中桥基础施工时,因遭遇特大洪水袭击,导致在河边施工的2台钻机、1台发电机、1辆汽车、3t水泥、25m³砂、25m³碎石受淹,2m³木材被冲走。事后经监理工程师现场调查落实,情况属实,将承包人的损失及时上报了建设单位。经清查核实的经济损失见表6-5,合计金额为17060元。

施工单位经济损失表　　　　　　　　　　　表6-5

项　　目	数　　量	单价(元)	损失金额(元)
钻机修理费	2台	2500	5000
发电机修理费	1台	2000	2000
汽车修理费	1辆	3000	3000
水泥	3t	320	960
砂	25m³	40	1000
碎石	25m³	60	1500
木材	2m³	800	1600
职工抢险费、受伤医疗费	2人	1000	2000

事故发生3个多月后,A施工单位将上述两项事故损失用索赔申请形式向建设单位提出索赔(并将地方协调部门和监理工程师签章的证明材料一并附上)。建设单位收到此索赔申请报告后,认为与合同规定程序不符,不予受理。

问题:

(1)建设单位不予受理的理由是什么?

(2)监理工程师处理不当之处有哪些?

(3)这两件事故可通过什么正确途径解决?

(4)这两件事故可索赔多少金额?

(5)根据投标人的工程量清单报价,A施工单位的中标价应是多少(不包括不可预见费)?

参考答案及解析:

(1)建设单位不予受理的理由是:承包人送达"索赔申请报告"的程序和时限不符合"合同"的规定。

(2)监理处理不当之处是:事故发生后应要求承包人向承保单位及时报告,由承保单位派人到现场调查,而不是单由地方协调部门和监理工程师独立调查处理。

(3)这两件事故的正确处理途径是:由作为投保人的承包人向承保人(受理"工程一切险"和"第三方责任险"的保险公司)提出索赔;具体程序应按"保险单"规定的条件和期限及时向承保人报告,并抄送建设单位和监理工程师,然后按保险公司的规定程序处理。

(4)可挽回的经济损失为:

①房屋赔偿4000元(承包人与业主联名投保按"第三方责任险"向保险公司索赔)。

②钻机和发电机修理费7000元(属于承包人单独投保的承包人设备险,以建筑用机器、设备、装置应按重置价值计算为投保额在我国名称也是"工程一切险",但保险费不在第100章的工程一切险的保费中,而是摊入投标人的综合单价中,如果承包人没有去投保该保险,则保险公司是不赔的,因为第100章的投保额度是指"工程即永久工程和临时工程"就是下面计算出的731.2万元,以此计算得出的保费由业主支付。而运到现场即工地的材料也是永久工程的组成属于建设单位财产,所以第③点损失保险公司才赔偿)。

③水泥、砂、木材损失费3560元(承包人与建设单位联名投保工程一切险向投保的保险公司索赔)。

以上费用应由保险公司调查核实。

碎石在未被洪水冲走的情况下,因冲洗后可用,可由保险公司赔偿冲洗人工费,包括③都属于工程一切险的赔偿。

而抢险人员为承包人职工,这两项均不符合"第三方责任险"保险赔偿内容,但是可以按照施工单位投保的人身意外伤害险向保险公司索赔。

施工用的汽车虽然为可移动设备,原理上与施工用的挖掘机相同,在洪水突然来临情况下无法撤离时,其维修费3000元也应按照承包人设备险向保险公司索赔(我国也称为工程一切险,但是投保额不是731.2万元而是承包人在工地设备的重置成本,保险费不在100章而是摊入单价中)。

(5)A施工单位的中标价(不包括不可预见费)计算如下。

根据现行规定保险费是含在中标价中的,工程一切险的投保额=(37560-100000×1%)÷0.5%=7312000元=731.2万元,工程一切险的保费=731.2×0.5%=3.656万元,第三方责任险保费=0.1万元,共计3.756万元。中标价=731.2+3.756=734.956万元。

⏵ 第七章 公路质量控制与施工监理专业知识综合运用

本章具体知识点参见《2022 年全国监理工程师(交通运输工程专业)职业资格应试辅导建设工程目标控制》第二章的相关内容。

第一节 工程质量、安全目标控制的程序、内容、方法和措施

【案例 7-1】背景资料：

某工程项目，建设单位与施工单位签订了施工承包合同,合同中规定钢材由建设单位指定厂家,施工单位负责采购,厂家负责运输到工地。当第一批钢筋运至工地时,施工单位认为是建设单位指定用的钢筋,在检查了产品合格证、质量保证书后即可用于工程,有质量问题由建设单位负责。

项目经理部为了控制原材料的质量,建立了工地试验室,制定如下试验管理制度：

①试验室在项目总工程师的领导下开展试验检验工作。业务上受上级公司中心试验室领导,同时还需接受监理工程师的监督和检查。

②试验室在工序施工前,应完成工序质量控制所必需的各项基础试验,并提出控制参数和数据。

③对压实度检测、混凝土试件制作、混凝土稠度测定、沥青混合料温度测定等频率较高的检测项目,试验人员按规定的取样地点、时间进行检测试验,试验管理人员进行 15% 频率的抽检。

④将试验检测的原始记录和报告印成一定格式的表格,同时应有试验、计算、负责人签字及试验日期。

......

问题：

(1)施工单位的做法是否正确? 说明理由。

(2)若施工单位将该批材料用于工程造成质量问题其是否有责任? 说明理由。

(3)施工单位制定的试验管理制度是否有不妥之处? 若有不妥之处,请指出改正。

(4)对预制构件厂生产的预制构件,应如何进行进场质量检验?

参考答案及解析：

(1)不正确。对进场的材料施工单位有职责进行抽样检验,检验合格方可用于工程。

(2)有责任。施工单位对用于工程中的原材料必须确保其质量。

(3)有不妥之处,具体如下：

①第一条:除接受监理工程师监督和检查外,还应有建设单位、质量监督站的监督检查。

②第三条:抽检频率应为 20% 。

③第四条:试验报告还应有复核人签字,并加盖试验专用章。

(4)对预制构件厂生产的预制构件,安装前应检验出厂合格证,内容包括:构件型号、规格数量、出厂日期。检验后加盖检验合格章。安装后,在合格证上注明使用部位。

【案例 7-2】背景资料:

某桥采用 $4 \times 25m$ 预应力混凝土空心板梁,施工采用预制安装,后张法施工工艺。施工单位设置的常见质量控制点有:支座预埋件的位置控制、板梁之间的高差控制、梁体之间现浇带混凝土质量控制以及伸缩缝安装质量控制。

问题:

(1)施工单位在预制板梁过程中对预应力筋和预制板梁应开展哪些主要内容的检验?

(2)请指出施工单位设置该预制板梁的常见质量控制点缺项部分。

参考答案及解析:

(1)应开展的主要检验内容如下:

①预应力筋:预应力筋各项技术性能,千斤顶、油表、钢尺等检查校正;预应力管道坐标及管道间距;张拉时的应力值、张拉伸长率和张拉断丝、滑丝数。

②预制板梁:板梁混凝土强度;几何尺寸(长度、宽度、高度、跨径);板梁平整度及支座预埋件表面的平整度;预埋件位置。

(2)缺项部分有:预拱度的控制、板梁混凝土的强度控制、支座安装型号和方向的控制。

第二节　监理工程师各种工作方式的运用

【案例 7-3】背景资料:

某新建一级公路土方路基工程施工,该工程取土困难。K10+000~K12+000 段路堤位于横坡陡于 1:5 的地面,施工方进行了挖台阶等地基处理,然后采用几种不同土体填料分层填筑路基,填筑至 0~80cm,施工方选择细粒土,采用 18t 光轮压路机,分两层碾压。两层碾压完成后,检测了中线偏位(合格率 90%)、纵断高程(合格率 85%)、平整度(合格率 85%)、宽度(合格率 88%)、横坡(合格率 92%)和边坡坡度(合格率 90%),认定土方路基施工质量合格,提请下一道工序开工。

问题:

(1)对于挖台阶处的填筑具体应如何实施?在公路工程中有哪些情况需要进行挖台阶处理?

(2)请从强度、水稳定性、透水性三个方面对不同土体填筑路堤施工提出要求。

(3)影响土方路基质量最关键的因素是填料和压实,该工程的施工方法是否有效控制压实质量?为什么?

(4)你认为该工程进行现场质量控制的检测是否符合工序检查要求?依据上述检测内容能否认定质量合格?请简述原因。

参考答案及解析:

(1)地面横坡陡于 1:5 时,原地面应挖成台阶(台阶宽度不小于 1m),并用小型夯实机加以夯实。填筑应由最低一层台阶填起,并分层夯实,然后逐台向上填筑,分层夯实,所有台阶填核完之后,即可按一般填土进行施工。

(2)不同土体填筑路堤的施工要求为:

①强度较大的土应填在上层,强度较小的土应填在下层。

②路基上部宜采用水稳性好或冻胀敏感性小的填料。有地下水的路段或浸水路堤,应填筑水稳性好的填料。

③在透水性差的压实层上填筑透水性好的填料前,应在其表面设 2% ~4% 的双向横坡,并采取相应的防水措施,不得在透水性好的填料所填筑的路堤边坡上覆盖透水性差的填料。

(3)该工程未能有效控制压实质量。因为根据选择的填料和压实机具,应该分三层或四层碾压。

(4)不符合工序检查的要求。因为分层碾压时,每一压实层都要进行相关检测。不能认定合格,因为存在漏项,漏了压实度和弯沉。

【案例 7-4】背景资料:

某省 HND 大桥由中标的 CHD 公司大桥项目经理部施工,KNS 咨询监理单位进行施工监理,全桥380 根钻孔灌注桩(采用白云山水泥,初凝时间为 9 小时,终凝时间为 16 小时)。刚进行到第五根桩施工时,遇到下列事件:

第五根桩从 9 月 14 日 7:00 开始灌注混凝土,15:16 因电焊机使用不当导致发电机组故障,使搅拌机及灌注设备被迫停工,CHD 公司大桥项目经理部立即组织人员抢修,发电机组于 17:08 修复,17:13 恢复施工,恢复施工后提升导管提不动,经反复转动,上下冲振,至 17:32 才将导管拔出,就位到预定高度,开始灌注新混凝土,17:42 监理工程师到现场视察,19:34 灌注完全部混凝土。当导管全部提出孔外清点时,导管总长只有48m,因此,监理工程师同意桩基按 48.5m 计量,承包人要求按设计桩长 55.6m 计量,其依据是建设单位提供的设计图纸(除此之外,监理工程师和承包人不能再提供其他证据证明施工的实际桩长)。

问题:

(1)该桩是否合格?为什么?

(2)该事件所反映的施工监理中存在的主要问题及其原因有哪些?

(3)桩基础应在什么时候进行计量?应按多长给予计量?

参考答案及解析:

(1)根据下述分析,该桩为不合格桩。该桩灌注混凝土过程中,因故障中断,中断时间长达 2 个多小时,此时首盘混凝土已超过初凝时间,导致导管被卡住提不动,后经强行拔出。

①可能情况之一,导管已有一截断在孔中,因此造成导管总长只有48m。按规范施工要求导管在孔内长度应为 55.35 ~ 55.2m(导管底部至孔底应有 25 ~ 40cm 的空间)。如果导管已断,则首盘被污染的混凝土已无法翻到头,后续灌注的混凝土压在首盘混凝土上,形成"断桩"。

②可能情况之二,钻孔深达设计深度,导管没有断在孔内,其长度只有48m,则导管底距孔底达 7.2m 以上。首盘混凝土将泥浆水混合且压在孔下部,同样也产生"断桩"。

③可能情况之三,导管按规范安设,距孔底 25 ~ 40cm,在灌注混凝土时,导管也没有断在孔内,导管总长只有48m,则桩长也不超过48m,不符合桩长设计要求。

(2)该事件反映施工承包方 CHD 公司存在以下主要问题:

①准备工作做得不好,主要施工机械设备配备不足,发电机组只有一台,无备用设备,不合理。

②上述断桩表明 CHD 公司无论属于哪一种可能情况,施工均不符合技术规范要求。

③从"不能再提供其他证据……"可知,没有按规范做好应做的每一项记录(如钻进记录、

清孔、成孔检查……)。

④每道工序完工后没有按程序进行工序检查,没有经监理工程师认可或批准,就进入下道工序。

该事件反映监理工程师存在以下主要问题:

①专业技术水平低、工程经验缺乏。监理工程师凭经验从上述事件应看到较严重的异常情况,应能看到施工承包方存在不容忽视的问题。

②监理工程师严重失职,没有对每道工序进行检查,使工程质量没有得到有效控制,没有按监理的程序进行施工监理。灌注混凝土过程中监理工程师没有按规范规定进行旁站。

(3)桩基计量应在截去规范规定的桩头长度后,按规定进行无破损检验;对整体性检验不满意或施工中遇到任何异常情况的桩采取钻心取样检验,检验合格,监理还要对桩的平面位置进行复查,并复查所有施工记录,全部检查、复查满意后作书面批准才能计量。桩长计量:分不同桩径和干处、水中,从承台或系梁下缘至桩底基面的桩身长度以"m"为单位计量。

第三节　工程参与各方质量、安全责任和义务

【案例7-5】背景资料:

某工程,建设单位委托监理单位承担施工阶段的监理任务,总承包单位按照施工合同约定选择了设备安装分包单位。在合同履行过程中发生如下事件:

事件1: 专业监理工程师检查主体结构施工时,发现总承包单位在未向项目监理机构报审危险性较大的预制构件吊装起重专项方案的情况下已自行施工,且现场没有管理人员。于是,总监理工程师下达了《监理通知单》。

事件2: 专业监理工程师在现场巡视时,发现设备安装分包单位违章作业,有可能导致发生重大质量问题。总监理工程师口头要求总承包单位暂停分包单位施工,但总承包单位未予执行。总监理工程师随即向总承包单位下达了《工程暂停令》,总承包单位在向设备安装分包单位转发《工程暂停令》前,发生了设备安装质量问题。

问题:

(1)根据《建设工程安全生产管理条例》规定,事件1中起重吊装专项方案需经哪些人签字后方可实施?

(2)指出事件1中总监理工程师的做法是否要当,说明理由。

(3)事件2中总监理工程师是否可以口头要求暂停施工? 为什么?

(4)针对事件2中所发生的质量问题,指出建设单位、监理单位、总承包单位和设备安装分包单位各自应承担的责任,并说明理由。

参考答案及解析:

(1)根据《建设工程安全生产管理条例》规定,事件1中起重吊装专项方案需经总承包单位技术负责人、总监理工程师签字后方可实施。

(2)事件1中,总监理工程师的做法不妥。理由:危险性较大的预制构件起重吊装专项方案没有报审、签认,没有专职安全生产管理人员,总监理工程师应下达《工程暂停令》。

(3)事件2中,总监理工程师可以口头要求暂停施工。理由:在紧急事件发生或确有必要时,总监理工程师有权口头下达暂停施工指令,但在规定的时间内要书面确认。

(4)事件2中,建设单位、监理单位、总承包单位和设备安装分包单位各自应承担的责任

及理由如下：

　　①建设单位没有责任。

　　理由：因质量问题是由于分包单位违章作业造成的，与建设单位无关。

　　②监理单位没有责任。

　　理由：因质量问题是由于分包单位违章作业造成的，且监理单位已尽责。

　　③总承包单位承担连带责任。

　　理由：工程分包不能解除总承包单位的任何责任和义务。

　　④分包单位应承担责任。

　　理由：因质量问题是由于其违反工程建设强制性标准而直接造成的。

【案例7-6】背景资料：

　　某沥青路面工程发包给承包单位施工，施工协议中发包人指定了沥青材料的供应厂家，由承包单位负责采购，厂家运输到工地现场。

　　工程施工中发生了如下情况：

　　①沥青材料运到施工现场后，施工单位查验了材料名称、材料数量、出场日期、出厂证明、产品质量合格证明、出厂试验检验报告单等相关资料，施工单位项目经理认为材料由建设单位指定，施工单位无须再进行抽样检测。

　　②监理工程师认为每批沥青进场后均需要进行见证取样试验。

　　③为了赶工期，建设单位也认同施工单位项目经理的意见，认为现在工期紧，已经出具了厂家的产品合格证明，无须再进行检测，但监理工程师坚持要进行试验检测，若检测结果合格，由此产生的费用和工期延误由监理单位负责。

　　问题：

　　（1）施工单位项目经理的说法是否正确？为什么？

　　（2）监理工程师的意见是否正确？

　　（3）建设单位的意见是否正确？为什么？

　　参考答案及解析：

　　（1）不正确。因为施工单位与沥青材料的供应厂家有合同关系，施工单位必须对使用材料负责，而建设单位与沥青材料的供应厂家无合同关系，不承担责任。

　　（2）正确。因为这是有关法律、法规赋予监理人员的职责。

　　（3）不正确。因为建设单位违反了有关法律、法规的工作程序。

第四节　施工阶段质量控制

【案例7-7】背景资料：

　　某高速公路工程施工中，项目监理机构收集了一个月的混凝土试块强度资料，画出直方图（图7-1），已知$T_u = 31\text{MPa}$，$T_L = 23\text{MPa}$，确定的试配强度为26.5MPa。

　　混凝土拌制工序的施工采用两班制。

　　问题：

　　（1）通过对混凝土拌制工序直方图的分析，监理工程师由工序所处的状态可得出哪些结论？

　　（2）若直方图呈双峰形，可能是什么原因造成的？

(3)若直方图呈孤岛形,可能是什么原因造成的?

(4)直方图有什么特点?绘制、分析和应用直方图时应注意哪些事项?

(5)直方图有何用途?

(6)常用的基本工具和方法中,除直方图外还有哪些?

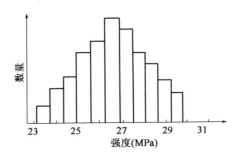

图7-1 混凝土试块强度直方图

参考答案及解析:

(1)通过该混凝土拌制工序直方图的分析,监理工程师对工序所处的状态可得出如下结论:

①混凝土拌制工序状态稳定。

②试配强度不当,应适当提高试配强度使其处于公差带中心;混凝土强度向下限波动时,会出现不合格品。

(2)若直方图呈双峰形,是由两种不同的分布(两个班组数据形成的分布不同)造成的。

(3)若直方图呈孤岛形,是由于不熟练工人临时替班所造成的。

(4)①直方图属于静态的,不能反映质量特性动态的变化。

②绘制和分析直方图时应注意 n 取值应大于50;注意分层,避免直方图出现异常,特别是出现双峰分布时;直方图是正态分布时,为了得到更多信息,可进一步求解 X、S 等值。

(5)直方图的用途如下:

①观察分析和掌握质量分布规律。

②判断生产过程是否正常。

③制定质量标准,确定公差范围。

④估计工序不合格品率的高低。

⑤评价施工管理水平。

(6)除直方图外的常用基本工具和方法:

①分层法。

②调查表法。

③因果分析图法。

④排列图法。

⑤相关图法。

⑥控制图法。

【案例7-8】背景资料:

某桥梁工程项目,承包人施工30m T形梁时出现了质量问题,其表现为 T 形梁顶面有多处横向裂纹,拆模后有的侧面混凝土不密实,有的地方有空洞、露筋、胀模。质量问题发生后,

有关方面组成了联合调查组,在调查中发现了以下一些情况:

①用于 30m T 形梁的主要材料进场后直接使用。

②受潮水泥、锈蚀钢筋用在了重要部位。

③承包人无混凝土施工记录。

④承包单位的施工人员技术水平差。

⑤模板未经监理检查签证就浇筑 T 形梁混凝土。

⑥监理工程师有过失。

问题:

(1)请写出工程材料检验步骤。

(2)分析产生质量问题的原因。

(3)该质量问题中监理工程师有哪些过失?

(4)T 形梁预制和安装中监理旁站的项目有哪些?

参考答案及解析:

(1)工程材料检验步骤为:

①对生产厂家的生产设备、工艺及产品的合格率进行现场调查了解,或由承包人提供样品进行试验,以决定同意采购与否。

②材料或商品构件运进现场后,承包人按规定的批量和频率抽检;抽检合格后向监理工程师汇报才能用于工程;抽检不合格由承包人运出场外。

③在施工中,应随机对用于工程的材料或商品构件进行符合性的抽样试验检查。

④随时监督检查各种材料的储存、堆放、保管及防护措施。

(2)产生质量问题的原因较多,有承包人施工人员技术差的因素,也有材料不合格的因素,还有配合比因素及不按规范施工的因素。具体如下:

①由于施工人员的技术差。必然会出现漏捣的地方或振捣不密实,导致混凝土出现空洞及不密实。

②如果混凝土施工不按规范进行也会产生严重的质量问题,如不严格按混凝土配合比施工,各种材料未严格过称、用水量时多时少,致使混凝土的黏聚性和保水性变差,严重时出现离析;也有可能是施工机具在施工时出现故障,且备用数量不足或修复时间长效。先装入 T 形梁的混凝土已初凝也会产生严重的质量问题。

③材料不符合规范的要求,级配差,或所使用的材料变化太大,使配合比失效,不满足配合比设计要求。

④配合比设计本身不尽合理,水灰比过大及砂率过小都会使拌合物黏聚性和保水性变差,甚至产生离析现象。

⑤模板漏浆,水泥浆从模板缝隙外流,导致混凝土质量变差。

(3)该质量问题中监理工程师的过失包括:

①监理工程师未严格把好材料关,主要材料未经承包人自检合格、监理抽查合格就直接用于施工。

②水泥受潮、钢筋锈蚀说明承包人的材料库房不符合规范的规定,而监理工程师并没有发现此问题。

③受潮水泥、锈蚀钢筋用在了重要部位,说明监理工程师不是专业技术差就是对工程极不负责,受潮水泥只能用于附属工程并要降低强度使用,决不能用于主要工程部位。

④按施工规范的规定,混凝土施工必须要有混凝土施工记录,而监理工程师在现场监督时未要求或检查承包人的施工记录。

⑤监理工程师违反只有上道工序检查合格并签认后,下道工序才能施工的监理原则。

⑥监理工程师在施工准备和施工过程中有明显的过失。在施工准备中未考核承包人的自检体系,对监理程序不清楚;在批准承包人的施工组织设计时未核实承包人的施工技术水平、机具设备情况。

⑦在施工过程中未把好材料关,当发现材料(混合料)不合格或操作人员不称职时未及时更换。

(4)T形梁预制和安装中监理旁站的项目有:预应力筋的加工和张拉工程中试验工程、首次张拉、首次压浆。

【案例7-9】背景资料:

某公路工程项目由路基、涵洞、锚杆、挡墙……组成。其中锚杆挡墙的锚杆设计长度为9m,承包人在施工完钻孔工序后向监理工程师提交了工序自检合格报告,而监理工程师在工序检查认可中发现有的钻孔长度仅为7m。

问题:

(1)请写出质量缺陷和质量问题处理程序。

(2)如果你是监理工程师应如何处理案例中质量问题?

(3)处理公路工程质量问题时,监理工程师有哪些权力?

参考答案及解析:

(1)应根据质量缺陷的性质和严重程度,按如下方式进行处理:

①当因施工而引起的质量缺陷处在萌芽状态时,应及时制止,并要求承包人立即更换不合格的材料、设备或不称职的施工人员,或要求立即改变不正确的施工方法及操作工艺。

②当因施工而引起的质量缺陷已出现时,应立即向承包人发出暂停施工的指令(先口头后书面),待承包人采取了足以保证施工质量的有效措施,并对质量缺陷进行正确的补救处理后,再书面通知恢复施工。

③当质量缺陷发生在某道工序或单项工程完工以后,而且质量缺陷的存在将对下道工序或分项工程产生质量影响时,监理工程师应在对质量缺陷产生的原因及责任做出了判定,并确定了补救方案后,再进行质量缺陷的处理或下道工序或分项的施工。

④在交工使用后的缺陷责任期内,发现施工质量缺陷时,监理工程师应及时指令承包人进行修补、加固或返工处理。

(2)导致该质量问题的原因有两个:一是承包人的质检人员对工程质量极端不负责任;二是承包人有意偷工减料,二者必居其一。为此,首先向承包人发出暂停施工的指令(先口头后书面);然后查明发生质量问题的原因及有关责任人员;更换不称职的施工人员;对承包人的自检体系进行整改,确保工程质量满足要求;对质量缺陷进行补救后再发出书面通知恢复施工。

(3)根据《公路工程施工监理规范》(JTG G10—2016),监理机构在监理过程中发现施工不符合法律法规、技术标准及施工合同约定的,应要求施工单位改正,并应符合下列规定:

①质量不合格的材料、构配件不得在工程上使用。

②对工程质量缺陷,监理机构应签发《监理指令单》,要求施工单位整改。

③对质量不合格的工程,监理机构应签发《监理指令单》,要求施工单位返工处理。

④对可能危及结构安全或存在重大隐患的质量问题,应签发停工令并向建设单位报告。

⑤当发生质量事故时,监理机构应依法按有关规定报告和处理。

⑥监理机构应建立质量问题处理台账。

第五节　路　基　工　程

【案例7-10】背景资料:

某二级公路的路基工程,路基宽度为12m。其中K1+600~K3+050为填方路堤,路段填方需从取土场借方;K1+600~K2+300填方平均高度为1.6m,设计填方数量为16200m³;K2+300~K3+050填方平均高度为2.1m,设计填方数量为24000m³。

在工程项目开工前,施工单位对施工图设计文件进行了复查和现场核对,补充了必要的现场调查资料,发现该路段原地面下有50cm厚的淤泥,设计文件中未进行处理,施工单位在施工图会审中提出处理意见后,经监理工程师和设计代表同意,按路堤坡脚每侧扩宽1m采用抛石挤淤的方法进行处理,抛石量为14193m³,要求采用粒径较大的未风化石料进行抛填。施工单位根据现场情况,确定了取土场位置,并拟定了新建施工便道A、B两个方案,施工便道A方案长度为1420m,施工便道B方案长度为1310m,取土场位置平面示意图如图7-2所示。施工过程中,路堤填筑两侧均加宽超填30cm。

图7-2　取土场位置平面示意图

问题:

(1)根据《公路路基施工技术规范》(JTG/T 3610—2019),K1+600~K3+050路段是否

需要进行路堤试验路段施工？说明理由。

(2)作为监理工程师,你认为施工便道方案 A 与方案 B,哪个较合理？说明理由。

(3)路堤填筑时,两侧加宽超填 30cm 的主要作用有哪些？对抛石挤淤的材料还有什么要求？该路段软基处理还可以采用什么方法？

(4)计算 K1+600～K3+050 路段加宽超填土方量,并按《公路工程标准施工招标文件》中工程量清单计量规则,计算该路段建设单位需计量支付的路堤填土方量。(单位:m³,计算结果保留整数)

参考答案及解析：

(1)K1+600～K3+050 路段需要进行路堤试验路段施工。因为该路段为二级公路,同时还属于特殊(或软土)地段路基。

(2)施工便道方案 A 较合理。原因为:便道方案 A 占田少;便道方案 A 靠近山脚,稳定性好;便道方案 A 对居民点的影响小。

(3)加宽超填作用:保证路堤边缘压实度;保证刷坡工作面(或保证边坡整修)。

对抛石挤淤的材料还要求其中 0.3m 粒径以下的石料含量不宜大于 20%。该路段软基处理还可以采用换填垫层或掺水泥、石灰等稳定剂处理的方法。

(4)加宽超填工程量:$(0.3×1.6×700+0.3×2.1×750)×2=1617m^3$。

计量支付工程量:$16200+24000=40200m^3$。

【案例 7-11】背景资料：

某监理单位承接了一段二级公路路基工程监理任务。其中 K3+220～K3+650 为高填方路堤,路基填方高度最高为 21.2m,地面以下有约 6m 的软土层。设计采用强夯处理地基,采用水平分层填筑路堤。高填方路堤横断面示意图如图 7-3 所示。

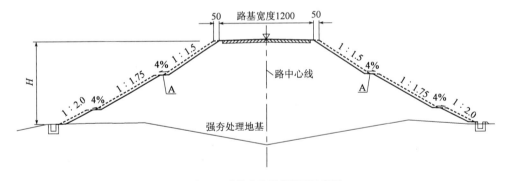

图 7-3 高填方路堤横断面示意图

注:本图单位以 cm 计,路基两侧超宽填筑 50cm。

监理过程中发生如下事件:

事件 1: 施工单位在已碾压整平的场地内做好了周边排水沟,布设了竖向排水体,并在强夯区地表铺设了垫层。在施工场地内选择一块有代表性的地段作为试夯区,面积为 200m²。试夯结束后在规定时间段内,对试夯现场进行检测,并与试夯前测试数据进行对比,以检验设备及夯击能是否满足要求,确定间歇时间、夯间距、夯击次数等施工参数,确定强夯处理的施工工艺。强夯处理范围为坡脚边缘。

事件 2: 施工单位向监理提交的施工方案中确定的强夯施工工序主要包括:①夯点布设;②施工准备;③场地平整;④试夯;⑤主夯;⑥检查验收;⑦副夯;⑧满夯。

事件 3: 施工期间,施工单位对高填方路堤进行了动态观察,即沉降观测,用路堤中心线地面沉降速率每昼夜不大于 10～15mm 控制路堤稳定性。

问题：

（1）分别写出图 7-3 中标注 H 以及 A 所对应的术语名称。强夯区铺设的垫层材料采用哪种类型？试列举两种具体材料。

（2）指出事件 1 中存在的错误并改正。补充通过试夯还可以确定的施工参数。

（3）写出事件 2 中强夯施工的正确工序。（写出数字编号即可）

（4）补充事件 3 中，施工单位对软土地区路堤施工还必须进行的动态观测项目及控制标准。

参考答案及解析：

（1）图 7-3 中标注 H 是路基边坡高度，A 是边坡平台。

垫层材料采用坚硬粗颗粒材料，如碎石（或砾石、卵石、砂砾）、矿渣（或煤渣、石渣）。

（2）试夯区面积（或 200m²）错误。改正为：试夯区面积不应小于 500m²。

强夯处理范围（或坡脚边缘）错误。改正为：强夯处理范围为每边超出坡脚的宽度不宜小于 3m。

通过试夯还可以确定的施工参数有：夯击遍数、单击夯击能。

（3）强夯施工的正确工序为 ②→③→①→④→⑤→⑦→⑧→⑥。

（4）还必须进行的动态观测项目是水平位移观测，其控制标准是坡脚水平位移速率每昼夜不大于 5mm。

【案例 7-12】背景资料：

某路基工程，K8+780～K8+810 为 C20 片石混凝土重力式挡土墙，墙高最高为 12m，设计要求地基容许承载力不小于 0.5MPa。片石混凝土挡土墙立面如图 7-4 所示。挡土墙施工流程为：施工准备→测量放线→基槽开挖→验基→地基承载力检测→测量放线→搭脚手架→立模加固→浇筑混凝土并人工摆放片石→拆除模板交验→养护。

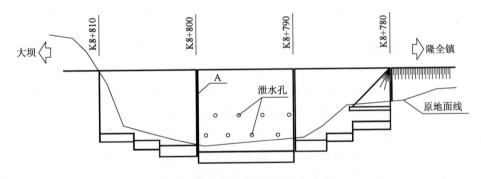

图 7-4 片石混凝土挡土墙立面示意图

施工中，采用挖掘机开挖基槽，分段开挖长度根据现场地质情况确定。机械开挖至基底设计高程以上 0.3m 时，重新进行测量放线，确定开挖正确且不偏位的情况下改用人工清理基底，开挖至设计高程后，用蛙式电动夯将基底夯实，使压实度达到 90% 以上，检测基底承载力，发现部分基底承载力为 0.45MPa。地下水对该基槽无影响。

模板采用钢模板分片拼装后，再按设计位置分段拼装，模板在安装前进行了打磨，并刷脱模剂。每段拼完后，四边挂线调整模板直顺度，符合质量要求后固定。

施工单位采用拌和站集中拌制混凝土，搅拌运输车运输混凝土，混凝土到达现场后，通过溜槽灌注,混凝土自由落体高度不大于2m。采用插入式振动棒振捣密实。混凝土分层浇筑,每层混凝土浇筑完成后,加填一层片石。片石在填放前用水冲洗干净,片石的强度不小于30MPa,片石的最大尺寸不大于结构最小尺寸的1/4,最小尺寸不小于15cm。施工单位在施工中注重控制片石投放质量,保证净间距不小于15cm,片石与模板间的净间距不小于25cm,片石体积不超过片石混凝土总体积的30%。

在混凝土强度达到2.5MPa时进行拆模,同时考虑拆模时混凝土的温度(由水泥水化热引起)不能过高。模板的拆除顺序遵循先支先拆、后支后拆的原则。拆模后,混凝土表面局部出现蜂窝缺陷,但确认施工过程中未出现漏浆及模板变形、跑模现象。

问题:

(1)判断挡土墙位于路基左侧还是右侧,并说明理由。写出图7-4构造A的名称。

(2)提出该项目基底承载力不能满足设计要求时的工程处理措施。

(3)指出片石混凝土浇筑与拆模中的错误并改正。

(4)分析混凝土表面局部出现蜂窝缺陷的可能原因。

参考答案及解析:

(1)挡土墙位于路基左侧,因为立面图中从左到右里程是由大到小(或当人站在挡土墙起点桩号K8+780向挡土墙终点桩号K8+810看时,挡土墙位于人的左侧)。构造A为沉降缝与伸缩缝。

(2)工程处理措施:①超挖换填水稳性好、强度高的材料;②掺加水泥、石灰等进行土壤改良;③增大压实功,提高压实度;④设置片石混凝土等扩大基础。

(3)"片石体积不超过片石混凝土总体积的30%"错误,应为"片石体积不超过片石混凝土总体积的20%"。

"模板的拆除顺序遵循先支先拆、后支后拆的原则进行"错误,应为"模板的拆除顺序遵循先支后拆、后支先拆的顺序进行"。

(4)可能的原因:①振捣设备选择不合理;②过振;③漏振(欠振);④材料计量不准确;⑤拌和不均匀(拌和时间不够);⑥混凝土配合比设计不合理。

【案例7-13】背景资料:

某二级公路,全长9.32km,全路段的石方爆破主要集中在K2+300~K2+420、K3+240~K3+480、K6+450~K6+490、K8+590~K8+810,爆破路段附近无重要建筑物。施工单位编制了"公路路堑石方爆破工程专项施工方案",并报监理审查。专项施工方案编制的主要内容包括工程概况、编制依据、施工计划、施工工艺技术、劳动力计划等。

其爆破施工流程为:施爆区现场勘察→爆破设计及设计审批→配备专业施爆人员→施爆区施工放样→用机械清除施爆区强风化岩石→A→爆破器材检查与试验炮→炮孔检查与废渣清除→装药并安装引爆器材→布置安全岗和施爆区安全员→炮孔堵塞→撤离施爆区内人畜→起爆→B→解除警戒→测定爆破效果(包括飞石、震动波对施爆区内、外构造物造成的破坏及损失)。

施工单位向监理提交的爆破施工方案为:根据爆破工程量要求,综合考虑爆区地形、地质、环境条件、设备和技术条件等,石方爆破自上而下分台阶逐层进行,采用电力起爆。爆破高度小于5m时,用浅眼爆破法分层爆破,分层高度为2~3m;爆破高度为5~10m时,用深孔爆破法一次爆破到设计高程;爆破高度超过10m时,分台阶进行深孔爆破,工作台阶分层高度定为5~10m。永久边坡采用光面爆破的方法进行处理。

台阶爆破参数示意图如图7-5所示。

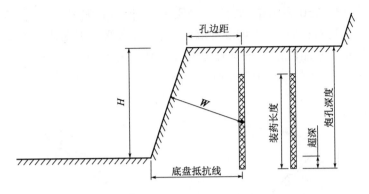

图 7-5 台阶爆破参数示意图

根据爆破施工方案、工程量、施工进度计划、施工质量要求、现有机械技术状况等配置了机械设备,石方爆破主要机械设备见表 7-1。

石方爆破主要机械设备表　　　　　　　　　　表 7-1

序　号	名　　称	型　　号	单　位	数　量
1	潜孔钻机	KQD100	台	4
2	浅孔凿岩机	7655	台	3
3	C	EP200	台	1
4		VY-12/7	台	1
5		DY-9/7	台	1
6		V-6/8	台	1

在爆破施工现场,工班长要求操作人员严禁穿化纤衣服,手机必须处于静音状态,堵塞材料应采用钻孔的石渣、黏土、岩粉等,堵塞长度严格按照爆破设计进行,不得自行增加药量或改变堵塞长度,如需调整,应征得现场技术人员和监理工程师的同意并做好变更记录。

问题:

(1)补充专项施工方案编制的主要内容。

(2)写出爆破施工流程中工序 A、B 以及石方爆破主要机械设备表中机械设备 C 的名称。

(3)爆破施工方案中采用的光面爆破是否合理? 说明理由。

(4)写出台阶爆破参数示意图中爆破参数 H 与 W 的名称。

(5)指出工班长对操作人员所提要求中的错误并改正。

参考答案及解析:

(1)专项施工方案编制的主要内容还包括施工安全保证措施、计算书及附图。

(2)工序 A 是钻孔,工序 B 是清除盲炮(或瞎炮;或哑炮),机械设备 C 是空压机。

(3)合理。因为光面爆破采用控制抵抗线和药量的方法进行爆破,使之形成光滑平整的边坡,可减小永久性边坡修整的工作量。

(4)H 是台阶高度,W 是最小抵抗线。

(5)"手机必须处于静音状态"错误,应为"禁止带手机到爆破施工现场(或手机必须处于关闭状态)"。

【案例 7-14】背景资料:

某监理单位通过投标方式取得了路基工程的施工监理任务。公路设计车速为 100km/h,

其中,K18+230~K18+750为路堑,岩性为粉质黏土、粉砂质泥岩,采用台阶式边坡,第一级边坡采用7.5号浆砌片石护面墙,护坡设耳墙一道;其他各级边坡采用C20混凝土拱形护坡,拱形骨架内喷播植草。本路段最大挖深桩号位于K18+520,路基填挖高度为-31.2m,桩号K18+520处横断面设计示意图如图7-6所示。

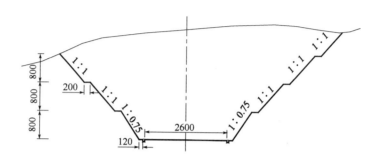

图7-6　K18+520横断面设计示意图(尺寸单位:cm)

在项目开工前,施工单位根据《交通运输部关于发布高速公路路堑高边坡工程施工安全风险评估指南的通知》,对全线的路堑工程进行了总体风险评估,其中,K18+230~K18+750段路堑高边坡总体风险等级为Ⅱ级。

路堑开挖前,施工单位对原地面进行了复测,并进行了路基横断面边桩放样,边桩放样采用坐标法。监理单位按要求进行了抽检。设计单位提供的设计文件包括"导线点成果表""直线、曲线及转角表""路基设计表""路基标准横断面图""路基典型横断面设计图""路基横断面设计图""防护工程设计图"等。

路堑开挖过程中,为监测深路堑边坡变形和施工安全,施工单位埋设了观测桩。在挖至路基设计高程后,施工单位开始由下往上进行防护工程施工。在第一级边坡施工中,边坡局部凹陷。

问题:

(1)K18+230~K18+750段路堑高边坡工程是否需要进行专项风险评估?如果要进行专项风险评估,应在何时完成?

(2)图7-6中,标注尺寸120cm和2600cm分别是指什么宽度?写出边桩放样所需的3个设计文件。

(3)改正施工单位在防护工程施工中的错误。

(4)浆砌片石护面墙的耳墙设置在什么部位?针对第一级边坡出现的局部凹陷,应如何处置?

参考答案及解析:

(1)K18+230~K18+750段路堑高边坡工程不需要进行专项风险评估。如果要进行专项风险评估,应在路堑边坡分项工程开工前完成。

(2)标注尺寸120cm是指碎落台宽度,标注尺寸2600cm是指路基宽度。边桩放样所需的设计文件有"导线点成果表""直线、曲线及转角表""路基横断面设计图"(或"路基设计表")。

(3)防护工程应开挖一级后,及时防护一级。上一级防护未完工,不得开挖下一级。

(4)耳墙应设置在护面墙中部。针对第一级边坡出现的局部凹陷,应挖成台阶后用与墙身相同的圬工填补(或7.5号浆砌片石填补)。

第六节 路 面 工 程

【案例 7-15】背景资料：

某二级公路路面结构形式为 20cm 厚水泥混凝土面层、26cm 厚水泥稳定碎石基层、20cm 厚水泥稳定碎石底基层。路面工程施工监理工作中，发生如下事件：

事件 1：第一次工地会议，建设单位项目主任点评了工程施工、监理准备情况，提出各参建单位要充分重视本项目工作，对品质工程建设主要措施提出了要求。

事件 2：监理工程师对水泥路面施工加强巡视，巡视了施工单位施工废渣、机械设备的油污水和施工现场的生活垃圾等处理情况。

事件 3：对水泥稳定碎石路面底基层厚度进行了监理抽检，监理工程师及时根据《公路工程质量检验评定标准　第一册　土建工程》（JTG F80/1—2017）对该段水泥稳定碎石路面底基层厚度进行了评定，计算出了厚度合格率。

问题：

（1）根据《交通运输部关于打造公路水运品质工程的指导意见》（交安监发〔2016〕216号），补充完善打造品质工程的主要措施。

（2）事件 2 中，根据《公路工程施工监理规范》（JTG G10—2016），请写出监理工程师巡视的主要内容有哪些？

（3）事件 3 中，该路面底基层厚度是否为关键项目？该路面底基层检查项目还有哪些？

（4）事件 3 中，测定水泥稳定碎石路面底基层厚度的检测方法与频率是什么？

参考答案及解析：

（1）打造品质工程的主要措施有：①提升工程设计水平；②提升工程管理水平；③提升科技创新能力；④提升工程质量水平；⑤提升安全保障水平；⑥提升绿色环保水平；⑦提升品质工程软实力。

（2）根据《公路工程施工监理规范》（JTG G10—2016）第 5.1.3 条，巡视应包括下列主要内容：

①施工现场管理人员特别是质量、安全管理人员是否到位，特种作业人员是否持证上岗。

②使用的原材料或混合料、构配件和主要施工机械设备是否与批准的一致。

③是否按技术标准、工程设计文件、批准的施工组织设计和方案施工。

④质量、安全、环保和施工标准化等措施是否落实，施工自检和工序交接是否符合规定。

（3）根据《公路工程质量检验评定标准　第一册　土建工程》（JTG F80/1—2017），该路面底基层厚度是关键项目。该路面底基层检查项目还有压实度、平整度、纵断高程、宽度、横坡、强度。

（4）测定水泥稳定碎石路面底基层厚度的检测方法是挖验或钻取芯样，频率是每 200m 测2 点。

【案例 7-16】背景资料：

某施工单位承建某三级公路，公路起讫桩号为 K0+000～K12+300，路面结构形式为：4cm 厚细粒式 AC-13C 沥青混凝土上面层＋黏层、6cm 厚中粒式 AC-16C 沥青混凝土下面层＋透层、20cm 厚级配碎石基层、20cm 厚级配碎石底基层，在沥青混凝土面层和级配碎石基层之间设置下封层。

项目地处丘陵地区,周边环境复杂。其中 K2 + 000 ~ K2 + 600 为滑坡地段,该地段多为破碎结构的硬岩或层状结构的不连续地层,路线在滑坡地段以挖方形式通过,经挖方卸载后进行边坡防护。

施工单位对滑坡地段施工编制了滑坡防治专项施工方案以及滑坡监测方案,通过相关专家评审。

监理过程中发生如下事件:

事件 1:滑坡地段采用挖方卸载的防治措施,对该地段边坡采用锚杆加钢筋网再加喷射混凝土进行防护。

事件 2:施工单位对级配碎石基层表面做了如下处理:

①在沥青面层施工前 1 ~ 2 天内,采用人工清扫方式清理级配碎石基层表面。

②当基层表面出现小坑槽时,用原有基层材料找补。

③当基层表面出现较大范围松散时,清除该范围内全部基层重新铺装。

事件 3:级配碎石基层施工完毕后,施工单位会同相关资料检验人员对基层的弯沉、压实度、平整度、横坡等项目进行了实测。

问题:

(1)黏层油可采用哪些材料?喷洒黏层油的质量控制要点有哪些?

(2)透层油可采用哪些材料?喷洒透层油的质量控制要点有哪些?

(3)下封层施工宜采用什么方法施工?

(4)事件 1 中,滑坡防治措施属于哪类滑坡防治措施?滑坡防治措施还有哪两类?

(5)逐条判断事件 2 中级配碎石基层表面处理的做法是否正确,并改正。

(6)补充事件 3 中还需实测的项目,并指出实测项目中的关键项目。

参考答案及解析:

(1)黏层油宜采用快裂或中裂乳化沥青、改性乳化沥青,也可采用快、中凝液体石油沥青。

质量控制要点:喷洒的黏层油必须成均匀雾状,在路面全宽度内均匀分布成一薄层,不得有洒花漏空或成条状,也不得有堆积。

(2)透层油可选择液体沥青、乳化沥青、煤沥青。

质量控制要点:喷洒透层油前应清扫路面,透层油必须洒布均匀,有花白遗漏应人工补洒,喷洒过量的立即撒布石屑或砂吸油,必要时进行适当碾压。透层油洒布后不得在表面形成能被运料车和摊铺机粘起的油皮。喷洒后通过钻孔或挖掘确认,渗入基层的深度宜不小于10mm,并能与基层联结成为一体。

(3)下封层宜采用层铺法表面处治或稀浆封层法施工。

(4)属于力学平衡类防治措施。滑坡防治措施还有排水防治措施以及改变滑带土措施。

(5)具体分析如下:

①正确。

②错误。改正:清理出小坑槽时,不得用原有基层材料找补。

③错误。改正:清理出较大范围松散时,应重新评定基层质量,必要时宜返工处理。

(6)补充项目:①纵断高程;②宽度;③厚度。

关键项目:厚度、压实度。

【案例 7-17】背景资料：

某三级公路，起讫桩号为 K0 + 000 ~ K4 + 300，双向两车道，路面结构形式为水泥混凝土路面。由于当地经济的发展，该路段已成为重要集散公路，路面混凝土出现脱空、错台、局部网状开裂等病害，该段公路需进行路面改造。具有相应检测资质的检测单位采用雷达、弯沉仪对水泥混凝土板的脱空和结构层的均匀情况、路面承载能力进行了检测评估，设计单位根据检测评估结果对该路段进行路面改造方案设计。经专家会讨论，改造路面采用原水泥混凝土路面进行处治之后加铺沥青混凝土面层的路面结构形式。

监理过程中发生如下事件：

事件 1：施工单位对原水泥混凝土路面板块脱空的病害采用钻孔然后用水泥浆高压灌注处理的方案，具体的工艺包括：①钻孔；②制浆；③定位；④交通控制；⑤灌浆；⑥注浆孔封堵；⑦弯沉检测。

事件 2：施工单位对发生错台或板块网状开裂的原混凝土路面，将病害范围的整体全部凿除，重新夯实路基及基层，对换板部位基层顶面进行清理维护，换板部分基层采用碎石调平后，再浇筑同强度等级的混凝土。

事件 3：施工单位对板块脱空病害进行压浆处理，强度达到要求后，复测压浆板四角的弯沉值，实测弯沉值在 0.10 ~ 0.18mm 之间。

事件 4：施工单位对原水泥混凝土路面病害处治完成并检查合格后，按试验段摊铺取得数据铺筑沥青混凝土面层。

问题：

(1)请对事件 1 中路面处治工艺流程进行最优排序。

(2)改正事件 2 中的错误之处。

(3)事件 3 中施工单位复测压浆板四角的弯沉值后，可否判断板块不再脱空？说明理由。

(4)施工单位取得试验路段的铺筑条件是什么？

参考答案及解析：

(1)最优排序为：③定位→①钻孔→②制浆→⑤灌浆→⑦灌浆孔封堵→④交通控制→⑥弯沉检测。

(2)换板部分基层调平均由新浇筑的水泥混凝土面板一次进行，不再单独选择材料调平。

(3)可以判断板块不再脱空。理由：因为实测弯沉值在 0.10 ~ 0.18mm 之间，并未超过 0.3mm。

(4)施工单位完成生产配合比报告及试验路段铺筑方案后，应在规定期限内向监理工程师及项目建设单位提出正式报告，并经监理工程师及建设单位中心试验室复核，取得正式批复后，方可进行试验路段的铺筑。

【案例 7-18】背景资料：

某施工单位在北方平原地区承建了一段长 22km 的双向四车道高速公路的路面工程，该工程路面结构为：26cm 厚 C30 水泥混凝土面层、25cm 厚水泥稳定碎石基层、20cm 厚填隙碎石底基层。

监理过程中发生如下事件：

事件 1：施工单位在基层施工前，进行了各项标准试验，路面基层无机结合料稳定材料组成设计流程如图 7-7 所示。

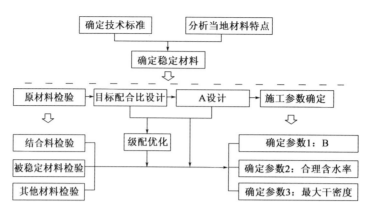

图 7-7　无机结合料稳定材料配合比设计流程

事件 2：施工单位进行无机结合料稳定材料的配合比设计后，将试验报告及试验材料提交监理工程师中心试验室审查批准。监理工程师审查试验报告后，即肯定并签认了施工单位的标准试验参数。

问题：

（1）图中 A 设计的名称和 B 参数的名称分别是什么？参数 3 最大干密度的试验方法有哪些？

（2）事件 1 中标准试验的种类有哪些？

（3）判断事件 2 中监理工程师的做法是否正确？如果正确，说明理由；如果错误，改正错误之处。

（4）目标配合比设计包括哪些技术内容？

（5）应采用哪个指标作为无机结合料稳定材料施工质量控制的主要指标。

参考答案及解析：

（1）图 7-7 中 A 设计的名称和 B 参数的名称分别是生产配合比设计、结合料剂量，参数 3 最大干密度的试验方法有重型击实方法、振动压实方法。

（2）标准试验的种类有标准击实试验、集料的级配试验、混合料的配合比试验、结构的强度试验等。

（3）监理工程师做法错误，将"监理工程师审查试验报告后，即肯定并签认了施工单位的标准试验参数"，改为"进行平行试验，然后才能肯定并签认、否定或调整施工单位标准试验参数"。

（4）目标配合比设计应包括下列技术内容：

①选择级配范围。

②确定结合料类型及掺配比例。

③验证混合料相关的设计及施工技术指标。

（5）应采用 7 天龄期无侧限抗压强度作为无机结合料稳定材料施工质量控制的主要指标。

【案例 7-19】背景资料：

某施工单位承接了一条二级公路的施工，路线全长 30.85km，路基宽度为 8.5m，路面宽度为 2×3.5m。该工程内容包括路基、桥梁及路面工程等。路面结构形式为：AC-16 沥青混凝土上面层、AC-20 沥青混凝土下面层、水泥稳定碎石基层、水泥稳定碎石底基层。

该项目监理过程中发生了如下事件：

事件1：针对基层与底基层的施工，施工单位在施工组织设计中做了详细要求，现摘录如下4条技术要点：

①应在下承层施工质量检测合格后，开始摊铺上层结构层，采用两层连续摊铺时，下层质量出了问题时，上层应同时处理。

②分层摊铺时，应先将下承层顶面拉毛或采用凸块压路机碾压，再摊铺上层混合料。

③对无法使用机械摊铺的超宽路段，应采用人工同步摊铺、修整，并同时碾压成型。

④气候炎热，干燥时碾压稳定中、粗混合料，含水率比最佳含水率降低0.5~1.5个百分点。

事件2：施工单位对K5+500~K5+800路段的基层完成碾压并经压实度检查合格后，及时实施养护，但因养护条件欠佳，导致基层出现了裂缝。经过弯沉检测，该段基层的承载力满足设计要求。施工单位对裂缝采取了相应的技术措施处理后，继续铺筑上面的沥青混凝土面层。

事件3：根据《公路工程竣（交）工验收办法实施细则》，施工单位完成约定的全部工程内容、施工自检评定材料和C报告。监理单位审查同意后，及时按规定提交了D资料、质量评定资料和监理总结报告。项目法人接收资料后及时按规定组织了交工验收。

问题：

（1）对事件1中的4条技术要点逐条判断对错，并改正错误之处。

（2）写出两条可对事件2中裂缝修复的技术措施。

（3）写出事件3中C报告、D资料的名称。

（4）计算各单位工程评分后，如何进行该项目交工验收质量评定？

参考答案及解析：

（1）第①条正确。

第②条错误。正确做法：下承层是稳定细粒材料时，宜先将下承层顶面拉毛或采用凸块式压路机碾压，再摊铺上层混合料；下承层是稳定中、粗粒材料时，应先将下承层清理干净，并洒铺水泥净浆，再摊铺上层混合料。

第③条正确。

第④条错误。正确做法：气候炎热干燥时，碾压时的含水率可比最佳含水率增加0.5~1.5个百分点。

（2）裂缝修复的技术措施：①在裂缝位置灌缝；②在裂缝位置铺设玻璃纤维格栅；③洒铺热改性沥青。

（3）C报告为施工总结报告，D资料为独立抽检资料。

（4）合同段评分由单位工程评分和投资额加权平均计算。

$$合同段评分 = \frac{\sum(单位工程评分 \times 单位工程权值)}{\sum 单位工程权值}$$

工程各合同段交工验收结束后，项目法人对整个工程项目进行质量评定，建设项目工程评分由合同段评分和合同段投资额加权平均计算。

$$建设项目工程评分 = \frac{\sum(合同段评分 \times 合同段投资额)}{\sum 合同段投资额}$$

单位工程、合同段投资额原则上使用结算价，当结算价暂时无法确定时，可使用招标合同价，但各合同段均应统一。

交工验收工程质量等级评定分为合格和不合格,工程质量评分值大于或等于75分的为合格,小于75分的为不合格。

第七节 桥梁、涵洞工程

【案例7-20】背景资料:

某监理单位承接了某大桥工程监理任务,该大桥桥址位于两山体之间谷地,跨越一小河流,河流枯水期水深0.5m左右,丰水期水深2m左右,地面以下地层依次为黏土、砂砾、强风化砂岩。该桥基础原设计为40根钻孔灌注桩,桩长12.0~13.8m不等。监理中发生如下事件:

事件1: 大桥基础施工时,恰逢河流枯水期且大旱无水。施工单位考虑现场施工条件、环保、工期等因素影响,提请将原设计大桥基础钻孔灌注桩全部变更为人工挖孔桩。监理单位与相关部门评估、审定,认为该变更属于对工程造价影响较大的重要工程变更,在履行相关审批程序后,下达了工程变更令。

事件2: 开工前,施工单位编制了人工挖孔桩专项施工方案报监理审查,为保证施工安全,人工挖孔桩施工采用分节现浇C25混凝土护壁支护,每节护壁高度为1m,桩孔混凝土护壁形式及结构如图7-8所示。挖孔施工过程中,发现地层中有甲烷、一氧化碳等气体,施工单位重新修订了专项施工方案。

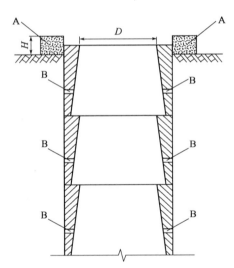

图7-8 混凝土护壁形式及结构示意图

事件3: 桩基础人工挖孔施工中,施工单位采取了如下做法:

①挖孔作业时,至少每2个小时检测一次有毒有害气体及含氧量,保持通风;孔深大于10m时,必须采取机械强制通风措施。

②桩孔内设有带罩防水灯泡照明,电压为220V。

③桩孔每开挖2m深度浇筑混凝土护壁。

问题:

(1)事件1中,监理工程师下达工程变更令之前,需履行哪两个审批程序?

(2)图7-8中,混凝土护壁形式属于外齿式还是内齿式?写出构造物A的名称。说明混凝土护壁节段中设置的管孔B的主要作用。

（3）根据《公路工程施工安全技术规范》（JTG F90—2015），图7-8中标注的 D 与 H 的范围是如何规定的？事件2中，为防止施工人员发生中毒窒息事故，挖孔施工现场应配备哪些主要的设备、仪器？

（4）事件3中，逐条判断施工单位的做法是否正确？若错误，予以改正。

（5）该大桥挖孔桩修订后的专项施工方案是否需要专家论证审查？说明理由。

参考答案及解析：

（1）审批程序：

①报建设单位批准。

②同承包人协商确定变更工程价格不超过建设单位批准的范围。

（2）混凝土护壁形式属于内齿式。

构造物 A 为孔口护圈（或围挡）。

管孔 B 的主要作用为：

①作为泄水孔。

②向护壁与桩周间空隙灌注水泥浆的灌浆（或压浆）孔。

（3）挖孔桩直径 D 不宜小于1.2m，H 应不小于0.3m。

应配备的主要仪器设备有：气体浓度检测仪器，机械通风设备（鼓风机），隔绝式压缩氧自救器。

（4）具体如下：

①正确。

②错误，"220V"应更正为"36V 及以下安全电压"。

③错误，应更正为"桩孔开挖每开挖不超过1m深度必须浇筑混凝土护壁，或挖一节浇筑一节护壁。"

（5）修订后的专项施工方案需要专家论证审查。因为该大桥人工挖孔桩基础虽然开挖深度不超过15m，但土体中存在甲烷、一氧化碳等有毒有害气体。

【案例7-21】背景资料：

某10联现浇预应力混凝土连续箱梁桥地处山岭重丘区，跨越河谷，起点与另一特大桥相连，终点与一隧道相连。部分桥跨布置示意图如图7-9所示。

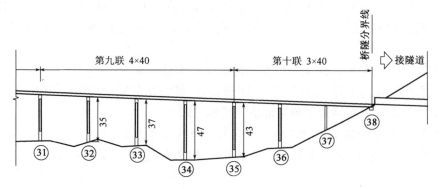

图7-9 部分桥跨布置示意图（尺寸单位：m）

该项目在招投标和监理过程中发生如下事件：

事件1：招标文件中的设计文件推荐连续箱梁采用移动模架法施工，因现场场地受限，模架在该桥梁终点处的隧道内拼装，然后前移逐孔施工。但某施工单位进场后，发现隧道未开工（另一施工单位承担该隧道施工），无法按时提供移动模架拼装场地。经桥梁施工单位提出，建设单位、设计单位和监理单位确认，暂缓第十联施工，而从第九联开始施工。因第九联桥墩墩身较高，移动模架采用桥下组拼、整体垂直提升安装方案，第十联箱梁待隧道贯通后采用桩柱梁式支架（第十联支架布置示意图如图7-10所示）施工，由此造成工期推迟一个月。上述方案上报相关单位并经批复后开始施工，根据相关规定，施工单位提出了以下索赔要求：

①移动模架桥下组拼场地处理费用。

②工期延长一个月按天索赔增加的现场管理费。

③移动模架垂直提升安装费用。

④第十联支架摊销费用。

⑤因第十联改为支架而损失的模架摊销费。

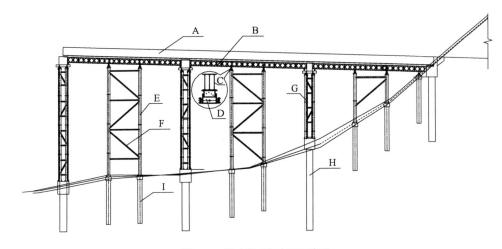

图7-10　第十联支架布置示意图

事件2：如图7-10所示的桩柱梁式支架由桩基础、钢管柱、卸落装置、贝雷片、型钢、连接件等组成，支架按设计计算设置了施工预拱度。组拼完成后，按相关要求进行检验及加载预压试验，满足要求后投入使用。

事件3：施工单位按照《公路工程施工安全技术规范》（JTG F90—2015）要求，编制了支架施工专项方案，该方案经施工单位审核，由技术负责人签字后，报监理工程师审查批准后实施。

问题：

（1）事件1中，逐条判断施工单位提出的索赔要求是否成立。

（2）结合图7-10与事件2，指出型钢、卸落装置、贝雷片分别对应图7-10中A～H中的哪个编号？说明应根据哪些因素来确定卸落装置的形式？

（3）事件2中，支架施工预拱度的设置应考虑哪些主要因素？

（4）事件3中，支架专项施工方案实施前的相关程序是否正确？若不正确，写出正确程序。

参考答案及解析：

（1）①索赔成立；②索赔不成立；③索赔成立；④索赔成立；⑤索赔不成立。

（2）事件2中型钢、卸落装置、贝雷片对应图7-10中A～H的编号是：型钢是C、卸落装置是D、贝雷片是B。应根据结构形式（或支架形式）、承受的荷载大小及需要的卸落量确定卸落装置的形式。

（3）支架施工预拱度应考虑下列因素：①施工荷载作用下模板的弹性变形；②施工荷载作用下支架的弹性变形；③受载后由于杆件接头的挤压而产生的非弹性变形；④受载后卸落装置压缩而产生的非弹性变形；⑤支架地基在受载后的沉降变形。

（4）支架专项施工方案实施前的相关程序不正确，该支架高度最高达43m，超过8m，属于超过一定规模的危险性较大工程，专项方案必须由施工单位组织专家进行论证、审查，专家组提交论证报告并签字后方可实施。

【案例7-22】背景资料：

某监理单位承接了二级公路的施工监理任务，路线全长30.85km，路基宽度为8.5m，路面宽度为2×3.5m。该工程内容包括路基、桥梁及路面工程等。为减少桥头不均匀沉降，防止桥头跳车，桥台与路堤交接处按图7-11施工，主要施工内容包括：地基清表、挖台阶、A区域分层填筑、铺设土工格室、设置构造物K、路面铺筑等。路面结构层如图7-11所示，B区域为已经填筑完成的路堤填筑区域。

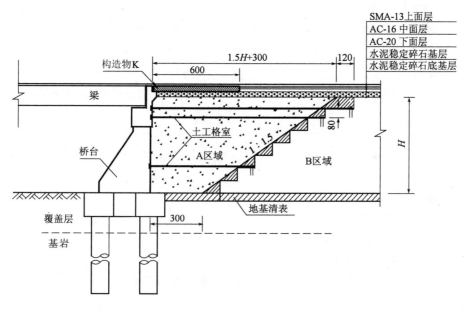

图7-11　桥头处治示意图(尺寸单位：cm)

该项目实施过程中发生了如下事件：

事件1：针对基层与底基层的施工，施工单位在施工组织设计中做了详细要求，现摘录如下4条技术要点：

①应在下承层施工质量检测合格后，开始摊铺上层结构层。采用两层连续摊铺时，当下层质量出了问题时，上层应同时处理。

②分层摊铺时，应先将下承层顶面拉毛或采用凸块压路机碾压，再摊铺上层混合料。

③对无法使用机械摊铺的超宽路段，应采用人工同步摊铺、修整，并同时碾压成型。

④气候炎热、干燥时碾压稳定中、粗粒混合料，含水率应比最佳含水率降低 0.5% ～ 1.5%。

事件2：施工单位对 K5+500～K5+800 路段的基层完成碾压并经压实度检查合格后，及时实施养护，但因养护条件欠佳，导致基层出现了裂缝。经过弯沉检测，该段基层的承载力满

159

足设计要求。监理要求施工单位必须处理裂缝,施工单位对裂缝采取了相应的技术措施处理后,继续铺筑上面的沥青混凝土面层。

事件3:根据《公路工程竣(交)工验收办法实施细则》,施工单位完成约定的全部工程内容,且经施工自检和监理检验评定均合格后,提出交工验收申请,报监理单位审查。交工验收申请书附自检评定资料和C报告。监理单位审查同意后,向项目法人提交了D资料、质量评定资料和监理总结报告。项目法人接收资料后,及时按规定组织了交工验收。

问题:

(1)写出图7-11中构造物K的名称。

(2)图7-11中A区域应采用哪些特性的填料回填?

(3)对事件1中的4条技术要点逐条判断对错,并改正错误之处。

(4)写出两条可对事件2中裂缝修复的技术措施。

(5)写出事件3中C报告、D资料的名称。

参考答案及解析:

(1)构造物K为桥头搭板。

(2)A区域应采用透水性材料、轻质材料、无机结合料。

(3)具体如下:

要点①:正确。

要点②:错误。改正:分层摊铺时,应先将下承层清理干净,并洒铺水泥净浆,再摊铺上层混合料。

要点③:正确。

要点④:错误。改正:气候炎热、干燥时碾压稳定中、粗粒混合料,含水率应比最佳含水率增加0.5%~1.5%。

(4)裂缝修复的技术措施:

①在裂缝位置灌缝(灌浆或注浆)。

②在裂缝位置铺设玻璃纤维格栅。

③洒铺热改性沥青(或洒铺透层油)。

(5)C报告为施工总结报告,D资料为监理单位独立抽检资料。

【案例7-23】背景资料:

某监理单位承接了9.82km的三级公路施工监理任务,路基宽8.5m,设计车速为40km/h。其中K3+100~K3+420为路堤段,K3+280处有1-2.5m×2m的盖板涵,涵洞长度为17.62m,涵底坡度为1%,K3+280的路基设计高程为206.07m。涵洞构造示意图如图7-12所示。

工程开工前,在建设单位主持下,由设计单位向施工单位交接了交点桩、水准点桩,设计文件中提供用于中线放样的资料只有"直线、曲线及转角表"。施工单位备有全站仪、自动水准仪等常规测量仪器。

涵洞施工与涵洞前后路堤T1区、T2区的填筑同时进行,T1区、T2区按图示坡度分层填筑。涵洞施工中,施工单位首先进行了涵洞中心桩号、涵轴线的放样,涵洞基坑开挖平面尺寸按17.62m×3.8m放样,基坑开挖严格按放样尺寸采用人工垂直向下开挖至基底设计高程,在对基底进行处理并通过验收后,开始基础施工。

涵洞完工后,在涵洞砌体砂浆或混凝土强度达到设计强度的70%时,进行涵洞两侧及顶面填土,填筑顺序为T3区→T4区→T5区,填筑方法采用人工配合小型机械夯填密实。

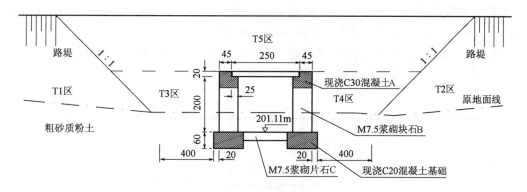

图 7-12 K3+280 涵洞构造示意图

注:图中单位除高程以 m 计外,其余均以 cm 计。

问题:

(1)按洞顶填土厚度划分,指出该涵洞类型,并说明理由。

(2)写出可用于本路曲线段中线放样的两种方法。

(3)写出涵洞构造示意图中 A、B、C 结构的名称。

(4)指出涵洞基坑施工中的错误,并说明理由。

(5)改正填筑施工中的错误。

参考答案及解析:

(1)该涵洞是暗涵。因为涵洞洞顶填土厚度在 2.76m(206.07 − 201.11 − 2.2 = 2.76)左右,若涵洞洞顶填土高度大于 0.5m 即为暗涵。

(2)可采用切线支距法和偏角法进行中线放样。

(3)A 是板座(或台座、台帽)、B 是涵台(或墙身)、C 是铺底。

(4)错误 1:涵洞基坑开挖平面尺寸按 17.62m×3.8m 放样。

原因:基坑尺寸应大于基础尺寸,以方便基础施工。

错误 2:基坑开挖严格按放样尺寸垂直向下开挖至基底设计高程。

原因:原土质是粗砂质粉土,基坑开挖时应放坡,以利于土方稳定和安全。

(5)具体如下:

①涵洞前后路段 T1 区、T2 区应按图上坡度分层预留台阶。

②涵洞完工后,在涵洞砌体砂浆或混凝土强度达到设计强度的 75% 时,方可进行涵洞两侧及洞顶上面填土。

③填筑顺序应按 T3 区与 T4 区同时填筑→T5 区填筑的顺序进行。

【案例 7-24】背景资料:

某监理单位承接了某大桥施工监理任务,该桥为一座多跨变截面预应力混凝土连续箱梁桥,大桥分为上下游两幅,每幅单箱顶板宽 10.5m,底板宽 6m。大桥采用钻孔灌注桩基础,双柱式桥墩(墩柱高 15~26m 不等),普通钢筋混凝土盖梁。

上部结构 0 号块采用墩顶混凝土现浇施工,临时固结构造示意图如图 7-13 所示。

其他梁段(1~19 号)采用预制场长线法台座预制,缆索吊装系统悬臂拼装。各梁段之间腹板采用剪力齿衔接,环氧树脂黏合,顶板与底板均设 20cm 湿接缝。施工中加强测量管理,各梁段施工按照设计高程安装定位,控制好全桥线形。

1~19 号梁段长线法预制及悬拼安装施工工序为:预制场及存梁区布置→梁段浇筑

161

台座准备→梁段浇筑及养护→D→梁段外运→梁段吊拼就位→临时预应力张拉及腹板剪力齿黏合→E→预应力穿索与张拉、封锚→下一梁段施工。

按照交通运输部发布的《公路桥梁和隧道工程施工安全风险评估指南(试行)》的要求,施工单位对全桥进行了总体风险评估,评估结果为Ⅲ级。

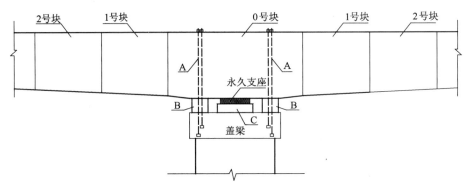

图7-13　临时固结构造示意图

问题:

(1)写出图中A、B、C结构的名称。

(2)长线法预制及悬拼安装施工中工序D、E各是何种工序?

(3)各梁段悬拼安装线形控制测量的关键项目是哪几项?

(4)该大桥是否需要进行专项风险评估?说明理由。若需要进行专项风险评估,说明还需进行哪几个步骤?

参考答案及解析:

(1)A为锚固钢筋(钢绞线),B为临时支座,C为支座垫石。

(2)D为梁段吊运存放、修整,E为湿接缝混凝土浇筑与养护。

(3)梁段顶面高程,纵轴线(或中轴线)。

(4)需要进行专项风险评估。因为根据《公路桥梁和隧道工程施工安全风险评估指南(试行)》,总体风险评估达到Ⅲ级及以上的,应进行专项风险评估。

还需进行的步骤包括:确定专项风险评估的范围、开展专项风险评估、确定风险控制措施。

【案例7-25】背景资料:

某监理单位承接了某桥梁工程施工监理任务,该桥上部结构为跨径30m的预应力小箱梁结构,共120片预制箱梁。

施工单位根据构件预制场的布设要求,进行了箱梁预制场的选址和规划,并编制了《梁场布置方案》,在报经企业技术负责人审批后实施。方案要求在梁板预制完成后,移梁前应对梁板喷涂统一标识,包括预制时间、梁体编号等内容。预制场平面布置示意图如图7-14所示。

预制场设5个制梁台座(编号1~5),采用一套外模、两套内模。每片梁的生产周期为10天,其中A工序(钢筋工程)2天,B工序(模板安装、混凝土浇筑、模板拆除)2天,C工序(混凝土养护、预应力张拉与移梁)6天。5个制梁台座的制梁横道图见图7-15。

箱梁预制前,施工单位对底模板设置了预拱度。在进行第25号箱梁预制时,为选择预应力筋张拉时机,在箱梁混凝土浇筑时,试验人员甲在现场同步取样,并对取样试块按试验室标准条件养护,严格按测定的试块强度作为预应力筋的张拉强度。但张拉完成后发现该梁预拱度出现较大偏差。

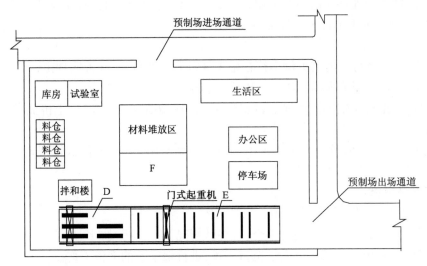

图 7-14　预制场平面布置示意图

问题：

（1）完善《梁场布置方案》的审批程序，并补充梁板还应喷涂的标识。

（2）分别写出预制场平面布置示意图中 D、E、F 区域代表的名称。在拌和楼旁通常需设置哪些标识或标牌？

（3）列式计算 120 片箱梁按图 7-15 的形式组织流水施工的最短预制工期。

（4）分析 25 号箱梁预拱度出现较大偏差的原因。

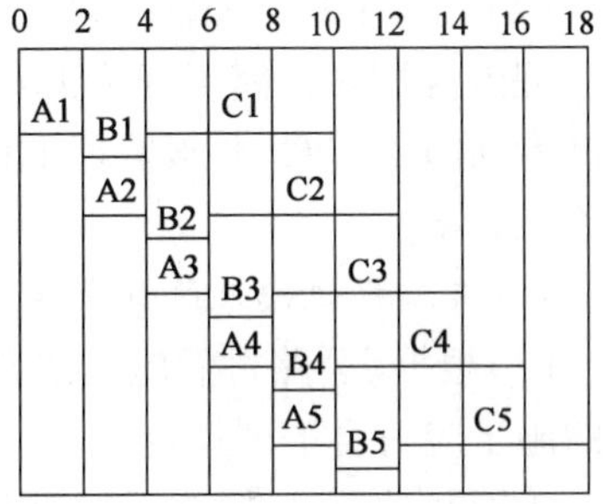

图 7-15　5 个制梁台座的制梁横道图
（时间单位：天）

参考答案及解析：

（1）梁场布置方案还应报监理工程师审批后才能实施。还应喷涂的标识有：张拉时间、施工单位、部位名称。

（2）D 为制梁区，E 为存梁区，F 为材料（钢筋）加工区。应设置混凝土配合比牌、安全警告警示牌、操作规程标志牌。

（3）每片梁为一个流水段落，共 120 片，所以有 120 − 1 = 119 个流水步距。

每个流水步距 $K = 2$ 天，所以预制总工期 = $119 \times 2 + (2 + 2 + 6) = 248$ 天。完整的计算参见【案例 3-5】。

（4）25 号箱梁的混凝土取样试块按试验室标准养护条件与箱梁在预制台座上的现场养护条件不同（或：试件养护方式错误），当试块强度达到设计张拉强度时，试件强度与现场梁体强度不一致（或梁的弹性模量可能尚未达到设计值），导致梁的起拱值偏大而出现预拱度偏差。

【案例 7-26】背景资料：

某公路梁桥采用 5×20m 预应力空心板，空心板宽度 1.24m，预制空心板之间采用混凝土铰缝连接，桥面铺装设计为 15cm 厚水泥混凝土和 10cm 厚沥青混凝土，陆续进行了梁板预制、吊装和桥面铺装施工。在施工中发生了下列事件：

事件 1：预制 20m 空心板梁按期施工完成，但因为桥梁基础和下部结构施工较慢，存梁 6 个月后，准备架梁，采用起重机将工人运至盖梁顶，进行架梁前的准备工作。

事件2：监理工程师接到吊装开工申请后,审阅了开工申请和检查了施工准备情况,不同意梁板架设,理由是施工单位没有提交专项施工方案。

问题：

（1）事件1中,请写出施工单位不符合施工规范要求的行为,并说明理由。

（2）事件2中,监理工程师做法是否正确?请说明理由。

（3）根据《公路桥涵施工技术规范》（JTG/T 3650—2020）,水泥混凝土桥面铺装施工有何规定?

（4）张拉用的千斤顶与压力表应配套标定、配套使用,当处于什么情况时,应重新进行标定?

参考答案及解析：

（1）不妥之处一:预制梁存放达到6个月。

理由:预制梁存放时间宜不超过3个月,特殊情况下不应超过5个月。

不妥之处二:采用起重机将工人运至盖梁顶,进行架梁前的准备工作。

理由:禁止采用起重机运送工人。

（2）监理工程师做法正确。

理由:根据《公路工程施工安全技术规范》（JTG F90—2015）,桥梁工程梁、拱、柱施工需要编制专项施工方案,并报监理工程师进行审查。采用起重机械进行安装的工程也需要编制专项施工方案。

注:该工程规模未达到需专家论证、审查的条件。

（3）根据《公路桥涵施工技术规范》（JTG/T 3650—2020）第23.5.2条,水泥混凝土桥面铺装的施工应符合下列规定:

①铺装的厚度、材料、铺装层结构、混凝土强度、防水层设置等均应符合设计规定。

②桥面铺装工作应在梁体的横向连接钢板焊接工作或湿接缝浇筑完成后,方可进行。

③铺装施工前应使梁、板顶面粗糙,清洗干净,并应按设计要求铺设纵向接缝钢筋和桥面钢筋网。

④水泥混凝土桥面铺装,其做面应采取防滑措施,做面宜分两次进行,第二次抹平后,应沿横坡方向拉毛或采用机具压槽,拉毛或压槽的深度应符合《公路水泥混凝土路面施工技术细则》（JTG/T F30—2014）的有关规定。

⑤水泥混凝土桥面铺装如设计为防水混凝土,施工时应按防水混凝土的相关规定执行。

⑥纤维水泥混凝土桥面铺装的施工,可按现行《纤维混凝土结构技术规程》（CECS 38）的规定执行。

（4）张拉用的千斤顶与压力表应配套标定、配套使用,标定应在经国家授权的法定计量技术机构定期进行标定时千斤顶活塞的运行方向应与实际张拉工作状态一致。当处于以下情况时,应重新进行标定:

①使用时间超过6个月。

②张拉次数超过300次。

③使用过程中千斤顶或压力表出现异常情况。

④千斤顶检修或更换配件后。

第八节　隧　道　工　程

【案例7-27】背景资料：

某山岭隧道为单洞双向两车道公路隧道，其起讫桩号为 K68 + 238 ~ K69 + 538，隧道长 1300m。该隧道设计图中描述的地质情况为：K68 + 238 ~ K68 + 298 段和 K69 + 498 ~ K69 + 538 段为洞口浅埋段，地下水不发育，出露岩体极破碎，呈碎、裂状，为Ⅴ级围岩；K68 + 298 ~ K68 + 598 段和 K69 + 008 ~ K69 + 498 段，地下水不发育，岩体为较坚硬岩，岩体较破碎，裂隙较发育且有夹泥，为Ⅳ级围岩段；K68 + 598 ~ K69 + 008 段，地下水不发育，岩体为较坚硬岩，岩体较为完整，呈块状体或中厚层结构，裂隙面内夹软塑状黄泥，为Ⅲ级围岩段。

监理过程中发生如下事件：

事件1：施工单位按安全、经济的原则从全断面法、环形开挖留核心土法和双侧壁导坑法中出选出了一种浅埋段隧道施工方法。

事件2：根据设计要求，施工单位计划对 K68 + 398 ~ K68 + 489 段隧道实施监控量测，量测项目有：洞内外观察、地表下沉、钢架内力和外力、围岩压力、周边位移、拱顶下沉、锚杆轴力等。

事件3：施工单位在 K68 + 598 ~ K69 + 008 段初期支护施工时，采用干喷技术，利用挂模的方式喷射混凝土，并对喷射混凝土强度等实测项目进行了实测。

事件4：在二次衬砌施工前，施工单位发现 K68 + 328 ~ K68 + 368 段多处出现了喷射混凝土掉落的现象，掉落处原岩表面残留有黄泥。施工单位提出了掉落段的处治方法，并进行了复喷施工。

问题：

（1）事件1中应采用哪一种施工方法？采用该方法施工时有哪些注意事项？

（2）事件2中哪些项目为必测项目？拱顶下沉量测应采用什么方法？利用哪些工具？

（3）指出事件3施工中的错误。补充喷射混凝土质量检验实测项目的漏项。

（4）分析事件4中喷射混凝土掉落的原因，施工单位复喷前应采取哪些措施？

（5）本项目是否需要编制专项施工方案？是否需要专家论证、审查？

参考答案及解析：

（1）环形开挖预留核心土法适用于Ⅴ ~ Ⅵ级围岩或一般土质围岩的中小跨度隧道，因此应采用环形开挖留核心土法。环形开挖留核心土法施工的注意事项有：

①环形开挖进尺宜为 0.5 ~ 1.0m，核心土面积应不小于整个断面面积的 50%。

②开挖后应及时施工喷锚支护、安设钢架支撑，相邻钢架必须用钢筋连接，并应按设计要求施工锁脚锚杆。

③围岩地质条件差，自稳时间短时，开挖前应按设计要求进行超前支护。

④核心土与下台阶开挖应在上台阶支护完成后、喷射混凝土强度达到设计强度的 70% 后进行。

（2）事件2中必测项目为：洞内外观察、地表下沉、拱顶下沉、周边位移。拱顶下沉量测采用水准测量的方法，工具为水准仪和钢尺等。

（3）事件3中的错误是采用干喷技术，采用挂模的方式喷射混凝土。隧道喷射混凝土不得采用干喷工艺。喷射混凝土的实测项目有喷射混凝土强度、喷层厚度、喷层与岩层接触情况。

（4）事件4中喷射混凝土掉落的原因为喷射混凝土前没有将岩面清理干净，喷射混凝土因残留黄泥不能与围岩很好地结合而掉落。施工单位应将原来的喷射混凝土凿除，并清理清洗岩面，再按设计要求喷射混凝土。

（5）本项目属于不良地质隧道，需要编制专项施工方案，不需要专家论证、审查。

【案例7-28】背景资料：

某施工单位承建一分离式双向四车道高速公路山岭隧道工程，其起讫桩号为 K19+720～K20+200，全长480m。隧道左右洞相距36m，地质情况相同，其中 K19+720～K19+775 段和 K20+165～K20+200 段穿越强风化泥质灰岩段，岩质较软，岩体较破碎，为 V 级围岩段；K19+775～K19+875 段和 K20+035～K20+165 段穿越中风化泥质灰岩段，岩质中硬，岩体较破碎～破碎，为 Ⅳ 级围岩段；K19+875～K20+035 段穿越微风化泥质灰岩段，岩质中硬，岩体较破碎，为 Ⅲ 级围岩段。该隧道设计支护结构为复合式衬砌（即初期支护+混凝土二次衬砌），隧道设钢支撑和仰拱。

监理过程中发生了如下事件：

事件1： 施工单位采用钻爆法开挖Ⅳ级围岩段，爆破设计周边眼为60个，爆破后，某开挖面残留有痕迹的炮眼数为45个。

事件2： 施工单位在 K19+875～K20+035 段初期支护施工时，首先采用激光断面仪对该段隧道开挖断面的超欠挖情况进行测量，检验合格后，采用湿喷工艺喷射混凝土。

事件3： 施工单位在Ⅳ级围岩段初期支护施工作业时，采用了钢拱架形式的钢支撑。

事件4： 施工单位在进行仰拱及防水板施工作业时，采取了如下做法：

①Ⅳ级围岩的仰拱距掌子面的距离为 55m±4m，V级围岩的仰拱距掌子面的距离为 45m±4m。

②仰拱施工采用左右半幅分次浇筑方式。

③防水板搭接宽度为 80mm±10mm。

问题：

（1）针对事件1和背景，计算周边炮眼痕迹保存率，并判断该值是否满足《公路隧道施工技术规范》（JTG/T 3660—2020）的要求。

（2）事件2中针对超欠挖，监理工程师应如何进行施工质量控制？

（3）事件3中，按材料的组成还可以采取哪种形式的钢支撑？

（4）逐条判断事件4中的做法是否正确，若不正确请改正。

参考答案及解析：

（1）根据《公路隧道施工技术规范》（JTG/T 3660—2020）第7.4.14条，周边炮眼痕迹保存率 $=45\div60\times100\%=75\%$。

对于中硬岩，周边炮眼痕迹保存率应不小于70%，而本次爆破后周边炮眼痕迹保存率为 75%＞70%，满足要求。

（2）超欠挖施工质量控制要点为：

①隧道开挖轮廓应根据设计开挖轮廓和围岩变形量确定，规定预留变形量可根据监控量测信息调整。

②应严格控制欠挖。当岩层完整、岩石抗压强度大于30MPa并确认不影响衬砌结构稳定和强度时，每 $1m^2$ 内欠挖面积不宜大于 $0.1~m^2$，欠挖隆起量不得大于50mm。拱脚、墙脚以上 1m 范围内及净空图折角对应位置严禁欠挖。

③宜尽量减少超挖,超挖部分应回填密实。

(3)按材料的组成还可以采取格栅钢架形式的钢支撑。

(4)①错误。改正:Ⅳ级围岩仰拱与掌子面距离不得超过50m,Ⅴ级围岩仰拱与掌子面距离不得超过40m。

②错误。改正:仰拱衬砌混凝土应整幅一次浇筑成形,不宜左右半幅分次浇筑。

③错误。改正:防水板搭接宽度不应小于100mm。

【案例7-29】背景资料:

某高速公路隧道右洞,起讫桩号为YK52+626~YK52+875。工程所在地常年多雨,地质情况为:粉质黏土、中强风化板岩为主,节理裂隙发育,围岩级别为Ⅴ级。该隧道YK52+626~YK52+740段原设计为暗洞,长114m,其余为明洞,长135m,明洞开挖采用的临时边坡坡率为1:0.3,开挖深度为12~15m。YK52+740~YK52+845明洞段左侧山坡高且较陡,为顺层边坡。隧道顶地表附近有少量民房。

隧道监理过程中发生如下事件:

事件1:隧道施工开工前,施工单位向监理单位提供了施工安全风险评估报告。在YK52+740~YK52+845段明洞开挖施工过程中,临时边坡发生了滑塌。经有关单位现场研究,决定将后续YK52+740~YK52+845段设计方案调整为盖挖法。

事件2:在采用盖挖法施工前,监理单位要求施工单位再次提供隧道施工安全风险评估报告,施工单位以已提供过为由,予以拒绝。

事件3:为加快施工进度,施工单位决定对明洞石质边坡采用深眼大爆破开挖,并加强对附近民房的沉降和位移监测。

事件4:施工单位在拱圈混凝土强度达到设计强度75%后即开始进行明洞回填,每层回填层厚不超过30cm。

问题:

(1)结合地质信息,判断本项目是否需要编制专项施工方案?是否需要专家论证、审查?并分别说明理由。

(2)结合本项目说明盖挖法相较于明挖法的优点。

(3)事件2中,施工单位的做法是否正确?说明理由。

(4)事件3中,施工单位的做法是否正确?若不正确请改正。

(5)请补充完善明洞回填施工的质量控制要点。

参考答案及解析:

(1)本项目需要编制专项施工方案,理由:本项目隧道总长为249m,节理裂隙发育,围岩级别为Ⅴ级,属于不良地质隧道。本项目需要专家论证、审查。理由:根据《公路工程施工安全技术规范》(JTG F90—2015),Ⅴ级围岩占总隧道长度超过10%,且连续长度超过100m,因此需要专家论证。

(2)盖挖法的优点有:

①盖挖法对边坡生态、稳定性影响较小(规避滑坡危险)。

②盖挖法受地面条件限制小。

③施工受气候影响小。

④可以缩短工期。

⑤开挖工程量小。

（3）施工单位做法不正确。

原因：将明挖改成盖挖，属于工程设计方案和施工方案发生重大变化，根据《公路工程施工安全技术规范》（JTG F90—2015），应重新进行评估。

（4）施工单位做法不正确。石质边、仰坡应采用预留光爆层法或预裂爆破法，不得采用深眼大爆破或集中药包爆破开挖。

（5）明洞回填施工应遵循对称均衡原则，质量控制要点有：

①明洞拱背回填应在外模拆除、防水层和排水盲管施工完成后进行。人工回填时，拱圈混凝土强度应不小于设计强度的75%。机械回填时，拱圈混凝土强度应不小于设计强度。

②明洞两侧回填水平宽度小于1.2m的范围应采用浆砌片石或同级混凝土回填。

③回填料不宜采用膨胀岩土。

④回填顶面0.2m可用耕植土回填。

⑤明洞土石回填应对称分层夯实，分层厚度不宜大于0.3m，两侧回填高差不应大于0.5m，回填到拱顶以上1.0m后，方可采用机械碾压。回填土压实度应符合设计规定。

⑥单侧设有反压墙的明洞回填应在反压墙施工完成后进行。

⑦回填时不得倾填作业。

⑧明洞回填时，应采取防止损伤防水层的措施。

⑨洞门顶排水沟砌筑在填土上时，应在夯实后砌筑。

【案例7-30】背景资料：

某高速公路隧道为双向四车道分离式隧道，隧道右线长1618m，左线长1616m，设计净空宽度为10.8m，净空高度为6.6m。设计车速为80km/h。该隧道围岩主要为Ⅳ级，采用复合式衬砌。

隧道穿越岩溶区，地表水、地下水丰富，开挖过程中发现不同程度的渗水和涌水，为保证隧道施工安全，施工单位对隧道渗水和涌水采用超前小导管预注浆进行止水处理。

隧道采用台阶法开挖，施工单位做法如下：

①上台阶开挖，掌子面距初期支护距离为3m。

②下台阶开挖，掌子面距初期支护距离为4m。

③仰拱每循环开挖长度为3m。

④仰拱与掌子面的距离为120m。

⑤下台阶在上台阶喷射混凝土强度达到设计强度的70%后开挖。

问题：

（1）按隧道长度分类，该隧道属于哪种类型？

（2）复合式衬砌中初期支护的类型有哪些？

（3）除背景中所采用的隧道涌水处理方法外，还可能需要选择哪些辅助施工方法？

（4）逐条判断施工单位台阶法开挖做法是否正确，若不正确请改正。

参考答案及解析：

（1）按长度分类，该隧道属于长隧道。

（2）复合式衬砌中初期的类型有喷射混凝土、锚杆、钢筋网、钢架等。

（3）隧道涌水还可能需要选择的辅助施工方法有：超前钻孔排水、平行坑道排水、超前围岩预注浆堵水、井点降水等。

（4）①不正确。应为：上台阶每循环开挖支护进尺不应大于2榀钢架间距。

②不正确。应为：台阶下部断面一次开挖长度应与上部断面相同，且不得大于1.5m。

③正确。

④不正确。仰拱与掌子面的距离不得大于50m。

⑤正确。

【案例 7-31】背景资料：

某隧道为上、下行双线四车道隧道，其中左线长858m，右线长862m，隧道最大埋深为98m，净空宽度为9.64m，净空高度为6.88m，设计车速为100km/h。其中YK9+928~YK10+004段为V级围岩，采用环形开挖留核心土法施工，开挖进尺为3m。该段隧道采用复合式衬砌，初期支护采用喷锚网联合支护形式，结合超前小导管作为超前支护措施，二次衬砌采用模筑混凝土衬砌，初期支护与二次衬砌之间铺设防水层。仰拱开挖后，结合拱墙施工及时进行仰拱封闭和模筑混凝土施工。

监理过程中发生如下事件：

事件1：复合式衬砌施工时，YK9+928~YK10+004段二次衬砌距掌子面的距离为80m。

事件2：在一个模筑段长度内灌注边墙混凝土时，先灌注完左侧边墙混凝土，再灌注右侧边墙混凝土。

事件3：隧道拱部混凝土衬砌浇筑时，施工单位在模板台车范围内预留了注浆孔。

事件4：洞口段进洞后施工单位及时施工仰拱，施工前采用洞渣或片石回填超挖部分。

问题：

(1)指出环形开挖留核心土施工中的错误之处，并改正。

(2)事件1中，施工单位的做法是否正确？若不正确请改正。

(3)指出事件2中边墙灌注施工的错误，并写出正确的做法。

(4)请指出拱部混凝土衬砌浇筑质量控制要点。

(5)事件4中，施工单位的做法是否正确？若不正确请改正。

参考答案及解析：

(1)错误之处：采用环形开挖留核心土法施工，开挖进尺为3m。

正确做法：环形开挖进尺宜不大于1榀钢架间距。

(2)不正确。YK9+928~YK10+004段为V级围岩，二次衬砌距掌子面的距离不得大于70m。

(3)施工错误：先浇筑一边，再浇筑另一边。正确的做法应为：灌注边墙混凝土时，要求两侧混凝土保持分层对称地均匀上升，以免两侧边墙模板受力不均匀而倾斜或移位。

(4)拱部混凝土衬砌浇筑质量控制要点为：

①拱部混凝土衬砌浇筑时，应在拱顶预留注浆孔，注浆孔间距应不大于3m，且每模板台车范围内的预留孔不得少于4个。

②拱顶注浆充填宜在衬砌混凝土强度达到100%后进行，注入砂浆的强度等级应满足设计要求，注浆压力应控制在0.1MPa以内。

(5)不正确。仰拱施工前，隧底超挖可采用强度等级不低于C15的混凝土或C20喷射混凝土回填，回填后应再次检查断面形状、尺寸。

【案例 7-32】背景资料：

某公路隧道长3000m，合同价6.2亿元人民币，合同工期30个月，第一年度计划施工产值为2.1亿元，施工单位在施工至距洞口520m处时，由于地质复杂，爆破导致隧道发生了塌方，当场有10名工人重伤。在送往医院的过程中，有1人伤势过重死亡，直接经济损失500万元。

事故发生后,事故现场有关人员立即向本单位负责人报告,单位负责人接到报告后,于2小时内向事故发生地县级以上人民政府安全生产监督管理部门和负有安全生产监督管理职责的有关部门报告。自事故发生之日起28日内,又有1人因治疗无效死亡,由于已超过20日的上报期限,所以事故责任单位未补报。

问题:

(1)该隧道是否是特长隧道?隧道地质预测预报分几级?

(2)隧道钻爆设计图包括哪些内容?

(3)①该合同段配备专职安全生产管理人员不少于多少人?

②事故发生单位上报程序是否符合要求?如不符合要求,请写出不符合要求之处并改正。

③请判断该生产安全事故的等级并予说明。

(4)发生生产安全事故后,生产安全事故的调查处理工作应当遵循的原则是什么?

参考答案及解析:

(1)该隧道不是特长隧道,长度3000m属于长隧道。

解析:根据《公路隧道设计规范 第一册 土建工程》(JTG 3370.1—2018)第1.0.4条,公路隧道可按其长度划分为四类,长度$L>3000$m为特长隧道,1000m$<L\leqslant3000$m为长隧道,500m$<L\leqslant1000$m为中隧道,$L\leqslant500$m为短隧道。

根据《公路隧道施工技术规范》(JTG/T 3660—2020)第19.1.6条,隧道地质预测预报分为A、B、C、D四级。

(2)设计图应包括炮眼布置图、周边眼装药结构图、钻爆参数表、主要技术经济指标及必要的说明。

(3)①专职安全员不少于5人。

解析:按照年度施工产值配备专职安全生产管理人员,不足5000万元的至少配备1名;5000万元以上不足2亿元的按每5000万元不少于1名的比例配备;2亿元以上的不少于5名,且按专业配备。

②上报程序不符合要求。

a.上报时间不妥,应为1小时内上报。

b.补报日期不妥,应为30天内补报。

c.未补报不妥,应及时补报。

③属于较大事故(Ⅲ级)。

理由:按照本书表6-3,虽然死亡人数为2人少于3人,直接经济损失500万元少于1000万元,而且重伤人数8人少于10人,表面上是一般事故;但是,由于死亡比重伤有过之无不及,应将2人死亡加到重伤之中,重伤人数=2死亡+8重伤=10重伤,故为较大事故。

(4)事故调查处理应当坚持实事求是、尊重科学的原则。或答四不放过原则,即事故发生原因未查清不放过,事故责任者和职工群众未受到教育不放过,安全隐患没有整改、预防措施未落实不放过,事故责任者未处理不放过。

第九节 交通安全设施工程

【案例7-33】背景资料:

某高速公路路线长79km,交通安全设施工程由某具备资质的施工单位中标,交通安全设施包括突起路标、隔离栅、标线等。突起路标产品应符合有关规定,施工前路面应清洁、干燥、无杂屑,与路面的粘结应牢固。隔离栅常用的材料包括立柱、网片、螺栓螺母等,一般在路面施工阶段的中后期即应开始施工,立柱可以使用钢管、型钢、钢筋混凝土柱等。反光标线的玻璃珠应撒布均匀,施划后无起泡、剥落现象等。

事件1:突起路标设置时,需将环氧树脂均匀涂覆于突起路标的底部,某监理工程师要求将突起路标压在路面的正确位置上,轻微转动,直到四周出现挤浆并及时清除其溢出部分。环氧树脂凝固前对突起路标不得扰动。突起路标顶部不得高出路面25mm。

事件2:隔离栅的立柱埋设施工前应清理场地,某监理工程师要求施工单位不得将立柱坐埋在虚土上和易坍塌的土埂上,还要求施工单位在任何立柱运到工地之前应向监理机构提交每一种柱子的试样。

事件3:总监理工程师巡视工地时要求施工单位在交通标线施划前认真清扫路面,使之清洁、干燥、无起灰现象,要求把标线厚度和反光玻璃珠的撒布量作为质量控制的重点。

问题:

(1)高速公路交通安全设施一般包括哪些内容?

(2)事件1中,公路突起路标施工监理要点有哪些?

(3)事件2中,预制混凝土立柱的埋设要求有哪些?

(4)事件3中,交通标线的质量检查项目有哪些?关键项目是哪个?

参考答案及解析:

(1)高速公路交通安全设施一般包括交通标志、交通标线、护栏、隔离栅、防落网、防眩设施、视线诱导设施、突起路标、百米桩、里程碑、避险车道。

(2)公路突起路标施工监理要点有:

①突起路标产品的形状尺寸、反射器的亮度、颜色应符合现行《突起路标》(GB/T 24725)、《太阳能突起路标》(GB/T 19813)的规定。

②突起路标的布设及其颜色应符合现行《道路交通标志和标线》(GB 5768)的规定并满足设计要求。

③根据施工用设计的要求确定突起路标的设置位置,放样定位准确。

④突起路标施工前,路面应清洁、干燥。

⑤突起路标反射体应面向行车方向安装。

⑥突起路标和路面黏结后用橡皮锤敲击突起路标上表面,从而保证黏结牢固。

⑦突起路标安装角度、纵向间距及横向偏位符合设计要求。

⑧突起路标线形应流畅,与公路线形相协调,曲线圆滑。

⑨公路突起路标分项工程有效的产品、材料检验合格报告或证书资料等工程质量保证资料齐全。

(3)预制混凝土立柱的埋设应分段进行,应先埋设两端的立柱,然后拉线埋设中间立柱,控制立柱与中间立柱的平面投影在一条直线上,柱顶应平顺。

(4)检查项目包括标线的线段长度、标线宽度、标线厚度、标线横向偏位、标线纵向间距、逆反射亮度系数等指标。其中,标线厚度、逆反射亮度系数是关键项目。

第八章 施工招投标和监理招投标管理

第一节 施工招投标的相关规定和注意事项

一、必须招标的范围和需要达到的规模

1.《招标投标法》规定的招标范围

（1）大型基础设施、公用事业等关系社会公共利益、公众安全的项目。

（2）全部或者部分使用国有资金投资或者国家融资的项目。

（3）使用国际组织或者外国政府贷款、援助资金的项目。

经国务院批准《必须招标的工程项目规定》（发改委 2018 年第 16 号令）明确了第（2）种和第（3）种具体内容。《必须招标的基础设施和公用事业项目范围规定》（发改法规〔2018〕第843 号）规定了第（1）种的具体内容：铁路、公路、管道、水运，以及公共航空和 A1 级通用机场等交通运输基础设施项目属于法定招标范围，而民营开发商的商品住宅不再属于法定招标的关系社会公共利益公众安全的公用事业范围。

2. 满足法定招标范围且达到必须招标的规模

根据《必须招标的工程项目规定》（发改委 2018 年第 16 号令）第五条规定，满足法定招标范围的项目，其勘察、设计、施工、监理以及与工程建设有关的重要设备、材料等的采购，且达到下列标准之一的，才必须招标：

（1）施工单项合同估算价在 400 万元人民币以上。

（2）重要设备、材料等货物的采购，单项合同估算价在 200 万元人民币以上。

（3）勘察、设计、监理等服务的采购，单项合同估算价在 100 万元人民币以上。

同一项目中可以合并进行的勘察、设计、施工、监理以及与工程建设有关的重要设备、材料等的采购，合同估算价合计达到前款规定标准的，必须招标。

3. 公路工程建设项目开始招标的要求

对于按照国家有关规定需要履行项目审批、核准手续的依法必须进行招标的公路工程建设项目，招标人应当按照项目审批、核准部门确定的招标范围、招标方式、招标组织形式开展招标。

公路工程建设项目履行项目审批或者核准手续后，方可开展勘察设计招标；初步设计文件批准后，方可开展施工监理、设计施工总承包招标；施工图设计文件批准后，方可开展施工招标。

施工招标采用资格预审方式的，在初步设计文件批准后，可以进行资格预审。

二、施工招投标程序

施工招投标程序如图 8-1 所示。

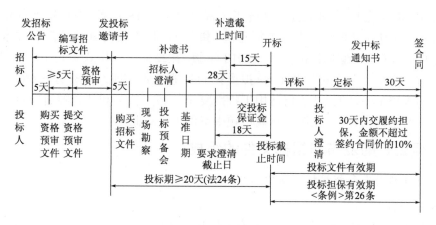

图 8-1　施工招投标程序图

三、资格审查

1. 资格审查的形式

资格审查的形式分为资格预审和资格后审。交通运输部规定原则上采用资格后审;资格预审审查办法分为有限数量制和合格制,原则上采用合格制。

2. 资格后审需审查的内容

承担投标段施工的资质条件、能力和信誉,包括:资质条件、财务要求、业绩要求、信誉要求、项目经理资格和特大型桥隧需要的其他要求。

如果招标人接受联合体投标的,除应符合投标人上述应具备承担投标段施工的资质条件、能力和信誉要求和投标人须知前附表的要求外,还应遵守以下规定:

(1)联合体各方应按招标文件提供的格式签订联合体协议书,明确联合体牵头人和各方权利义务,并承诺就中标项目向招标人承担连带责任。

(2)由同一专业的单位组成的联合体,按照资质等级较低的单位确定资质等级。

(3)联合体各方不得再以自己名义单独或参加其他联合体在同一标段中投标。

3. 资格后审的审查资料

资格后审的审查资料包括"投标人基本情况表"和其他资格条件等。资格审查办法含在评标办法中不需要单独进行,在评标的初步评审过程中"形式评审"和"资格评审"合格就算资格审核通过。

4. 投标文件中关于人员资格的规定和注意事项

根据《公路工程建设项目招标投标管理办法》(交通运输部令2015年第24号)第22条规定,招标人应当根据国家有关规定,结合招标项目的具体特点和实际需要,合理确定对投标人主要人员以及其他管理和技术人员的数量和资格要求。投标人拟投入的主要人员应当在投标文件中进行填报,其他管理和技术人员的具体人选由招标人和中标人在合同谈判阶段确定。对于特别复杂的特大桥梁和特长隧道项目主体工程和其他有特殊要求的工程,招标人可以要求投标人在投标文件中填报其他管理和技术人员。本办法所称主要人员是指设计负责人、总监理工程师、项目经理和项目总工程师等项目管理和技术负责人。

需注意的是,现在"主要人员"是如以上特指的,而其他管理和技术人员一般情况下不需在投标文件中填报,因此《公路工程标准施工招标文件》(2018年版)在投标文件格式中表示为"(七)拟委任的其他管理和技术人员汇总表"和"(八)拟委任的其他管理和技术人员资历表",《公路工程标准施工监理招标文件》(2018年版)在投标文件格式中表示为"(六)拟委任的其他主要监理人员汇总表65"和"(七)拟委任的其他主要监理人员资历表66"。其他管理和技术人员的表格的下注明"本表仅适用于特别复杂的特大桥梁和特长隧道项目主体工程以及其他有特殊要求的工程"。在第一章模拟题中案例1中有此内容的反映。

四、招标公告的发布和招标文件的组成

1. 招标公告的发布和招投标交易中心

(1)招标公告的发布

2017年国家发改委发布《招标公告和公示信息发布管理办法》,其中第八条要求,依法必须招标项目的招标公告和公示信息应当在"中国招标投标公共服务平台"或者项目所在地省级电子招标投标公共服务平台发布。

(2)招投标交易中心的定位和要求

根据《中华人民共和国招标投标法实施条例》第五条规定,设区的市级以上地方人民政府可以根据实际需要,建立统一规范的招标投标交易场所,为招标投标活动提供服务。招标投标交易场所不得与行政监督部门存在隶属关系,不得以营利为目的。

综上所述,招投标时,招投标交易中心的定位是服务机构,虽然由政府组建或指定,但是它不是政府监管部门,属于第三方机构,不能与政府监管部门有隶属关系。2021年案例真题一涉及这方面知识,不过一定要明确交易中心只有服务功能,不是政府监督部门。

2. 招标文件的组成

(1)招标公告(或投标邀请书)。

(2)投标人须知。

(3)评标办法。

(4)合同条款及格式。

(5)工程量清单。

(6)图纸。

(7)技术规范。

(8)工程量清单计量规则。

(9)投标文件格式。

(10)投标人须知前附表规定的其他资料。

在投标预备会或其他书面形式对招标文件所作的澄清、修改,构成招标文件的组成部分。当招标文件、招标文件的澄清或修改等在同一内容的表述上不一致时,以最后发出的书面文件为准。

五、投标文件(双信封)的组成

第一个信封文件(商务及技术文件)包括:

(1)投标函及投标函附录。

(2)授权委托书或法定代表人身份证明。

(3)联合体协议书。

（4）投标保证金。

（5）施工组织设计。

（6）项目管理机构。

（7）拟分包项目情况表。

（8）资格审查资料。

（9）投标人须知前附表规定的其他资料。

第二个信封文件（报价文件）包括：

（1）调价函及调价后的工程量清单（如有，若调价函不符合规定推论为不调价）。

（2）投标函。

（3）已标价工程量清单。

（4）合同用款估算表。

六、投标保证金的要求

1. 投标保证金的提交

（1）投标保证金不是必须提交的，是由招标人在招标文件中约定的。

（2）如果需要提交，投标保证金不得超过招标标段估算价的 2%；公路工程自 2016 年 2 月 1 日以后根据《公路工程建设项目招标投标管理办法》没有不超 80 万元的限制要求。

（3）投标保证金的形式可以是保函、现金、支票。根据《公路工程标准施工招标文件》（2018 版）规定，招标人不得强制限定投标保证金必须采用现金或支票方式缴纳，不得拒绝银行保函形式的投标保证金。以现金或者支票形式提交的投标保证金应当从其基本账户转出。

2. 投标保证金的退还

（1）投标人在投标截止时间前撤回投标文件且招标人已收取投标保证金的，招标人应当自收到投标人书面撤回通知之日起 5 日内退还其投标保证金。

（2）法定投标截止后投标人撤销投标文件的，招标人可以不退还投标保证金；当然也可以退还，以招标人的约定为准。

（3）招标人最迟应当在中标通知书发出后 5 日内向中标候选人以外的其他投标人退还投标保证金，与中标人签订书面合同后 5 日内向中标人和其他中标候选人退还投标保证金。

（4）投标人以现金或者支票形式提交的投标保证金的，招标人在退还投标保证金的同时还应当退还投标保证金的银行同期活期存款利息，且退还至投标人的基本账户。

七、提交投标文件和开标

1. 提交投标文件

（1）判断是否超过投标截止时间，以提交送达的时间为准，而不是招标人检查完成时间。

（2）逾期送达的或未送达指定地点的投标文件，招标人将予以绝收，而不是接收后标注超过截止时间让评标委员会否决其投标。

（3）未按要求密封和标识的投标文件，招标人将予以拒收。

2. 开标

（1）开标的主持人是招标人或招标代理。

（2）邀请所有投标人的法人代表或其委托代理人准时参加。如果投标人未参加视为该投标人默认开标结果。

（3）双信封开标，第一次当众只开投标文件第一个信封（商务及技术文件）。在投标文件第一个信封（商务及技术文件）开标现场，投标文件第二个信封（报价文件）不予开封，由招标人密封保存。待评标委员会对第一信封评审结束后，再进行通过第一信封评审投标人的第二信封开标。

（4）双信封开标，第二次开标人只拆封通过投标文件第一个信封（商务及技术文件）评审的投标文件第二个信封（报价文件），公布标段名称、投标人名称、投标报价及其他内容，并记录在案。若采用合理低价法或综合评分法需在开标现场计算并宣布评标基准价。

若招标人发现投标文件出现以下任一情况，其投标报价将不再参加评标基准价的计算（注：2009版招标人直接认定为废标，而不进入评标基准价计算，2018版这样修改更符合法律规定，因为废标是评标委员会的权力，而不是招标人）：

（1）未在投标函上填写投标总价。

（2）投标报价或调价函中的报价超出招标人公布的最高投标限价（如有）。

（3）投标报价或调价函中报价的大写金额无法确定具体数值。

（4）投标函上填写的标段号与投标文件封套上标记的标段号不一致。

开标现场宣布的评标基准价除计算有误经评标委员会修正外，在整个评标期间保持不变，不随任何因素发生变化（注：评标基准价不是评价，也不是评标价平均价，评标基准价的计算确定和使用在本章第二节介绍）。

八、评标办法

1. 两大类法定评标办法具体为四种评标法

公路工程施工招标，评标采用综合评估法或者经评审的最低投标价法两大类。综合评估法包括合理低价法、技术评分最低标价法和综合评分法，这三种评标法都需要打分。

2. 合理低价法

合理低价法是指对通过初步评审的投标人，不再对其施工组织设计、项目管理机构、技术能力等因素进行评分，仅依据评标基准价对评标价进行评分，按照得分由高到低排序，推荐中标候选人的评标方法。

3. 技术评分最低标价法

技术评分最低标价法是指对通过初步评审的投标人的施工组织设计、项目管理机构、技术能力等因素进行评分，按照得分由高到低排序，对排名在招标文件规定数量以内的投标人的报价文件进行评审，按照评标价由低到高的顺序推荐中标候选人的评标方法。招标人在招标文件中规定的参与报价文件评审的投标人数量不得少于3个。

4. 综合评分法

综合评分法是指对通过初步评审的投标人的评标价、施工组织设计、项目管理机构、技术能力等因素进行评分，按照综合得分由高到低排序，推荐中标候选人的评标方法；其中评标价的评分权重不得低于50%。

5. 经评审的最低投标价法

经评审的最低投标价法是指对通过初步评审的投标人，按照评标价由低到高排序，推荐中标候选人的评标方法。

6. 公路工程施工评标推荐的方法和评分要求

（1）公路工程施工招标评标，一般采用合理低价法或者技术评分最低标价法。

（2）技术特别复杂的特大桥梁和特长隧道项目主体工程，可以采用综合评分法。

（3）工程规模较小、技术含量较低的工程，可以采用经评审的最低投标价法。

对于需打分的综合评分法、合理低价法和技术评分最低价法，除评标价和履约信誉评分项外，评标委员会成员对投标人商务和技术各项因素的评分一般不得低于招标文件规定该因素满分值的 60%；评分低于满分值 60% 的，评标委员会成员应当在评标报告中作出说明。

7. 评标委员会的组成

评标委员会由招标人依法组建。依法必须进行招标的项目，其评标委员会由招标人的代表和有关技术、经济等方面的专家组成，成员人数为五人以上单数，其中技术、经济等方面的专家不得少于成员总数的三分之二（注：2021 年案例真题一的考点）。专家应当从事相关领域工作满八年并具有高级职称或者具有同等专业水平。

九、公示中标候选人和确定中标人

1. 中标候选人的公示

依法必须进行招标的项目，招标人应当自收到评标报告之日起 3 日内公示中标候选人，公示期不得少于 3 日。

2. 定标方式

除投标人须知前附表规定评标委员会直接确定中标人外，招标人依据评标委员会的评标报告所推荐的中标候选人确定中标人，评标委员会推荐中标候选人的人数依照投标人须知前附表的规定人数一般不超过 3 人。

3. 定标过程的规定

国有资金占控股或者主导地位的依法必须进行招标的项目，招标人应当确定排名第一的中标候选人为中标人。排名第一的中标候选人放弃中标、因不可抗力不能履行合同、不按照招标文件要求提交履约保证金，或者被查实存在影响中标结果的违法行为等情形，不符合中标条件的，招标人可以按照评标委员会提出的中标候选人名单排序依次确定其他中标候选人为中标人，也可以重新招标。

十、提交履约保证金和合同签约

1. 提交履约保证金的规定

招标文件要求中标人提交履约保证金的，中标人应当按照招标文件的要求提交。履约保证金不得超过中标合同金额的 10%。招标人不得指定或者变相指定履约保证金的支付形式，由中标人自主选择银行保函或者现金、支票等支付形式。

2. 签约合同价的确定原则（无固化清单的情况下）

（1）按照评标办法规定对投标报价进行修正后，若修正后的最终投标报价小于开标时的投标函大写金额报价，则签订合同时以修正后的最终投标报价为准。

（2）按照评标办法规定对投标报价进行修正后，若修正后的最终投标报价大于开标时的投标函大写金额报价，则签订合同时以开标时的投标函大写金额报价为准，同时按比例修正相应子目的单价或合价。

3. 招标人与中标人签订合同的强制性规定

根据《招投标法实施条例》第57条规定，招标人和中标人应当依照招标投标法和本条例的规定签订书面合同，合同的标的、价款、质量、履行期限等主要条款应当与招标文件和中标人的投标文件的内容一致。招标人和中标人不得再行订立背离合同实质性内容的其他协议。

第二节　采用综合评分法的公路工程施工评标

一、评审标准和评标程序

1. 评审标准

（1）初步评审标准有形式评审标准、资格评审标准、响应性评审标准。

（2）分值构成与评分标准：施工组织设计、主要人员、评标价、其他评分因素。

2. 评标程序

（1）第一个信封初步评审：即按照初步评审标准进行评审。

（2）第一个信封详细评审：按照量化因素和分值进行打分，并计算出各投标人的商务和技术得分。

（3）招标人对通过第一信封初步评审投标人的第二信封，现场开标。

（4）第二个信封初步评审：主要是对报价的形式性和响应性进行评审，有一项不符合评审标准的，评标委员会应否决其投标。在非固化清单情况下的算术修正等。

（5）第二个信封详细评审：报价文件的量化打分等。

（6）投标文件相关信息的核查：重点在有无串通行为等。

二、综合评估法的分值构成

综合评分法各项评审因素分为施工组织设计、主要人员（项目经理和总工资格与业绩）、评标价及其他因素（技术能力、财务能力、业绩、履约信誉等）。各评分因素权重分值合计应为100分。

技术能力指投标人的科研开发和技术创新能力，招标人可结合招标项目的具体情况提出相关要求，包括投标人获得的与项目施工有关的国家级工法、专利（发明专利或实用新型专利）、国家或省级科学技术进步奖，主编或参编过的国家、行业或地方标准等。

《公路工程标准施工招标文件》（2018年版）的各因素分值如下：

（1）第一信封分值构成：施工组织设计为5～20分，主要人员为10～20分，技术能力为0～5分，财务能力为5～10分，业绩5～12分，履约信誉3～5分。

（2）第二信封分值构成：评标价不得低于50分。

招标人应根据项目具体情况确定各评分因素及评分因素权重分值，并对各评分因素进行细分（如有），确定各评分因素细分项的分值，各评分因素权重分值合计应为100分。各评分因素（评标价和履约信誉评分项除外）得分一般不得低于其权重分值的60%，且各评分因素得分应以评标委员会各成员的打分平均值确定,评标委员会成员总数为七人以上时,该平均值以去掉一个最高分和一个最低分后计算。评标委员会成员对某一项评分因素的评分低于权重分值60%的,应在评标报告中作出说明。

招标人可结合招标项目所在地省级交通运输主管部门对投标人的信用评级对其履约信用进行评分,但不得任意设置歧视性条款并不得任意设立行政许可。

所有得分分值计算保留小数点后两位,小数点后第三位"四舍五入"。

三、评标基准价计算方法

评标基准价计算方法有多种选择。在开标现场,招标人将当场计算并宣布评标基准价。评标基准价来自评标价平均值,而评标价平均值来自评标价,相应计算方法在评标办法前附表具体约定。

1.评标价的确定(即在下列方法中选择一种)

(1)方法一:评标价 = 投标函文字报价。

(2)方法二:评标价 = 投标函文字报价 – 暂估价 – 暂列金额(不含计日工总额)。

(3)其他方法。

2.评标价平均值的计算

除开标现场被宣布为不进入评标基准价计算的投标报价之外,所有投标人的评标价去掉一个最高值和一个最低值后的算术平均值即为评标价平均值(如果参与评标价平均值计算的有效投标人少于5家时,则计算评标价平均值时不去掉最高值和最低值)。

3.评标基准价的确定(即在下列方法中选择一种)

(1)方法一:将评标价平均值直接作为评标基准价。

(2)方法二:将评标价平均值下浮一定的百分数作为评标基准价。

(3)方法三:招标人设置评标基准价系数,由投标人代表或监标人现场抽取,评标价平均值乘以系数为评标基准价。

(4)方法四:其他方法,招标人在符合评标办法正文内容基础上约定。例如,采用复合标底作为评标基准价,此时招标人的控制价与投标人的评标价平均值采用加权平均值作为评标基准价。

如果投标人认为某一标段的评标基准价计算有误,有权在开标现场提出,经招标人当场核实确认之后,可重新宣布评标基准价。

在评标过程中,评标委员会应对招标人计算的评标基准价进行复核,存在计算错误的应予以修正并在评标报告中作出说明。除此之外,评标基准价在整个评标期间保持不变,不随任何因素发生变化。

四、投标人的评标价得分

1.评标价的偏差率计算公式

$$偏差率 = \frac{投标人评标价 - 评标基准价}{评标基准价} \times 100\%$$

评标办法前附表对偏差率保留几位小数有具体规定。

2.评标价得分计算公式示例(总之都是扣分):

(1)如果投标人的评标价 > 评标基准价,则评标价得分 = F - 偏差率 $\times 100 \times E_1$。

(2)如果投标人的评标价 ≤ 评标基准价,则评标价得分 = F + 偏差率 $\times 100 \times E_2$。

其中,F 是评标价所占的权重分值,E_1 是评标价每高于评标基准价一个百分点的扣分值,E_2 是评标价每低于评标基准价一个百分点的扣分值,招标人可依据招标项目具体特点和实际需要设置 E_1、E_2,但 E_1 应大于 E_2。一般 $E_1 = 2$,$E_2 = 1$,参见案例8-1。

评标价得分计算保留小数点后两位,小数点后第三位"四舍五入"。

五、综合评分法的总分

综合评分法的总分 = 第一信封(商务及技术文件)得分 + 第二信封(报价文件)得分 =

(施工组织设计得分 + 主要人员得分 + 其他因素得分) + 评标价得分

按照投标人综合评分法的总得分由高到低顺序推荐中标候选人,但投标报价低于其成本的除外。综合评分法得分相等时,以投标报价低的优先;投标报价也相等时,可采用被招标项目所在地省级交通主管部门评为较高信用等级的投标人优先;如果这两种方法还无法确定其先后次序,则另设置其他方法确定投标人顺序,以便确定第一中标候选人。

第三节　公路工程施工招投标案例分析

【案例8-1】背景资料:

2018年某民营企业投资公路工程项目,其中一个标段有7个投标人参与投标,评标办法为综合评估法,有效评标价分别是200万元、230万元、230万元、240万元、250万元、250万元和300万元。在开标时采用抽签确定评标平均价下浮5%作为评标基准价。投标报价为60分,评标价高于评标基准价一个百分点的扣2分,评标价低于评标基准价一个百分点的扣1分。该公路项目投资方作为项目招标人,以民营企业投资不属于《招投标法实施条例》第55条"国有资金占控股或者主导地位的依法必须进行招标的项目,招标人应当确定排名第一的中标候选人为中标人"为由,在招标文件评标办法中要求评标委员会只需列出最高分的前三名中标候选人,不需进行排序,由招标人在这三名中标候选人中进行综合考虑后,确定中标人。

问题:

(1)计算该标段的评标平均价和评标基准价,计算各有效报价的得分。

(2)该公路项目投资方作为项目招标人提出确定中标人的方法是否可行?为什么?

参考答案及解析:

(1)计算该标段的评标平均价、评标基准价以及各有效报价的得分:

①评标平均价:先去掉最高价300万元和最低价200万元。

评标平均价 = (230 + 230 + 240 + 250 + 250) ÷ 5 = 240万元

②评标基准价 = 评标平均价下浮5% = 240 × 0.95 = 228万元。

③计算各有效报价的得分:

200万元报价的得分 = 60 + (200 - 228) ÷ 228 × 100 × 1 = 60 - 12.28 = 47.72

两个230万元报价的得分 = 60 - (230 - 228) ÷ 228 × 100 × 2 = 60 - 1.75 = 58.25(最高分)

240万元报价的得分 = 60 - (240 - 228) ÷ 228 × 100 × 2 = 60 - 10.53 = 49.67(第三名)

两个 250 万元报价的得分 = 60 – (250 – 228) ÷ 228 × 100 × 2 = 60 – 19.30 = 40.70

300 万元报价的得分 = 60 – (300 – 228) ÷ 228 × 100 × 2 = 60 – 63.16 = – 3.16(评标价得分最低为 0 分)

(2)该公路项目投资方作为项目招标人提出确定中标人的方法可行。因为根据《招投标法实施条例》第 55 条规定,国有资金占控股或者主导地位的依法必须进行招标的项目,招标人应当确定排名第一的中标候选人为中标人。该条款不限制民营全额投资情况;但是在民营资本非全额投资情况下,对国有资金占主导地位(即大股东)的含义要正确理解,国有资金能相加,民营资金不能相加。例如,国有资金三家企业股份分别为 20%、15%、5%,而两家民营企业资金股份各为 30%,属于国有资金 40% 占主导地位。

【案例 8-2】背景资料:

某高速公路施工项目 2019 年 2 月 26 日发布招标公告,该项目涉及的相关单位有:A 高速公路投资公司、B 设计院、C 公路施工公司、D 监理公司(法人代表为陈一,项目总监理工程师为刘二)、E 交通运输局、F 质监局、H 土石方专业公司、M 审计咨询公司、N 应急局。2019 年 4 月 6 日通过对 C 公路施工公司进行了资格审查。2019 年 4 月 26 日 C 公司董事长李四与 H 公司总经理王五签订该项目中某一路段路基土石方合同。2019 年 5 月 4 日为施工投标截止日,具体截止时刻为 11:50。施工招标文件和投标文件约定的合同工期为 38 个月,中标价为 6 亿元。发出中标通知书后的 30 天,2019 年 6 月 27 日建设单位与中标人签约时提出希望将合同工期改为 32 个月,中标人提出可以缩短工程工期但需要补偿赶工费用;双方协商后达成一致意见,签约合同工期为 32 个月,签约合同价增加 1000 万元作为赶工费,并按比例分摊于相应工程子目的金额中以提高对应单价(即签约合同价 6.1 亿元),并于当天 A 公司法人代表张三与 C 公司法人代表李四订立书面合同。赵六是 C 公司派出该项目的代表,孙七是 H 公司派出该项目的代表。2019 年 5 月 8 日 A 公司通过招标方式与 D 公司签了监理合同。

问题:

(1)招标过程中对 C 公司的资格审查是什么资格审查形式?施工合同的当事人是谁?监理合同的当事人是谁?案例背景中哪些属于建设工程合同?

(2)C 公司与 H 公司签订的是什么合同?该合同成立日是哪天?合同生效是哪天?

(3)根据《民法典》(以前称为《合同法》)的规定,该施工合同的要约生效日是哪天?案例背景中涉及的合同实质性内容有哪些?按照《招标投标法》在要约生效前或要约生效后投标人取消其投标文件分别称为什么?

(4)根据案例背景施工合同当事人的义务是什么?当事人会认真履行自己的义务吗?

(5)根据案例背景该施工合同签订是否有效?并说明理由。法律保护背景中合同当事人有哪些权利?

(6)该高速公路施工项目完工后审计的对象是谁?在审计时按背景资料合同当事人有哪些损失?

参考答案及解析:

(1)招标过程中对 C 公司的资格审查形式是资格预审(1 分)。施工合同的当事人是 A 公司与 C 公司(1 分),工程合同当事人应是法人。监理合同的当事人是 A 公司与 D 公司(1 分)。案例背景中施工合同、土石方分包合同、A 与 B 的设计合同属于建设工程合同(1 分);监理合同不属于建设工程合同,属于委托合同。

(2)C公司与H公司签订的是分包合同(1分)。该合同成立日是2019年4月26日(1分)。合同生效日是2019年6月27日(1分),不能按施工中标日,因为C公司中标后如果不签约,总包合同不生效分包合同自然无法生效即受法律保护。

(3)根据《民法典》(以前称为《合同法》)的规定,该施工合同的要约生效日是2019年5月4日(1分),具体为11:50。案例背景中涉及的合同实质性内容有合同**履行期限**即合同工期、合同**价款**(1分)。按照《招标投标法》在要约生效前或要约生效后投标人取消其投标文件分别称为撤回投标文件和撤销投标文件(1分)。

(4)根据案例背景施工合同当事人A公司的义务是付款6.1亿元,合同当事人C公司的义务是32个月完成施工(2分)。当事人会认真履行自己的义务的(1分)。

(5)根据案例背景该施工合同签订的是无效合同(1分)。因为违反了法律《招标投标法》和行政法规(招投标法实施条例第57条中"**合同的标的、价款、质量、履行期限**等主要条款**应当与招标文件和中标人的投标文件的内容一致**")(1分)。法律保护背景中合同当事人C公司获得6亿元的权利,当事人A公司在38个月内过的合格公路工程项目的权利(2分)。

(6)该高速公路施工项目完工后审计的对象是A公司(1分)。在审计时背景资料合同当事人A公司没有损失,因为一般情况下,此时工程已经在32个月内完成。而C公司损失1000万元,因为审计将扣除此违法而不受法律保护的费用(2分)。

【案例8-3】背景资料:

由于招标代理机构的人员业务不熟悉,按照某桥梁工程的图纸中人工挖孔桩立方米数量列入工程量清单中如表8-1所示,表中所指数量是挖孔桩的立方米数量。投标人按照立方米进行报价,如表8-1所示。

挖孔桩的工程量清单　　　　　　　　　　　　　　　　　　表8-1

清单编号	细目名称	单　位	数　量	单价(元)	合价(元)
407-1-a	挖孔桩桩径1.3m	m³	166.76	962.93	160578
407-1-b	挖孔桩桩径1.8m	m³	759.39	922.43	700484

问题:

(1)按照《公路工程标准施工招标文件》(2018年版)计量规则,计量的单位是什么?

(2)施工单位如果按照清单计量单位报价正确吗?如果建设单位和监理按照此清单计价,施工单位有损失吗?

(3)如果按照表8-1计价,在未来审计时,施工单位有什么损失?为什么?该合同是否完备?施工单位为了减少损失在投标时可以如何处理该问题?

参考答案及解析:

(1)按照《公路工程标准施工招标文件》(2018年版)计量规则,计量的单位是m。

(2)施工单位如果按照清单计量单位报价是正确的。如果建设单位和监理按照此清单计价,施工单位没有损失。

(3)如果按照表8-1计价,在未来审计时,施工单位有损失。因为审计可以按照合同第1.4条合同文件优先级顺序,以计量规则中计量单位m优先级别高于已标价工程量清单中计量单位m³为由,按照图纸实际施工桩长度分别乘以表8-1中的单价,说明该合同不完备。施工单位为了减少损失在投标时可以在投标预备会或澄清截止日前向招标人提请澄清该计量单位,招标人一旦做出澄清回答,即使明确为m³也就形成补遗书,作为合同的组成部分其优先级高于计量规则，维护了施工单位的合法利益。

【案例8-4】背景资料：

2011年6月，某一级公路建设工程项目为公用事业的大型基础设施项目，建设单位决定利用社会资金作为该项目建设资金的补充部分，经招标后确定E工程总公司（以下简称E公司）作为出资方。E公司具有施工总承包特级资质，建设单位没有进行施工招标就确定E公司作为施工单位。E公司与建设单位达成口头协议后即进场施工，此时，双方尚未签订书面施工合同，也没有批复的工程量清单。监理单位中标并签约进场后，总监理工程师多次提醒建设单位应按法定程序与E公司签订书面施工合同，但未果。3个月后，该施工单位提出工程量计量和费用支付申请，总监理工程师拒绝了施工单位的申请。

问题：

（1）建设单位确定施工单位的方式是否合法？请说明理由。

（2）考虑本项目建设资金的特殊性，可否采用邀请招标方式进行施工招标？为什么？

（3）总监理工程师为什么拒绝施工单位的计量、支付申请？

（4）该施工单位提出工程计量申请时，应当满足哪些条件？

（5）如果该项目发生在2012年2月1日《中华人民共和国招标投标法实施条例》施行以后，建设单位和E公司应如何操作使得"建设单位没有进行施工招标就确定E公司作为施工单位"合法化。

参考答案及解析：

（1）不合法。按照招投标法属于公用事业的大型基础设施项目，应采用公开招标的方式确定施工单位。

（2）不可以。

邀请招标项目的条件包括：

①项目技术复杂或有特殊要求，只有少量几家潜在投标人可供选择；

②受自然地域环境限制的；

③涉及国家安全、国家秘密或者抢险救灾，适宜招标但不宜公开招标的；

④拟公开招标的费用与项目价值相比，不值得的；

⑤法律、法规规定不宜公开招标的，且邀请招标的项目必须经政府或项目审批部门批准。

（3）因本项目尚不具备工程计量与费用支付的条件，主要是：施工合同尚未建立，且无经评审的工程量清单。

（4）计量应满足的条件包括：

①首先该施工单位应与建设单位签订施工合同。

②合同签订后符合下列4个条件后方可接收计量支付申请：

a. 计量的项目应符合合同要求。

b. 质量必须达到合同规程标准的要求。

c. 验收手续必须齐全。

d. 符合安全、环保要求。

（5）如果该项目发生在2012年2月1日《中华人民共和国招标投标法实施条例》施行以后，建设单位和E公司可以进行如下操作：

①既然"建设单位决定利用社会资金作为该项目建设资金的补充部分，经招标后确定E工程总公司（以下简称E公司）作为出资方"，那么根据该条例第9条"已通过招标方式选定的

特许经营项目投资人依法能够自行建设、生产或者提供"可以不进行招标。所以应该请政府出面以特许经营的方式进行投资人招标。该一级公路建设工程项目的建设单位一般是政府部门的下属公路投资或建设的专门机构,作为政府投资的一部分,采用 BOT 模式(或 PPP 模式)进行投资人招标,则该一级公路建设工程项目的建设单位(代表政府的投资人)与设计院和 E 公司联合体(另一部分中标投资人)组建项目公司。

②根据上述第 9 条的内容,中标的投资人能自行建设、生产就不需在进行设计招标和施工招标。该一级公路建设工程项目的建设单位在项目公司中有绝对的话语权,分别以项目公司的名义与设计院签订公路勘查设计合同,与 E 公司签订施工承包合同。如果 E 公司有一级公路设计资质,联合体中可以不需设计院。但是建设单位为了控制工程质量常常自己寻找设计院以控制质量。BOT 模式政府投资比例较高,中标的投资人风险较小;而 PPP 模式政府投资比例很少社会资本比例极高,中标的投资人风险较高。

【案例8-5】背景资料:

对某项工程的施工,建设单位通过公开招标的方式选定了承包人。签订合同时,建设单位为了约束承包人能保证工程质量,要求承包人支付了 30 万元定金。建设单位与承包人双方在签订施工合同时对工程预付款、工程质量、工程价款、工期和违约责任等都做了具体约定。

问题:

(1)招标时对承包人的资质审查的内容有哪些?

(2)定金与预付款有何区别?

(3)按照现行法律和《公路工程标准施工招标文件》(2018 年版)规定,在签订合同时,建设单位为了约束承包人能保证工程质量,要求承包人支付的一笔金额名称是什么? 该笔金额一般为中标合同金额的多少? 该笔金额是法定强制性规定中标人需提交的吗? 说明需提交是或否的理由。

参考答案及解析:

(1)对承包人资质审查的内容有:企业营业执照和资质证书、人员素质、设备和技术能力、财务状况、工程经验、企业信誉等。

(2)定金与预付款的区别:

①目的不同:定金的目的是证明合同的成立和确保合同的履行;而预付款是解决承包人在工程准备和材料准备的资金问题。

②性质不同:定金是担保形式,是法律行为;而预付款是一种惯例,是约定俗成的习惯,不是法律行为。

③处理不同:定金视合同履行情况有不同的法律后果;预付款在工程进度款中按比例扣还。

(3)按照现行法律和《公路工程标准施工招标文件》(2018 年版)规定,在签订合同时,建设单位为了约束承包人能保证工程质量,要求承包人支付的一笔金额名称是"履约保证金",不能回答为"质量保证金",因为在《公路工程标准施工招标文件》(2018 年版)中履约保证金在施工期也具有"质量保证金"的功能,在施工期不需逐月扣留"质量保证金"。该笔金额一般为中标合同金额的 10% 以内,即不得超过 10%。该笔金额不是法定强制性规定中标人需提交的,而是合同约定的。理由:根据《招标投标法实施条例》第 58 条规定,招标文件要求中标人提交履约保证金的,中标人应当按照招标文件的要求提交。履约保证金不得超过中标合同金额的 10% 。"招标文件要求中标人提交履约保证金的"这说明是招标人在招标文件约定的,而非法定强制性要求。

【案例 8-6】背景资料：

某高速公路工程建设项目,路线全长 36.6km,建设单位是某市交通事业发展中心,工程设两个施工合同段、一个总监办。在工程建设工程中发生如下事件：

2020 年 12 月 20 日建设单位在该市公共资源交易中心平台上发布招标公告后,有 17 家施工单位递交了施工投标文件,有 8 家监理单位递交了监理投标文件。建设单位提议评标委员会由 5 人组成,包括建设单位代表 1 人,市公共资源交易中心 1 人,评标专家库随机抽取的技术、经济专家 3 人。2021 年 2 月 2 日 17 时评标结束,2 月 3 日开始公示评标结果。

问题：

请写出建设单位就组建评标委员会提议中的不妥之处。

参考答案及解析：

不妥之处如下：

(1)市公共资源交易中心人员作为评委不妥。

理由:评标委员会成员只能是招标人的代表或经济技术专家,而市公共资源交易中心人员既不是招标人的代表也不是专家库的成员,所以违反法律规定。

注:按照《招投标法实施条例》第 5 条,公共资源交易中心是由政府组建,但不是行政监督部门也不能与其有隶属关系。

(2)经济、技术专家 3 人,不妥。

理由:经济、技术专家人数不得少于评标委员会成员 2/3,实际是 3/5 = 9/15 < 10/15,所以违反法律规定。

第四节　公路监理招投标和监理合同的相关规定

一、监理招投标程序

公路工程施工监理应按照《公路工程标准施工监理招标文件》(2018 年版)进行,要采用双信封形式,与施工招投标程序相似,更简单;主要对参加投标的监理单位资质、业绩要求不同,监理服务主要是选择监理服务人员的能力,对监理服务费报价分值权重较低。

二、评标办法

根据《公路工程建设项目招标投标管理办法》第 43 条规定,公路工程勘察设计和施工监理招标,应当采用综合评估法进行评标,对投标人的商务文件、技术文件和报价文件进行评分,按照综合得分由高到低排序,推荐中标候选人。评标价的评分权重不宜超过 10%,评标价得分应当根据评标价与评标基准价的偏离程度进行计算。

公路工程监理评标的综合评估法可以参考公路施工评标的综合评分法,两者很相似但具体内容和分值不同。

三、公路工程施工监理服务合同的主要内容

1. 监理服务的定义

根据公路专用合同条款第 1.1.3.2 条规定,监理服务是指监理人接受委托人的委托,依照

法律、规范标准和监理合同等,对公路工程施工准备、施工、验收与缺陷责任期等阶段进行质量控制、进度控制、投资控制、合同管理、信息管理、组织协调和安全监理、环保监理的服务活动(注:与通用条款最主要的不同是取消了住建部监理有工程勘察设计阶段监理服务的要求)。

2. 监理范围(根据第5.1条)

(1)本合同的监理范围包括工程范围、阶段范围和工作范围,具体监理范围应当根据三者之间的关联内容进行确定。

(2)工程范围指所监理工程的建设内容,具体范围在专用合同条款中约定。

(3)阶段范围指公路工程建设程序中的施工准备阶段、施工阶段、验收与缺陷责任期阶段中的一个或者多个阶段,具体范围在项目专用合同条款中约定(注:取消通用条款的勘察设计阶段,增加施工准备阶段)。

(4)工作范围指监理工作中的质量控制、进度控制、投资控制、合同管理、信息管理、组织协调和安全监理、环保监理中的一项或者多项工作,具体范围在专用合同条款中约定。

3. 监理依据(根据第5.2条)

监理依据除项目专用合同条款另有约定外,应包括:

(1)适用的法律、行政法规及部门规章。

(2)与工程有关的规范、标准、规程。

(3)工程前期有关文件。

(4)工程勘察文件、设计文件及其他文件。

(5)本工程监理的委托合同及补充合同。

(6)委托人签订的施工承包合同。

(7)合同履行中与监理服务有关的来往函件。

(8)其他监理依据。

4. 监理服务目标(根据第5.6条)

(1)监理服务履约目标:除项目专用合同条款另有约定外,监理人提供的监理服务,应当符合国家有关法律、法规和标准规范,满足合同约定的服务内容和质量等要求。

(2)对第三方履约管理的服务目标:在项目专用合同条款中约定。

5. 监理机构的服务内容(根据第5.3条)

监理机构按二级设置时,总监办和驻地办服务内容,参见第六章总监办和驻地办职责的内容。在工程只设置总监办一级监理机构时,其监理服务内容为:

(1)按监理合同要求建立总监办工地试验室,按监理合同要求配备常规的试验检测设备,并须达到项目专用合同条款中约定的检查项目及频率要求。

(2)熟悉合同文件,调查施工环境条件。

(3)在合同约定的期限内编制监理计划,根据监理计划在相应工程开工前编制监理细则。

(4)在合同约定的期限内审批承包人提交的施工组织设计(含安全技术措施、应急救援抢险方案、专项施工方案及施工环境保护措施)。

(5)参加设计交底。

(6)审批承包人提交的总体进度计划,核批承包人对总体进度计划的调整计划。

(7)检查承包人工程质量、施工安全和施工环境保护等保证体系。

(8)审核承包人的工地试验室。

（9）对承包人提交的原始基准点、基准线和基准高程的复测结果进行平行复测，审核后予以批复。

（10）验收承包人测定的地面线。

（11）审批承包人提交的分项、分部、单位工程划分。

（12）确认承包人提交的场地占用计划。

（13）核算承包人对工程量清单的复核结果。

（14）签发开工预付款支付证书。

（15）主持召开监理交底会。

（16）主持召开第一次工地会议。

（17）签发合同工程开工令。

（18）按合同约定对工程分包计划和协议进行审查，并审查分包合同中是否明确了承包人与分包单位各自在安全生产方面的责任。

（19）审批施工测量放线。

（20）审批工程原材料及混合料配合比。

（21）审查施工组织及人员配备。

（22）审查承包人进场的施工机械设备。

（23）审查承包人提交的分项、分部工程的施工方案及主要工艺。

（24）审批承包人月进度计划，检查和监督进度计划的实施。

（25）审批分项（分部）工程的开工申请。

（26）验收构配件或设备。

（27）按有关规定和要求对工程进行巡视、旁站和抽检，并做好记录。

（28）对关键工序进行签认。

（29）对发生的质量缺陷、质量隐患和质量事故进行调查、处理或对不属于监理人权限处理的质量事故督促承包人按规定报告有关部门。

（30）签发单位或合同工程及分部（分项）工程的暂停令和复工令。

（31）对交工的单位、分部、分项工程进行检验和质量等级评定并签发《中间交工证书》。

（32）对已完工程按合同约定的方法进行计量。

（33）审核工程中期支付申请，签发中期支付证书。

（34）按有关规定及时对已完分部工程、单位工程及合同工程进行质量评定。

（35）受理合同其他事项的有关事宜，按合同约定审核、评估和处理工程变更、延期、费用索赔、价格调整、保险、违约、争端等合同事项。

（36）组织编写监理月报。

（37）主持召开工地例会或根据工程需要主持召开专题工地会议。

（38）协助委托人审查交工验收申请，评定工程质量。

（39）参加委托人组织的合同工程交工验收。

（40）编写监理工作报告，并提交委托人。

（41）签认交工结账证书。

（42）组织编制工程监理竣工文件，并督促承包人按合同约定编制和整理竣工资料。

（43）在合同工程的缺陷责任期内，检查承包人剩余工程的实施；巡视检查已完工程，指示承包人修复发生的工程缺陷，调查、确认缺陷责任及修复费用。

(44)缺陷责任期结束,经检查符合条件时,签发合同工程缺陷责任终止证书。

(45)签认最后支付证书。

(46)参加工程竣工验收。

(47)按照项目专用合同条款约定提供其他工程管理咨询服务。

6. 监理合同文件的组成和优先顺序(根据第1.4条)

监理合同的各项文件应互相解释,互为说明。除项目专用合同条款另有约定外,解释合同文件的优先顺序如下:

(1)合同协议书及各种合同附件。

(2)中标通知书。

(3)投标函。

(4)项目专用合同条款。

(5)公路工程专用合同条款。

(6)通用合同条款[即《标准监理招标文件》(2017年版)的通用合同条款]。

(7)委托人要求。

(8)监理服务费用清单。

(9)监理人有关人员、试验检测设备投入的承诺。

(10)其他合同文件。

合同当事人针对各类合同文件所作出的补充和修改亦属于合同文件的组成部分,属于同一类内容的文件,应以最新签署的为准。

7. 文件的提供(根据第1.6条)

(1)监理文件的提供

监理人应在合理的期限内按照《公路工程施工监理规范》(JTG G10—2016)等标准规范及施工承包合同约定向委托人提供监理文件。合同约定监理文件应经委托人批复的,委托人应当在合同约定的期限内批复或提出修改意见。

(2)委托人提供的文件

除项目专用合同条款另有约定外,委托人应在监理合同生效且取得相关文件、资料后7日内,向监理人免费提供下列文件、资料:

①委托人与承包人签订的施工承包合同1份。

②委托人与承包人共同确认的已标价的工程数量清单及其说明1份。

③合同图纸和相关的标准图纸及说明1套。

④合同指定使用的技术规范、检验评定标准、操作规程1套。

⑤其他相关资料。

由于委托人未按时提供文件造成监理服务期限延误的,按第6.2条约定执行。

8. 转让和分包(根据第1.8条)

(1)除项目专用合同条款另有约定外,未经对方当事人同意,一方当事人不得将合同权利全部或部分转让给第三人,也不得全部或部分转移合同义务。

(2)监理人不得将监理服务的任何部分分包。监理人因监理服务的需要,聘用专业技术人员和辅助工作人员不属于分包。

9.合同价格与支付(根据第9条)

合同价格是监理人按照合同约定完成施工准备阶段、施工阶段、验收与缺陷责任期阶段监理服务所需的全部费用,应按投标文件格式中报价清单的内容和格式填报。

监理服务费用包括以下组成部分:

(1)监理人员服务费。

(2)监理办公设施费。

(3)监理交通设施费。

(4)监理试验设施费。

(5)监理生活设施费。

(6)利润。

除利润外,以上各项费用应分别按施工期(涵盖施工准备阶段和施工阶段)和缺陷责任期两个阶段填报,其中监理人员服务费应填报各级监理人员的人月单价及为完成监理服务所需要的总人月数量。各类监理人员的人月单价应包括监理人员履行监理服务时由于施工工艺的连续性导致不可避免的加班费用,在上述情况发生时,委托人将不考虑另行支付监理人员的加班费用。

监理人因完成本项目施工监理服务需计取的企业管理费及需缴纳的一切税费均由监理人承担,并包含在所报的各项监理服务费用之内,委托人不单独支付。

除本合同第8条约定的变更情形和项目专用合同条款约定的其他情形外,本监理合同的监理服务费用在合同实施期间一律不予调整。

除项目专用合同条款另有约定外,因工程提前完成导致监理服务期限缩短,且在监理人已履行本合同规定义务的情况下,委托人不能以监理人提前完成监理为由而减少监理报酬。

监理服务费的支付分为监理服务费预付款、中期支付、费用结算。

10.监理人对委托人损失的赔偿责任(根据第11条)

(1)监理的赔偿责任和赔偿金额计算(根据第11.1.3条)

监理人违反监理合同的约定并造成委托人的经济损失,应向委托人赔偿,除项目专用合同条款另有约定外,赔偿金应按下式计算:

赔偿金=委托人直接经济损失所对应的监理费×监理人应承担责任的比例

监理人对由于第三方责任造成的任何经济损失,不承担责任。如果监理人与委托人或第三方对有关经济损失共负责任时,应按责任比例计算赔偿。监理人的上述责任赔偿,均应按照本合同条款第11.5条的约定办理。

监理人对委托人未授权的监理服务范围不承担监理责任。

(2)赔偿的限额(根据第11.5条)

除项目专用合同条款另有约定外,合同一方当事人向对方当事人依本合同条款第11.1条(监理人违约)和第11.2条(委托人违约)支付赔偿的最高限额为:

①监理人的累计赔偿限额为监理服务费总额的30%,当达到此限额时,委托人有权单方面终止监理合同,没收监理人的履约保证金。

②委托人赔偿监理人的直接经济损失的累计限额为监理服务费总额。

合同双方同意放弃超过上述限额的剩余赔偿要求,但本合同其他条款约定的补偿和由于任何一方故意违约而引起的索赔,不受该限额的限制。

第五节　公路监理招投标和监理合同案例分析

【案例 8-7】背景资料：

建设单位计划将拟建的高速公路工程项目委托某一建设监理单位进行实施阶段的监理。

建设单位预先起草了一份监理合同(草案)，其部分内容如下：

①除建设单位原因造成的工程工期顺延外，其他原因造成的工程工期延误，则监理单位应付出相当于对施工单位误期损害赔偿金的30%给建设单位；如工期提前，监理单位可得到相当于对施工单位工期提前奖金额30%的奖金。

②工程设计图纸出现设计质量问题，监理单位应付给建设单位相当于给设计单位的设计费的5%的赔偿。

③在施工期间，每发生一起施工人员重伤事故，监理单位应受罚款3万元人民币；发生一起死亡事故，对监理单位罚款5万元人民币。

④凡由于监理工程师出现差错、失误而造成的经济损失，监理单位应付给建设单位赔偿费。

经过双方协商，对监理合同(草案)中的一些问题进行了修改、调整和完善，最后确定了委托监理合同的主要条款，其中包括：监理的范围和内容、双方的权利与义务、监理费的计取与支付、违约责任、双方约定的其他事项。

问题：

(1)该监理合同(草案)部分内容中哪些条款不妥，为什么？

(2)如果该监理合同是一个有效的经济合同，它应具备什么条件？

(3)根据《公路工程标准施工监理招标文件》(2018年版)规定，建设单位和监理单位签订的监理合同由哪几部分组成？

参考答案及解析：

(1)监理合同(草案)的4条内容均不妥。原因：

①建设工程监理的性质是服务性的，监理单位和监理工程师"将不是，也不能成为任何承包人的工程的承保人或保证人"。若将设计、施工出现的问题与监理单位直接挂钩，这与监理工作的性质不符。

②监理单位与建设单位和承包人是相互独立、平等的第三方。为了保证其独立性与公正性，根据《工程建设监理规定》第20条规定，监理单位不得承包工程，不得经营建筑材料、构配件和建筑机械、设备。在合同中若写入上述条款，势必将监理单位的经济利益与承包人的利益联系起来，不利于监理工作的公正性。

③对于施工期间施工单位发生施工人员伤亡，按《建筑法》第45条规定：施工现场安全由建筑施工企业负责。监理单位的责、权、利主要来源于建设单位的委托与授权，建设单位并不承担相应责任，合同中要求监理单位承担也是不妥的。

④根据《公路工程标准施工监理招标文件》(2018年版)中公路专用合同条款11.1.2条规定：监理人发生违约情况时，委托人可向监理人发出整改通知，要求其在限定期限内纠正；逾期仍不纠正的，委托人有权解除合同并向监理人发出解除合同通知。发生"监理人转让或分包监理工作"或"监理人向承包人索贿、谋取私利，或与承包人串通损害委托人利益，给委托人造

成损失"情形时,委托人可直接发出解除合同通知。监理人应当承担由于违约所造成的费用增加、周期延误和委托人损失等。委托人有权向监理人课以项目专用合同条款中约定的违约金,并由委托人将其违约行为上报省级交通运输主管部门,作为不良记录纳入公路建设市场信用信息管理系统。

(2)若该合同是一个有效的经济合同,应满足以下基本条件:

①主体资格合法:即建设单位和监理单位作为合同双方当事人,应当具有合法的资格。

②合同内容应合法:即其内容应符合国家法律、法规,真实表达双方当事人的意思。

③订立程序合法、形式合法。

(3)根据《公路工程标准施工监理招标文件》(2018年版)公路专用合同条款第1.4条规定,建设单位和监理单位签订的监理合同的组成内容有:

①合同协议书及各种合同附件。

②中标通知书。

③投标函。

④项目专用合同条款。

⑤公路工程专用合同条款。

⑥通用合同条款[即《标准监理招标文件》(2017年版)的通用合同条款]。

⑦委托人要求。

⑧监理服务费用清单。

⑨监理人有关人员、试验检测设备投入的承诺。

⑩其他合同文件。

合同当事人针对各类合同文件所作出的补充和修改亦属于合同文件的组成部分,属于同一类内容的文件,应以最新签署的为准。

【案例8-8】背景资料:

某高速公路工程开工里程为30km,并划分为两个施工合同段。建设单位通过施工监理招标,将该工程施工监理工作委托给某监理单位。

建设单位和监理单位签订的监理合同由以下几部分组成:①监理合同协议书及各种合同附件;②中标通知书;③专用合同条款(即项目专用合同条款和公路工程专用合同条款);④通用合同条款;⑤构成本合同组成部分的其他文件。

监理合同中有如下内容:①监理工作目标是确保工程获得鲁班奖;②建设单位有权要求监理单位更换不能按监理合同的约定进行监理服务的监理人员;③监理单位可以将监理服务的任何部分转让或分包;④监理单位不履行监理职责,或与承包人串通损害建设单位利益,给建设单位造成经济损失,应向建设单位赔偿,监理单位的累计赔偿限额为监理服务费总额;⑤建设单位应指定名授权代表,与监理机构建立工作联系;⑥建设单位在监理合同约定的监理服务范围内对承包人的任何意见或要求可直接向承包人提出。

问题:

(1)根据《公路工程标准施工监理招标文件》(2018年版)规定,本工程监理合同的组成是否完备?如不完备,还缺少哪几种文件?

(2)若监理合同签订后,监理单位发现监理合同协议书、专用合同条款、通用合同条款对某一问题的规定不一致,应以哪一个文件的规定为准?

(3)本题所述监理合同的内容中有何不妥之处?为什么?

参考答案及解析：

（1）本工程监理合同的组成不完备,还缺少以下几种文件:①投标函;②委托人(即建设单位)要求;③监理服务费用清单;④监理人有关人员、试验检测设备投入的承诺。

（2）按监理合同文件的优先次序,监理合同协议书排在最前面,因此,应以合同协议书的规定为准。

（3）监理合同内容中的不妥之处如下:

①监理工作目标是确保工程获得鲁班奖不妥。

理由:鲁班奖是一种建筑业奖项,监理单位的产品是服务。确保工程质量是施工单位的职责,获得鲁班奖应是建设单位与施工单位的合同约定。

②监理单位可以将监理服务的任何部分转让或分包不妥。

理由:按照有关法律法规及规章的规定,监理单位不得转让工程监理业务,也不得将监理服务的任何部分分包。

③监理单位的累计赔偿限额为监理服务费总额不妥。

理由:按照监理合同公路专用合同条款第11.5条规定,监理单位的累计赔偿限额为监理服务费总额的30%。达到此限额时,建设单位有权单方面终止监理合同。

④建设单位在监理合同约定的监理服务范围内对承包人提出的任何意见或要求可直接向承包人提出不妥。

理由:根据监理合同条款规定,建设单位在监理合同约定的服务范围内对承包人的任何意见或要求应通过监理工程师提出。

【案例8-9】背景资料:

某公路工程即无特大桥也无特长隧道,建设单位采用公开招标方式选择工程监理单位,实施过程中发生如下事件:

事件1:建设单位提议:评标委员会由5人组成,包括建设单位代表1人、招标监管理工作人员1人和评标专家库随机抽取的技术、经济专家3人。

事件2:在进行第一信封评标时,评标委员会评审发现:A投标人为联合体投标,没有提交联合体共同投标协议;B投标人将费用控制监理工作转让给具有工程造价咨询资质的专业单位;C投标人未提交拟委任的其他主要监理人员的资料;D投标人拟委派的总监理工程师张三目前仍在其他K项目上任职,投标人提供了K项目委托人出具的、承诺张三能够从K项目撤离的书面证明材料复印件。评标委员会决定否决上述各投标人的投标。

事件3:监理合同订立过程中,建设单位提出应由监理单位负责下列四项工作:①主持设计交底会议;②签发《工程开工令》;③签发《工程款支付证书》;④组织工程竣工验收。

问题:

（1）针对事件1,建设单位的提议有什么不妥?并说明理由。

（2）针对事件2,分别指出评标委员会决定否决A、B、C、D投标人的投标是否正确,并说明理由。

（3）针对事件3,依据《公路工程施工监理规范》(JTG G10—2016)和《公路工程标准施工监理招标文件》(2018年版),建设单位提出的四项工作应分别由谁负责?

参考答案及解析：

（1）①招标监管机构工作人员作为评标委员会成员不妥。

理由:招标监管机构工作人员不能作为评标委员会成员。

②评标委员会成员只有 3 名技术、经济专家不妥。

理由:技术、经济专家不得少于评标委员会成员总数 2/3,至少 4 人。

(2)①否决 A 正确。理由:联合休投标必须签订联合体共同投标协议。

②否决 B 正确。理由:监理业务不允许转让。

③否决 C 不正确。理由:该公路工程即无特大桥也无特长隧道,所以 C 投标人不需提交拟委任的其他主要监理人员的资料。

④否决 D 正确。理由:拟委派的总监理工程师张三目前仍在其他 K 项目上任职,投标人应提供 K 项目委托人出具的、承诺张三能够从 K 项目撤离的书面证明材料原件,而不能是复印件。

(3)建设单位提出的四项工作:

①主持设计交底会议应由建设单位负责。

②签发《工程开工令》应由监理单位负责。

③签发《工程款支付证书》应由监理单位负责。

④组织工程竣工验收应由建设单位负责。

2021年全国监理工程师(交通运输工程专业)职业资格考试《建设工程监理案例分析》真题

【案例第一题】背景资料：

某高速公路工程建设项目,路线全长36.6km,建设单位是某市交通事业发展中心,工程设两个施工合同段、一个总监办。在工程建设工程中发生如下事件：

事件1：2020年12月20日建设单位在该市公共资源交易中心平台上发布招标公告后,有17家施工单位递交了施工投标文件,有8家监理单位递交了监理投标文件。建设单位提议评标委员会由5人组成,包括建设单位代表1人,市公共资源交易中心1人,评标专家库随机抽取的技术、经济专家3人。2021年2月2日17时评标结束,2月3日开始公示评标结果。

事件2：2021年3月20日建设单位项目副主任主持召开了第一次工地会议,会议共有以下五项内容：

(1)建设单位与中标的施工单位和监理单位进行合同签约。

(2)建设单位项目主任任命了施工合同段的项目经理和监理机构的总监理工程师,并对总监理工程师进行了授权。

(3)施工项目经理、总监理工程师汇报了各自的驻地建设和开工准备情况,已具备开工条件。

(4)建设单位项目主任点评了工程施工、监理准备情况,认为具备开工条件并下达了工程开工令,并提出各参建单位要充分重视本项目工作,对品质工程建设主要措施提出了要求,具体有提升工程设计水平、提升工程管理水平、提升打造品质工程的软实力等方面。

(5)建设单位项目主任进行了会议总结并明确了召开工地例会的时间、程序、纪律等。

问题：

1.请写出建设单位就组建评标委员会提议中的不妥之处。

2.请写出建设单位在第一次工地会议上的不妥之处,并写出正确的做法。

3.根据《公路工程施工监理规范》(JTG G10—2016),第一次工地会议应按哪些规定组织?

4.根据《交通运输部关于打造公路水运品质工程的指导意见》(交安监发〔2016〕216号),补充完善打造品质工程的主要措施。

【案例第二题】背景资料：

某高速公路路面工程施工监理工作中,发生如下事件：

事件1：施工单位进场后,向总监办报送了路面施工组织设计,总监理工程师进行了审查,审查内容主要有：

(1)施工组织设计的编审程序。

(2)质量、安全,环保、进度和费用等目标。

（3）施工总平面布置、交通导改方案、事故应急救援预案。

事件2：监理工程师对沥青路面施工加强巡视，巡视了施工单位施工废渣、沥青混凝土残渣、废料、多余沥青、冲洗机械设备的油污水和施工现场的生活垃圾等处理情况。

事件3：水泥稳定碎石路面底基层设计厚度为20cm，对K26+300～K27+300段左幅水泥稳定碎石路面底基层厚度进行了监理抽检，监理工程师及时根据《公路工程质量检验评定标准 第一册 土建工程》(JTG F80/1—2017)对该段水泥稳定碎石路面底基层厚度进行了评定，计算出了厚度合格率。

问题：

1. 事件1中，根据《公路工程施工监理规范》(JTG G10—2016)，请补充总监理工程师在对施工组织设计审查主要内容中的缺项。

2. 事件2中，根据《公路工程施工监理规范》(JTG G10—2016)，请写出监理工程师巡视的主要内容有哪些？

3. 事件3中，请回答以下问题：

（1）该路面底基层厚度是否为关键项目？该路面底基层检查项目还有哪些？

（2）水泥稳定碎石路面底基层厚度的检测方法与检测频率分别是什么？

【案例第三题】背景资料：

某公路梁桥采用5×20m预应力空心板，空心板宽度1.24m，预制空心板之间采用混凝土铰缝连接，桥面铺装设计为15cm厚水泥混凝土和10cm厚沥青混凝土，陆续进行了梁板预制、吊装和桥面铺装施工。在施工中，发生了下列事件：

事件1：预制20m空心板梁按期施工完成。但因为桥梁基础和下部结构施工较慢，存梁6个月后，准备架梁，采用起重机将工人运至盖梁顶，进行架梁前的准备工作。

事件2：监理工程师接到吊装开工申请后，审阅了开工申请和检查了施工准备情况，不同意梁板架设，理由是施工单位没有提交专项施工方案。

问题：

1. 事件1中，请写出施工单位不符合施工规范要求的行为，并说明理由。

2. 事件2中，监理工程师做法是否正确？请说明理由。

3. 根据《公路桥涵施工技术规范》(JTG/T 3650—2020)，水泥混凝土桥面铺装施工有何规定？

4. 张拉用的千斤顶与压力表应配套标定、配套使用，当处于什么情况时，应重新进行标定？

【案例第四题】背景资料：

某公路隧道长3000m，合同价6.2亿元人民币，合同工期30个月，第一年度计划施工产值为2.1亿元。施工单位在施工至距洞口520m处时，由于地质复杂，爆破导致隧道发生了塌方，当场有10名工人重伤。在送往医院的过程中，有1人伤势过重死亡，直接经济损失500万元。事故发生后，事故现场有关人员立即向本单位负责人报告，单位负责人接到报告后，于2小时内向事故发生地县级以上人民政府安全生产监督管理部门和负有安全生产监督管理职责的有关部门报告。自事故发生之日起28日内，又有1人因治疗无效死亡，由于已超过20日的上报期限，所以事故责任单位未补报。

问题：

1.（1）该隧道是否是特长隧道？

（2）隧道地质预测预报分几级？

2. 隧道钻爆设计图包括哪些内容？

3. （1）该合同段配备专职安全生产管理人员不少于多少人？

（2）事故发生单位上报程序是否符合要求？如不符合要求，请写出不符合要求之处并改正。

（3）请判断该生产安全事故等级并予以解释说明。

4. 发生生产安全事故后，生产安全事故的调查处理工作应当遵循的原则是什么？

【案例第五题】背景资料：

某大桥工程建设项目，发包人与承包人签订了工程施工合同，合同中部分内容约定如下：

（1）工程费用综合单价以直接费为依据计算确定，措施费、规费、企业管理费等间接费用的综合费率为20%，利润率为5%，税率为9%（作者注：根据题意以及造价编制办法，这些费用都是税前费用即裸价）。

（2）人工工日单价为120元，停工导致的人工窝工费单价为50元。

（3）吊装机械每台班单价为600元，其中人工费120元，折旧费100元，维护费50元，检修费60元；机械停工时，折旧费、检修费按50%计。

工程施工前，施工单位提交经监理工程师批准的进度计划如下图所示。在施工过程中，发生了如下事件：

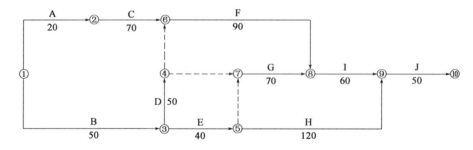

事件1：工序B（桥台基础）回填前，施工单位通知监理工程师检验，监理工程师未能在合同约定的时间内进行检验。随后，施工单位进行了回填。监理工程师对质量有疑问，便指令施工单位揭开重新检验，检验结果质量不合格，监理工程师指令施工单位修复，质量合格后，施工单位重新覆盖。工程修复、揭开及覆盖的直接费为2万元，工期延长8天（作者注：此处"工期"一词是指工作的持续时间而不是"工程工期"，因为问题中用到"总工期"）。

事件2：工序D施工时，遇到地下有文物需要发掘保护，需要停工10天，施工单位优化施工组织设计，仍有20人及2台吊装机械无法另行安排施工，需停工等待。

事件3：工序G施工时，建设单位通过监理工程师向施工单位发出变更指示，导致该工序延长工作时间30天，工程直接费增加5万元。

事件4：工序I施工时，遭遇台风，停工10天，造成已交工的部分工程损坏7万元，监理工程师指令施工单位进行修复，修复的直接费为4万元。施工单位的部分机械设备受到损坏，需维修费3万元；施工单位现场施工人员40人及2台吊装机械闲置，需停工等待。

针对上述事件，施工单位按合同约定的时间及程序，向监理工程师提出索赔工期48天、费用324122.4元的索赔申请，费用计算如下表所示。

序号	费用项目	计 算 式	事件1（元）	事件2（元）	事件3（元）	事件4（元）	合计（元）
1	直接费	(1)	20000	$(20 \times 120 + 2 \times 600) \times 10 = 36000$	50000	$70000 + (40 \times 120 + 2 \times 600) \times 10 = 130000$	230000
2	间接费	(1)×20%	4000	7200	10000	26000	47200
3	利润	[(1)+(2)]×5%	1200	2160	3000	7800	14160
4	税金	[(1)+(2)+(3)]×9%	2268	4082.4	5670	14742	26762.4
5	合计	(1)+(2)+(3)+(4)	27468	49442.4	68670	178542	324122.4

问题：

1. 写出施工单位进度计划中关键线路、总工期，分别计算工作 E 和工作 H 的最迟开始时间、总时差与局部时差。

2. 针对上述事件，施工单位提出的索赔申请是否予以批准，并说明原因，请逐条回答。

3. 应批准的工期与费用索赔分别为多少？（作者注：此处工期是指"工程工期"）

【案例第六题】背景资料：

某高速公路路线长 82km，其中有一隧道长 1000m，招标前组织了现场考察，交通工程（安全设施与机电工程）由某具备资质的施工单位中标，招标文件规定：(1) 全线光缆电缆均为总价合同，有经验的承包人在投标报价时需综合考虑光电缆敷设路由、盘留、损耗等因素；(2) 隧道变电站站址暂定在下行隧道洞口左侧 150m 处。施工过程中发生了如下事件：

事件1：交通安全设施施工如期开始，进展顺利。

事件2：承包人经测量及配盘后，主线光缆全长为 90km，向监理办提出增加光缆费的变更申请。

事件3：承包人在施工中，隧道变电站位置发生变更，由下行隧道洞口左侧 150m 变更为距新行隧道洞左侧 300m 处，向监理办提出该隧道供配电电缆费用变更申请。

问题：

1. 高速公路交通安全设施一般包括哪些内容？

2. 请写出公路突起路标施工监理的要点。

3. 事件 2 中，监理工程师应如何处理主线光缆变更事项？

4. 事件 3 中，监理工程师应如何处理供配电电缆变更事项？

2021年全国监理工程师(交通运输工程专业)职业资格考试《建设工程监理案例分析》真题参考答案及解析

【案例第一题】

1.不妥之处如下：

(1)市公共资源交易中心人员作为评委不妥。

理由：评标委员会成员只能是招标人的代表或经济技术专家，而市公共资源交易中心人员既不是招标人的代表也不是专家库的成员，所以违反法律规定。

注：按照《招标投标法实施条例》第五条，公共资源交易中心是由政府组建，但不是行政监督部门也不能与其有隶属关系。

(2)经济、技术专家3人，不妥。

理由：经济、技术专家人数不得少于评标委员会成员2/3，实际是3/5＝9/15＜10/15，所以违反法律规定。

2.不妥之处如下：

(1)建设单位项目副主任主持第一次工地会议，不妥。

正确做法：第一次工地会议应由总监理工程师主持。

(2)会议上签订施工、监理合同，不妥。

正确做法：中标通知书发出之日30日内签订施工和监理合同，建设单位、监理单位、施工单位准备开工相关工作(注：参见图8-1)；具备一定条件再组织召开第一次工地会议。

(3)建设单位任命项目经理和总监理工程师，不妥。

正确做法：施工单位法定代表人授权并任命施工单位项目经理，监理单位法定代表人授权并任命总监理工程师。

(4)建设单位项目主任下达开工令，不妥。

正确做法：开工令应由总监理工程师签发(注：参见图4-2)。

(5)建设单位项目主任进行会议总结，不妥。

正确做法：应由总监理工程师进行会议总结。

3.第一次工地会议应按下列规定组织：

(1)会议应在工程正式开工前召开。

(2)会议应由总监理工程师主持。

(3)总监办应事先将会议议程及有关事项通知建设单位、施工单位及其他有关单位做好会议准备，宜邀请工程质量监督部门参加。

(4)建设单位、施工单位法定代表人或授权代表人应出席，各单位在工程项目中的主要管理、技术人员等必须参加。

4.补充完善打造品质工程的主要措施有:

(1)提升工程科技创新能力。

(2)提升工程质量水平。

(3)提升工程安全保障水平。

(4)提升工程绿色环保水平。

【案例第二题】

1.根据《公路工程施工监理规范》(JTG G10—2016)第4.2.1条,总监理工程师应对施工单位报审的施工组织设计进行审查,并在规定期限内批复。审查应包括下列基本内容:

(1)施工组织设计的编审程序。

(2)质量、安全、环保、进度和费用等目标。

(3)技术、质量、安全和环保等保证体系。

(4)安全技术措施、专项施工方案和施工现场临时用电方案。

(5)桥梁和隧道施工安全风险评估的工程项目清单。

(6)施工人员、资金、主要材料和机械设备等资源供应计划。

(7)施工总平面布置、交通导改方案、事故应急救援预案。

2.根据《公路工程施工监理规范》(JTG G10—2016)第5.1.3条,巡视应包括下列主要内容:

(1)施工现场管理人员特别是质量、安全管理人员是否到位,特种作业人员是否持证上岗。

(2)使用的原材料或混合料、构配件和主要施工机械设备是否与批准的一致。

(3)是否按技术标准、工程设计文件、批准施工组织设计和方案施工。

(4)质量、安全、环保和施工标准化等措施是否落实,施工自检和工序交接是否符合规定。

3.根据《公路工程质量检验评定标准 第一册 土建工程》(JTG F80/1—2017):

(1)该路面底基层厚度是关键项目。该路面底基层检查项目还有压实度、平整度、纵断高程、宽度、横坡、强度。

(2)采用挖验或钻取芯样,每200m测2点。

【案例第三题】

1.不妥之处一:预制梁存放达到6个月。

理由:预制梁存放时间宜不超过3个月,特殊情况下不应超过5个月。

不妥之处二:采用起重机将工人运至盖梁顶,进行架梁前的准备工作。

理由:禁止采用起重机运送工人。

2.监理工程师做法正确。

理由:根据《公路工程施工安全技术规范》(JTG F90—2015),桥梁工程梁、拱、柱施工需要编制专项施工方案,并报监理工程师进行审查。采用起重机械进行安装的工程也需要编制专项施工方案。

注:该工程规模未达到需专家论证、审查的条件。

3.根据《公路桥涵施工技术规范》(JTG/T 3650—2020)第23.5.2条,水泥混凝土桥面铺装的施工应符合下列规定:

(1)铺装的厚度、材料、铺装层结构、混凝土强度、防水层设置等均应符合设计规定。

(2)桥面铺装工作应在梁体的横向连接钢板焊接工作或湿接缝浇筑完成后,方可进行。

（3）铺装施工前应使梁、板顶面粗糙并清洗干净，并应按设计要求铺设纵向接缝钢筋和桥面钢筋网。

（4）水泥混凝土桥面铺装，其做面应采取防滑措施，做面宜分两次进行，第二次抹平后，应沿横坡方向拉毛或采用机具压槽，拉毛或压槽的深度应符合现行《公路水泥混凝土路面施工技术细则》（JTG/T F30）的有关规定。

（5）水泥混凝土桥面铺装如设计为防水混凝土，施工时应按防水混凝土的相关规定执行。

（6）纤维水泥混凝土桥面铺装的施工，可按现行《纤维混凝土结构技术规程》（CECS 38）的规定执行。

4. 张拉用的千斤顶与压力表应配套标定、配套使用，标定应在经国家授权的法定计量技术机构定期进行，标定时千斤顶活塞的运行方向应与实际张拉工作状态一致。当处于以下情况时，应重新进行标定：

（1）使用时间超过 6 个月。

（2）张拉次数超过 300 次。

（3）使用过程中千斤顶或压力表出现异常情况。

（4）千斤顶检修或更换配件后。

【案例第四题】

1.（1）不是特长隧道，长度 3000m 属于长隧道。

解析：根据《公路隧道设计规范　第一册　土建工程》（JTG 3370.1—2018）第 1.0.4 条，公路隧道可按其长度划分为四类，划分标准见下表。

分　类	特 长 隧 道	长 隧 道	中 隧 道	短 隧 道
隧道长度 L（m）	$L > 3000$	$1000 < L \leqslant 3000$	$500 < L \leqslant 1000$	$L \leqslant 500$

注：隧道长度指两端洞口衬砌端面与隧道轴线在路面顶交点间的距离。

（2）隧道地质预测预报（即超前预报）分四级，分别是 A、B、C、D 级。

2. 设计图应包括炮眼布置图、周边眼装药结构图、钻爆参数表、主要技术经济指标及必要的说明。

3.（1）专职安全员不少 5 人。

解析：按照年度施工产值配备专职安全生产管理人员，不足 5000 万元的至少配备 1 名；5000 万元以上不足 2 亿元的按每 5000 万元不少 1 名的比例配备；2 亿元以上的不少于 5 名，且按专业配备。

（2）上报程序不符合要求。

①上报时间不妥，应为 1 小时内上报。

②补报日期不妥，应为 30 天内补报。

③未补报不妥，应及时补报。

（3）Ⅲ级（较大）事故。

理由：按照本书表6-3，虽然死亡人数为 2 人少于 3 人，直接经济损失 500 万元少于 1000 万元，而且重伤人数 8 人少于 10 人，表面上是一般事故；但是，由于死亡比重伤有过之无不及，应将 2 人死亡加到重伤之中，重伤人数 = 2 死亡 + 8 重伤 = 10 重伤，故为较大事故。

4. 根据《生产安全事故报告和调查处理条例》第四条，事故调查处理应当坚持实事求是、尊重科学的原则。或答四不放过原则,即事故发生原因未查清不放过,事故责任者和职工群众未受到教育不放过,安全隐患没有整改、预防措施未落实不放过,事故责任者未处理不放过。

【案例第五题】

1. 考虑到题目要求计算工作最迟开始时间,所以采用节点时间参数计算法,计算结果如下图所示。总工期300天,关键线路为 B→D→F→I→J(作者注:假设合同工期就是300天)。

根据下图,工作 E 的最迟开始时间 = 120 - 40 = 80 天末(即81天初或80天后),总时差 = 120 - 50 - 40 = 30 天,局部时差 = 90 - 50 - 40 = 0。

根据下图,工作 H 的最迟开始时间 = 250 - 120 = 130 天末(即131天初),总时差 = 250 - 90 - 120 = 40 天,局部时差 = 250 - 90 - 120 = 40 天,说明指向关键节点的非关键工作总时差 = 局部时差且不等于零,在《2022年全国监理工程师(交通运输工程专业)职业资格考试应试辅导 建设工程目标控制》中有此结论。

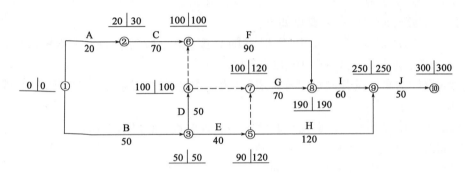

2. 各事件的索赔申请处理如下:

事件1:工期和费用索赔均不成立。

理由:施工单位质量存在问题,应由施工单位承担质量检验费用损失和工期损失。

事件2:工期索赔成立,可以得到部分费用索赔,但计算不成立。

理由:遇到地下文物属于建设单位风险,工作 D 是关键工作,因此工期可以索赔;人员窝工和机械闲置费用应按照直接损失赔付,计算间接费,不应计算利润(参见本书表2-1),施工单位计算错误,故费用索赔不成立。

事件3:工期索赔不成立,费用索赔成立。

理由:建设单位指示工程变更,属于建设单位责任事件,因此增加的费用成立,施工单位计算正确,因此能够得到索赔;工作 G 有20天的总时差,延误30天,超出10天,因此对总工期影响10天,可以得到工期索赔10天。

事件4:工期索赔成立,可以得到部分费用索赔,但计算不成立。

理由:(1)台风视为不可抗力,工作 I 是关键工作,工期应予顺延,故工期10天索赔成立。

(2)不可抗力的费用应合理分担,其中施工机械损坏维修费3万元应由施工单位承担,人员窝工、机械窝工应由施工单位承担。已交工工程修复费用应由建设单位承担,可以得到索赔。已交工部分视为验收合格,按照正常工程款支付,不需要单独索赔。

3. 施工单位应得到工期索赔30天,费用索赔138778.8元。

具体费用索赔组成见下表。

序号	费用项目	计算式	事件1（元）	事件2(元)	事件3（元）	事件4（元）	合计（元）
1	直接费	(1)	0	$[20 \times 50 + 2 \times (50 + 50 + 50 + 30)] \times 10 = 13600$	50000	40000	103600
2	间接费	(1)×20%	0	2720	10000	8000	20720
3	利润	[(1)+(2)]×5%	0	0	3000	0	3000
4	税金	[(1)+(2)+(3)]×9%	0	1468.8	5670	4320	11458.8
5	合计	(1)+(2)+(3)+(4)	0	17788.8	68670	52320	138778.8

【案例第六题】

1. 高速公路交通安全设施一般包括：交通标志、交通标线、护栏、隔离栅、防落网、防眩设施、视线诱导设施、突起路标、百米桩、里程碑、避险车道。

2. 公路突起路标施工监理的要点如下：

（1）突起路标产品的形状尺寸、反射器的亮度、颜色应符合现行《突起路标》（GB/T 24725）、《太阳能突起路标》（GB/T 19813）的规定。

（2）突起路标的布设及其颜色应符合现行《道路交通标志和标线》（GB 5768）的规定并满足设计要求。

（3）根据施工用设计的要求确定突起路标的设置位置，放样定位准确。

（4）突起路标施工前，路面应清洁、干燥。

（5）突起路标反射体应面向行车方向安装。

（6）突起路标和路面黏结后用橡皮锤敲击突起路标上表面，从而保证黏结牢固。

（7）突起路标安装角度、纵向间距及横向偏位符合设计要求。

（8）突起路标线形应流畅，与公路线形相协调，曲线圆滑。

（9）公路突起路标分项工程有效的产品、材料检验合格报告或证书资料等工程质量保证资料齐全。

3. 监理工程师应拒绝主线光缆变更事项。

理由：招标文件明确为总价合同，承包人投标报价中应包含工程量风险范围，施工过程中不得进行工程量变更。

4. 监理工程师应受理变更事宜，同意费用变更申请。

变更程序：专业监理工程师受理，按合同处理变更；现场调查，收集资料；审核变更申请；协商价格；报建设单位批准后签发变更指令。

理由：隧道变电站站址在招标文件中是暂定位置，实际位置发生150m偏移，属于设计变更内容，属于建设单位应承担的责任事件，变更需要施工单位配合，故增加部分施工费用，应受理其变更事宜，由总监办审核，报建设单位批准后，批准变更费用索赔。